視覚文化「超」講義

石岡良治＝著

フィルムアート社

Visual Culture: Five Lectures

Yoshiharu Ishioka

目次

はじめに
なぜ視覚文化なのか？

本書は視覚文化について、主にポピュラー文化を対象にしつつ、5つの視点から語っていく講義です。消費社会のもとで展開されてきた様々なカルチャーのうち、主として視覚イメージないしは視覚的表象を含むものを検討していきます。

視覚文化論についての書物はすでに多く出ています。それらと比べると、本書は体系的な密度よりは、時代と対象領域の広がりを重視しています。考察が断片的だったり、議論が枝葉末節に入り込んでいるところもあるかもしれませんが、分野の横断性を強く意識した本書の構成について、以下ではいくつかの観点から語ってみたいと思います。

本書のスタンスでは、視覚文化論あるいはヴィジュアルカルチャーの研究は、主として英語圏で広まった、美術史や映画史に「批評理論」*note.01を取り入れ、さらに対象分野として、狭義の芸術に加えてポピュラー文化を含めた研究動向と考えています。文学や音楽は、直接的には対象になりませんが、例えば映画が「物語」や「音響」の要素を含むことは明らかですので、どうしても便宜的な分類になることは避けられず、数多くの境界事例をもつことになります。他方、そうした雑多性を活かす形で興味深い考察が行われています。

この分野の古典として私が想定しているのは、イギリスのTV番組に基づいたジョン・バージャーの『イメージ』(原著1972年)や、アメリカの批評理論アンソロジーであり、哲学的な議論を多く含むハル・フォスター編『視覚論』(原著1988年)などです*note.02。また、教科書的な入門書も、ジョン・A・ウォーカー/サラ・チャップリン『ヴィジュアル・カルチャー入門』(原著1997年)など数多く翻訳されています*note.03。

視覚文化というからには、もちろん「視覚」がポイントになります。視覚、聴覚、触覚、嗅覚、味覚からなる「五感」のなかでも、人間はかなり膨大な情報を視覚から得ていることが知られています*note.04。もちろん感官をこの5つに絞る必然性はなく、様々な体性感覚もありますし、現実の知覚行為では諸感覚が複合的に作動することの方が普通です。けれどもやはり、写真や映画の発明とともに大きく変貌した近代の視覚文化が、現代のデジタル画像や動画に至るまで、視覚イメージの記録可能性を増大させ、「情報過多」といってよい状況を生み出したことを考えると、視覚という単一の感覚に焦点を絞ることに一定の意義を見いだせると思います。

現代は視覚イメージの制作や操作が身近になった時代です。近年までは、文字の読み書きと比べると、絵を描いたり映像を撮影することは身近とはいえませんでした。写真の撮影は比較的普及していましたが *note.05、動画となると機材や要求スキルなどの壁に直面することが多く、専門家に委ねられていた面があります。

しかし今では絵を描くことも動画を撮影することもスマートフォンひとつでできてしまいます。本格的な撮影が大変なことはもちろんですが、人類史の中でここまで多くの人が写真や動画を撮る側に回った時代は、ごく最近のことといえるでしょう。それに伴い、視覚文化そのものが大きな変貌を遂げました。本書はそうした現代の状況を踏まえた考察を目指しています。

視覚イメージを含む表現ジャンルとしては、美術、写真、映画、マンガ、アニメ、ゲームなど、様々なものが挙げられます。本書では映画が比較的多く扱われますが、これら各分野そのものにはそれほど踏み込まず、かつ分野ごとに濃淡のある言及になっています *note.06。また、現代の多様なカルチャーの動向について、網羅的な判断を行うよりは、

「やや古い作品」への言及を多めに行い、歴史性を重視しています。

したがって、本書は個別領域の知の現在を示すというよりは、「視覚文化」という輪郭の曖昧な領域に焦点を合わせることで、消費社会における様々なカルチャーを分析する視座の獲得を目指しています。各回で具体的に扱われるテーマは、複数の表現ジャンル、複数の時代区分にわたりますが、それらを横断的に扱うことで、「ノスタルジア」や「ホビー」といった主題を浮かび上がらせるようにつとめました。

時代区分に関しては、第1回で近代以降の教養と文化観について概観したあと、第2回以後は、おおまかに50〜60年代（第2回と第3回）、70〜90年代（第3回と第4回）、00〜10年代（第4回と第5回）のそれぞれをユニットとみなす時代区分を採用しています。本文では必ずしも明示していませんが、メディアの変遷に対応させるなら、それぞれ「TVの時代」「ビデオの時代」「ネットの時代」になるでしょう。

各回とも、現在の視点から過去の文化をどう捉えていくのか、という問題意識で講義が進められますので、このような時代区分はあくまでもひとつの目安です。本書では、映画作品『バック・トゥ・ザ・フューチャー（BTTF）』シリーズが、この区分とほぼ一致する時代を扱っていることに注目してみました。第一作が1985年に制作され、タイムマシンで1955年、2015年、そして1885年を行き来する『BTTF』三部作については、第2回で分析するとともに、本書全体を読み解くモデルとなっています。

第1回「カルチャー／情報過多」では近代以降の「カルチャー」をめぐる「教養主義」と「人類文化」についての議論を概観します。ハイカルチャーとポピュラー文化の区別など、様々な文化の「フォーム」を「コンテンツ」とともに捉えることを目指します。現代は「情報過多」の時代であり、文化に関しても情報摂取だけでなく、過剰な情報の「捨て方」が問われるようになっています。情報の取捨選択を行い、作品などの受容を導く「ファンコミュニティ」の役割にも注目します。

第2回「ノスタルジア／消費」では、前述したように『BTTF』三部作をモデルにして、今日の消費社会の原点であるアメリカン・フィフティーズの文化が生み出した「ノスタルジアの消費」に着目します。日本でも「昭和ノスタルジア」現象がみられますが、この現象を読み解く上では「ガジェット」が重要だと考えています。『BTTF』ではタイムマシンとなる車のデロリアンがそうしたガジェットにあたり、この映画は50年代ノスタルジアの批評であると同時に、それ自体が80年代映画としてノスタルジアの対象にもなっています。

第3回「ナラティヴ／ヴィジュアル」では、ハリウッド物語映画の重要ジャンルでありながら軽視されやすいメロドラマと、視覚的なインパクトのために単純な刺激に陥りがちとみられやすいPVを、「フェイク＝まがいもの」としての性質に注目しつつ考察します。これらのジャンルの名作には、人工物としての側面を際立たせる誇張された形式性を活かした批評性がみられます。そうした特質は過去作の再解釈でも活用され、ときには社会関係の読み替えを導いています。

第4回「ホビー／遊戯性」では、従来ハイカルチャーとポピュラー文化の識別に用いられてきたアート／エンターテインメントという対立軸に「ホビー」という軸を加えた考察を試みます。人類にとっての遊戯活動の役割や、消費社会におけるガジェットの遊戯性などを考えると、ホビーの領野は文化論において不可欠の要素です。デジタルゲームの発展に伴い、物語や視覚性についての捉え直しも進展中であり、こうした観点からオタク文化とホビーの関わりについて分析していきます。

第5回「メディエーション／ファンコミュニティ」では、近年のメディア論やイメージ論を紹介しつつ、「一世代前のメディアに対するノスタルジア」といった現象を手がかりに、「媒介性《メディエーション》」の多様なあり方を捉えていきます。また、ネットの普及とともに到来した「動画の時代」の新しさが一段落した現在、ネット上の「ファンコミュニティ」の役割の功罪も明らかになってきました。視覚文化と向き合う際の「加速と減速」という二元論的なモデルを多様化する必要性について考えていきます。

本書の構成は以上の通りですが、巻末に掲載の、哲学者の國分功一郎さんとの特別対談でも話題に挙がったように、現代の視覚文化を捉える際には、複数の速度、複数の歴史を「ギアチェンジ」していくモデルが求められると考えています。本書では、様々な二項対立の多くが、実際には「スペクトラム」状の度合いの差異として考察できることを示しました。また、従来のハイ／ロウというヒエラルキーを伴う文化の評価についても、スポーツやレースで言うところの「レギュレーション（規則群）」の差異として考えていく志向性を示しています。

個々の作品評価や批評基準に対するスタンスとしても、多くの場合、一刀両断する前に行うべき作業が数多く残されているのではないか、というのが本書の基本姿勢です。現在の私たちの価値観も、作品の受容や分析によって「可謬主義」*note.07 的に再編成されうるという立場をとっています。

notes

*note.01：おおむね「文学理論」として広がり、英語圏ではシンプルに「理論（セオリー）」と呼ばれることも多い作品分析の手法です。例えばジョナサン・カラー『文学理論』（荒木映子、富山太佳夫訳、岩波書店、2003年）や、ピーター・バリー『文学理論講義：新しいスタンダード』（高橋和久訳、ミネルヴァ書房、2014年）が入門書になります。

*note.02：ジョン・バージャー『イメージ：視覚とメディア』伊藤俊治訳、筑摩書房（ちくま学芸文庫）、2013年、ハル・フォスター編『視覚論』榑沼範久訳、平凡社（平凡社ライブラリー）、2007年

*note.03：ジョン・A・ウォーカー、サラ・チャップリン『ヴィジュアル・カルチャー入門——美術史を超えるための方法論』（岸文和、前川修、佐藤守弘、井面信行、青山勝訳、晃洋書房、2001年）、ジャン＝クロード・フォザほか『イメージ・リテラシー工場／フランスの新しい美術鑑賞法』（犬伏雅一、前田茂、前川陽郁訳、フィルムアート社、2006年）。また日本の著者による視覚文化論として、北野圭介『映像論序説〈デジタル／アナログ〉を越えて』（人文書院、2009年）や、渡邉大輔『イメージの進行形：ソーシャル時代の映画と映像文化』（人文書院、2012年）など。

*note.04：リチャード・グレゴリー『脳と視覚——グレゴリーの視覚心理学』（近藤倫明、三浦佳世、中溝幸夫訳、ブレーン出版、2001年）。認知心理学や認知科学の入門書としては、箱田裕司、都築誉史、川畑秀明、萩原滋『認知心理学』（有斐閣、2010年）や、安西祐一郎『心と脳——認知科学入門』（岩波書店（岩波新書）、2011年）など。

*note.05：専門家以外の人々の撮影行為に注目した写真論として、セルジュ・ティスロン『明るい部屋の謎——写真と無意識』（青山勝訳、人文書院、2001年）や、ジェフリー・バッチェン『写真のアルケオロジー』（前川修、佐藤守弘、岩城覚久訳、青弓社、2010年）があります。

*note.06：本書ではマンガはあまり扱えませんでしたが、マンガを他のメディアと比較した著作として、三輪健太朗『マンガと映画——コマと時間の理論』（NTT出版、2014年）や、秋田孝宏『「コマ」から「フィルム」へ——マンガとマンガ映画』（NTT出版、2005年）などを挙げます。

*note.07：プラグマティズムのチャールズ・パース（1839–1914）やジョン・デューイ（1859–1952）の立場で、知識についての主張を基本的に「誤りうる」ものとみなすものです。確実性が得られないという懐疑論というよりは、誤りを改訂していくことでより確実性に近付いていくという側面が強調されます。

凡例

・本文中、かぎ括弧の使用は原則として、書籍、雑誌名、映画、マンガ、アニメ題名、TV番組名、ゲーム題名、楽曲名には『　』、論文名、用語、引用、シリーズ名、強調には「　」、美術作品名は《　》を使用しています。

・本文中、人名の後に（　）で示した年数は生年または生没年、文献・作品名の後に（　）で示した年数は制作年または発表年を指します。

・本文中、年代の区切りを示す場合、原則として1930〜2010年代については下2桁で表記し、それ以外の年代については4桁表記としました。例）00年代、1850年代

・本文中、映画『バック・トゥ・ザ・フューチャー』については略称を用い『BTTF』と表記しました。

・参考文献には、論旨に必要な研究書・論考を中心に取り上げました。

/ Lecture.1 / 第1回 /

カルチャー/情報過多

誰が「カルチャー」を作るのか?

近代以降「カルチャー」という言葉の内実は、教養から文化へと変遷してきました。第1回では「人類文化」の拡散状況にわけいりつつ、ハイカルチャーとポピュラー文化の区別など、様々な文化の「フォーム」を「コンテンツ」とともに捉えることを目指します。現代は「情報過多」の時代であり、文化に関しても情報摂取だけでなく、過剰な情報の「捨て方」が問われるようになっています。様々なカルチャー内で作品などの受容を導く「ファンコミュニティ」の役割は、情報の取捨選択を容易にするところに求められますが、そうしたコミュニティのありかたも、過去の映像に容易にアクセスできる現在、大きな変容を迫られています。

Lecture.1_1

Culture: 教養から文化へ

教養とは何だったのか

「カルチャー（Culture）」という言葉は近代以降、「教養」という意味から、現在使われる「文化」という意味合いへと変わっていきました。今日の日本で、カルチャーという言葉に教養という意味が含まれることはあまりありません。「カルチャーセンター」と言う時ぐらいでしょうか。しかしこの言葉で扱われる領域は幅広く、ハイカルチャー、ローカルチャー、ポピュラーカルチャー、サブカルチャー、オタクカルチャーなど、ある意味どんなものでもカルチャー＝文化だと言えるような状況が続いています。そうした状況を検討するために、まずは伝統の確認として、文化研究でよく言われている定義を挙げてみたいと思います。

カルチュラル・スタディーズ、つまり文化研究の教科書のよくある導入として、詩人、批評家のマシュー・アーノルド（1822-88）による『教養と無秩序』*note.01と、人類学者エドワード・タイラー（1832-1917）『原始文化』*note.02が挙げられることが多いように思います。教養主義の古典的な定義は、1869年の『教養と無秩序』が嚆矢といえるでしょう。ここでいうアーノルドの「カルチャー」の定義は、狭い意味での人文主義的な定義でした。これは日本でいうところの文学部や芸術学部のような場所で広められてきた「教養」の定義です。これは今日では人によっては崩れており、人によっては拡散しています。特に70年代以降、世界中でそうした変動が激しくなってきたと考えられます。

それでは、教養とは何を指すのでしょうか。

19世紀において、それは基本的には自国の古典的な語学、文学、歴史の学びを指しました。ヨーロッパではギリシャ語・ラテン語の教養、そして自国の文学――イギリスならシェイクスピア、ドイツならゲーテ、フランスならジャン・ラシーヌやヴィクトール・ユゴーといった文学です。歴史では例えば、イギリスの歴史家エドワード・ギボンの『ローマ帝国衰亡史』*note.03が代表的です。大英帝国を打ち立てた19世紀のイギリス人は「古代帝国」に思いを馳せました。古代ローマ帝国の盛衰から自分たちも学ぼうと考えていたのです。

こうした教養は現代でも生きていて、特に今ではアメリカの自意識はローマ帝国の自意識を取り込んでいる可能性があります。例えば、SF作家アイザック・アシモフの『ファウン

*note.01：マシュー・アーノルド『教養と無秩序』多田英次訳、岩波書店（岩波文庫）、1965年

*note.02：エドワード・タイラー『原始文化』比屋根安定訳、誠信書房、1962年

*note.03：『ローマ帝国衰亡史』（1776-89）は、古代ローマ帝国の衰亡を描いた歴史書の超大作。翻訳は、エドワード・ギボン『ローマ帝国衰亡史』（全10巻、村山勇三訳、岩波書店、1992）など多数。

デーション』シリーズ*note.04は、ギボン的なローマ帝国を銀河帝国に置き換えたスペースオペラですし、それを引きついだ『スター・ウォーズ』シリーズ（1977−）の「共和国から突然独裁者が出てくる」という物語構造は、まさに『ローマ帝国衰亡史』の換骨奪胎といえます。

日本でも、三国志のような古代中国の教養や、日本の戦国武将の知恵を学ぶといったビジネス書が書店の一角に必ずあり、安定した人気を誇っています。あるいはヒストリーチャンネル、ナショナルジオグラフィックチャンネルといった専門チャンネルを通じて提供されるTV番組も、かつて古典的な教養主義が担ったニーズを一般書と専門書の中間で果たしているといえるでしょう。このように教養主義は、単に歴史上の遺物とは言い切れずに現代も残っています。人物でイメージするなら、突然シェイクスピアの一節を暗唱し出す人、ギリシャ語・ラテン語の一節を引用する人、日本だと漢文、古文の一節を暗唱する人といった（嫌味な）キャラクターがあります。19世紀の教養人とは、そういうものだと思ってください。

教養の背景には学校があった

アーノルドが19世紀後半のイギリスでわざわざ教養主義を定義した背景には、パブリックスクールの存在があります。パブリックスクールとは、例えばラグビー校、イートン校といっ

*note.04：『ファウンデーションシリーズ』（1951−93）はアイザック・アシモフ（1920−92）の代表的なSFシリーズ。銀河百科事典の編纂のために設立された財団「ファウンデーション」が、数百年をかけて銀河帝国の中心へと成長していく巨編で、日本を含む多くのSF作品に影響を与えました。日本では『銀河帝国興亡史』の名で知られています。

た、ケンブリッジ大学やオックスフォード大学に進学するための中高生向けの全寮制の学校のことです。こうした学校からは、日本の中高一貫校などにも共通する教養主義的雰囲気が感じられます。

現在の学問世界はアメリカが第二次世界大戦後に作り上げたパラダイムのもとに営まれていますので、19世紀イギリスモデルの教養主義（厳密にはドイツ・フランスなど国によってバージョンがあります）は、一見現在では採用されていないモデルのように思われます。特に現在では、大学の教養ではサイエンスが重んじられます。数学、統計学、経済学、物理学、生物学などの基礎知識が求められるようになりました。

しかし実はアメリカでもこうした教養主義的なものは別の仕方で根づいていると思われます。例えば映画『ソーシャル・ネットワーク』でも描かれているように、Facebook創設者のザッカーバーグは、元々アメリカのアイビー・リーグの一部エリート校の排他的な会員制クラブを模した形で会員制のSNSを立ち上げたわけです。この種の社交的側面というのは、文化教養が人文からサイエンスに移っていても健在です。ですから「今は19世紀的なエリートの教養主義はなくなって、理系の時代、ビジネスの時代になった」とはいっても、人文系中心の教養主義から引きつがれる社交の側面は間違いなくあるわけです。

日本の場合、こうした教養主義は旧制高校という場で打ち立てられました。特に文芸的な側面では、学ランにマントを羽織って高下駄を履く、という類型化された「バンカラ」のイメージは現代でも繰り返し描かれます。マンガで言うと久米田康治『さよなら絶望先生』*fig.01や、（中村佑介のイラストレーションによって示される）森見登美彦の『四畳半神話大系』*fig.02といった作品に出てくるキャラクターたちの造形は、完全に教養主義のくすぶりから生まれています。またニート的な生き方を提唱した『ニートの歩き方』*note.05 著者のphaも京都大学出身であり、現在の「バンカラ」かもしれません。

教養主義の表向きの目的は当然のことながら国家的な人材を輩出することですが、その裏ではそうした目的をサボって、日本の近代でいう文芸批評やマルクス主義に傾倒する学生たちの姿がありました。東京大学よりは京都大学が舞台になるような雰囲気、「授業をサボって気ままに暮らしている」という人間像は、教養主義的なもののもうひとつの現れといえます。大学自体はいい顔をしませんでしたが、文芸が担っていた絶大な力、特に学生運動の時代におけるマルクス主義の異様な威信は、ある意味で大学以上の権威を持っていたと思われます。ライフスタイルにおいては森見登美彦の四畳半暮らし、phaのニート性にも、京大の吉田寮のような場所が体現するそうした教養主義の現代的な現れを見ることができるでしょう。

*fig.01：久米田康治『さよなら絶望先生⑴』講談社、2005年

*fig.02：森見登美彦『四畳半神話大系』角川書店（角川文庫）、2008年

*note.05：pha『ニートの歩き方』技術評論社、2012年

教養主義に対する批判的アプローチ

近代において教養主義にはいくつかの側面があり、ひとつがこれまで述べてきたような知識の世界でした。日本でいうと岩波文庫の赤レーベルを制覇して出直してこいとか、SFやミステリーで数百冊、数千冊の基礎読書をこなせというような話ですね。現代でもカルチャーを教養としてみなす場合には、一定の蓄積から生まれるカタログ化された体系が重視されます（哲学体系のような体系性よりは、あるレーベルを制覇するといったカタログ性の方が強いです）。このように、教養は定義上は万人に開かれていますが、実際に読みつくすには時間とお金の余裕が必要である、つまり富裕層であることがまず必要とされます（私自身は富裕層ではなく、ただ単に時間を費やしてこの種のカルチャーに溺れた側ですね）。

こうした教養主義の問題点も既に明確になっていて、竹内洋*note.06や高田里恵子といった研究者が日本の教養主義に対して批評的なアプローチを行なっています。高田里恵子の『グロテスクな教養』*note.07では、学歴・階級・軍隊という問題に切り込んでいます。

高田がまず日本の文脈で明らかにしているのは、教養の母体である中高一貫校にみられるエリートの同質的な社会です。現在でも東大・京大といった上位大学に進学する人数が非常に多い中高一貫校では、男女別学の学校が多いです。男女共通の側面として、男

*note.06：竹内洋『教養主義の没落――変わりゆくエリート学生文化』中央公論新社（中公新書）、2003年

*note.07：高田里恵子『グロテスクな教養』筑摩書房（ちくま新書）、2005年

子校や女子校を経過することで生じるホモソーシャリティがあります。これはホモセクシュアリティとは違うので区別してほしいのですが、同性集団の持つ独特の社交性で、楽しいけれども歪みがある世界ですね。イギリス近代に関しては、イヴ・セジウィック『男同士の絆――イギリス文学とホモソーシャルな欲望』（1985）*note.08が古典的な研究書です。もちろんこうした場を通じて実際のLGBTに属するようなホモセクシュアリティが養われることもあるのですが、それ以上に、社交界を支えている排他的な仲間意識が強まります。こうした性質が男性中心社会を支えつつ、同時にこれと並走するように、近代には女性の教育も重視されるので、女性の集団も対抗的に出てきました*note.09。教養主義にともなって、ある種のジェンダー的な同質性が生まれていたことは疑いようがありません*note.10。

それから、高田は「軍隊」にも注目しています。国民国家の誕生は、一般にはフランス革命以降の近代であると言われています。国民国家における軍隊といえば、当然戦争のために人殺しを教え、かつ「祖国のために死ぬ」*note.11という目的を課せられた文化で、強い忌避感を生む一方で、英雄譚、ヒーローの現れる場でもあります。しかし別の一面においては、軍隊は平等化を導いた場でもありました。つまり、貧しい家の子が立身出世するために、現実的には軍隊が有力な回路だったことは間違いないからです。高田は第二次世

*note.08：イヴ・セジウィック『男同士の絆――イギリス文学とホモソーシャルな欲望』名古屋大学出版会、2001年

*note.09：かつて男性集団は女性を排除してきました。アメリカでもかつて女性はハーバード大学には進学できず、併設されていた女子大にしか行くことができませんでしたが、今ではほぼ共学化されています。反面、現代では、女子中高、女子大の意義も見直されつつあります。女性のみの学校では、共学では男性に独占されがちな委員長、生徒会長といった役職を女性が務め、リーダーシップを発揮しやすくなります。ですから、一律に「共学の方がよい」とは言えない節があります。

界大戦以前の日本について指摘していますが、これはアメリカにおける人種差別の是正に関しても同じようなことが言えます。例えば、元アメリカ国務長官のコリン・パウエルは、1991年の湾岸戦争の指揮者でした。彼は軍隊のトップを務めることで、アメリカの社会における黒人差別の是正に貢献したといえます。オバマ大統領が誕生する以前にアフリカ系のパウエルが軍のトップに就いたことは重要です。パウエルは政治的には共和党で保守寄りで、オバマのようなリベラルな民主党とはずれているのですが、オバマの出馬の際には彼を応援しています。要するに、現在のアメリカでは保守リベラルを問わず人種差別は退いているのですが、それだけアメリカにおける人種差別問題の根深さがあったことと、また軍隊の占める特殊な位置を考えさせるエピソードです。近現代の教養主義の裏面として、日本でも学歴貴族と呼ばれる、家柄は貴族でなくても教養によって教養人を名乗る人々がおり、その一部は軍人でした。高田の議論にはそうした話も関係してきます。

*note.10：ホモソーシャルの問題は近代の文化論のひとつの焦点とされています。よく言われるのはミソジニー（女性嫌悪）との関係性で、ジェンダー論でさまざまな議論がなされています。女性を嫌い、共同体から疎外するにも拘わらず、付き合った人数を競い合うような、女性蔑視の思想です。

*note.11：エルンスト・カントロヴィッチ『祖国のために死ぬこと』甚野尚志訳、みすず書房、2006年

教養主義のポテンシャルと衰退

話を戻しましょう。マシュー・アーノルドがなぜ人文学、教養主義を提唱したかといえば、古典的な教養を唱えたかっただけではなく、むしろ啓蒙主義的な形で身分社会を超えて

いく可能性を見ていた面もあります。フランス革命以降、身分社会の秩序を支えてきた前提が崩れ、王国であるイギリスでも貴族を再定義する必要が生まれました。理念上は「ノブリス・オブリージュ」*note.12 が求められることで、単なる「生まれ」に安住するのではなく、「高い教養を修得すること」が統治層の条件として再定義されるようになったわけです。アーノルドが言っていることは今ではただの権威主義に見えるのですが、実際には、近代以降になって身分制が流動化していく状況に対応していこうとする新しい意志の現れでもあったのです。

ところでアーノルドのタイトル『教養と無秩序』とは、「Cultute and Anarchy」というよりは事実上「Cultute, or Anarchy」、すなわち「カルチャー＝教養がなければ、アナーキー＝無秩序になる」という意味でした。19世紀において、アナーキーは権威秩序の崩壊を指し、恐怖の対象であったのです。しかし現代ではむしろ、アナーキーの肯定が文化のひとつの形であるように思われます。イギリスのカルチュラル・スタディーズが好んで題材にしたパンクバンドの代表格である、セックス・ピストルズの『アナーキー・イン・ザ・UK』がまさに、アナーキーの肯定による文化の典型です。カルチャーとアナーキーは、全くの対義語としての関係から、むしろアナーキーこそがカルチャーであるという包摂的な関係に変わってしまっているのです。

*note.12：ノブリス・オブリージュ（noblesse oblige）とはフランス語で「高貴さは強制する」。しばしば「位高ければ徳高きを要す」と訳され、貴族を始めとする高い地位の人物には社会的責任が伴うという意味。

古典的な教養主義が衰退した大きな理由には、教養主義が権威主義に転じたことが考えられます。すなわち、現代では教養のハードルは、「あいつには教養がない」という否定的な言い方としてしか機能していないのです。ギリシャ語・ラテン語もできて、英独仏語全てが読めて……という、かつてのイメージに沿う教養人は今日ほとんどいません。私自身もこの種の「教養チェック」を通過することは全く無理そうです。日本の例を挙げると、夏目漱石のように漢文で日記を書ける人はほとんどいないでしょう。他にもT・S・エリオット、ポール・ヴァレリーといった教養人的な作家がいますが、本当に教養チェックを厳しく行うなら、彼らのような数人しか残らないのではないでしょうか。「碩学が多かった先行世代にあった教養が、後行世代では失われた」という嘆きの文脈は健在ですが、教養主義という言葉には、今ではもっぱら否定的な用法ばかりが生きているように思います。「教養がない」という物言いが持つ過剰なまでの強力さが、教養主義、人文主義が忌避され、嫌われる理由になっているのが現状ではないかと考えます。私自身も、そのようなテストで「教養」を再定義することはしたくありません。

ところで『教養と無秩序』は1869年の書籍です。1868年が明治元年ですので、さしあたり教養主義の古典的な形式ができた時期と、近代日本の始まりの年は重なっていると言えるでしょう。

この時代を考える上で重要な点として、1851年のロンドン万国博覧会があります。ロンドン万博は万博の元祖ですが、これは19世紀前半にヨーロッパの主要国に鉄道が開通した後のことでもあり、各地からの鉄道による万博ツアーが成立しました。これはツーリズムの元祖とも考えられます。また、万博のために建てられた水晶宮（クリスタル・パレス）と呼ばれるパビリオン*fig.03は、現代から見るとショッピングモールのようにも見えます。現代の郊外の巨大なショッピングモール（関東地方では越谷レイクタウンなど）の買い物自体をちょっとした非日常にしようとする環境の原型が、クリスタル・パレスであるようにも思われます（もちろんショッピングモールは都心から見た非日常であって、郊外に住む人にとっては既に日常になっているわけですが）。こうした状況には時代ごとにトレンドがあり、変化があります。

もちろん、現在のショッピングモールの起源を直接19世紀ロンドン万博に求めるのは単純であって、途中でいろいろな屈折を経ています。ひとつには、1955年にロスにできたディズニーランドが非常に大きな役割を果たしましたし、当時アメリカにおいて高度な発達を見せた消費文化自体が影響力を持っていたといえるはずです。このようなテーマに関しては第2回以降も扱っていきます。

*fig.03：ジョセフ・パクストン設計による水晶宮

人類学を背景とする「カルチャー」の定義

アーノルドとほぼ同じ時代に、「カルチャー」に関してもうひとつの定義がありました。それはエドワード・タイラーによる人類学的な定義です。この場合の「カルチャー」は、西洋中心主義における教養「以外の」ものを担っています。

19〜20世紀に英仏やオランダで発展した人類学は、ヨーロッパ以外を研究対象として、帝国の経営に寄与するものでした。この学問は出発点では非常に差別的な見方に基づいています。英語では人文学を「Humanities」といい、人類学を「Anthropology」といいます。「Humanity」は、ヒューマニズムという人道的な意味合いを示しますが、かつての「Anthropology」はそうではありませんでした。かつての人類学では「Human」ではないが「Anthropos」である、すなわち「ヒューマンではないがヒトである」という存在が想定されていたのです。ヨーロッパから見たアフリカ・アジア・アメリカ・南北大陸・オセアニアといった地域の人間が、ある種の非人道的な仕方で見られていた側面がありました。しかし、人類学という学問自体は全てを対象化する視点であって、そのまなざしが人全般に向けられ、先進国の生活習慣をも「ヒト」という視点から捉えることで、批判的に機能することもできます。現在の人類学はそういう形で過去の差別的な状態から脱却していますnote.13。

note.13：人類学者ジェームズ・クリフォード（1945–）などを代表例とします。

1871年のエドワード・タイラー『原始文化』では、カルチャーは次のように定義されています。「文化または文明（civilisation）とは、知識、信仰、芸術、道徳、法律、慣習その他、社会の成員としての人間によって獲得されたあらゆる能力や慣習の複合総体である」。この定義は、人の活動であればなんでも文化であるという広大さを持ち、現代の「文化」の用法はこちらに由来します。当時は「非西洋の文化」を指し示す意味合いが強かったわけですが、先ほど「アナーキー」について述べたのと同じ事情が「Primitive Culture」というタイラーのタイトルにもあてはまるように思います。例えば20世紀にはピカソのような画家が、アフリカの仮面のようなプリミティヴィズムに触れ、欧米の絵画や彫刻の空間概念を変革していきました。ジャズも、アフリカ系の人々のプリミティヴな演奏文化がアメリカで花開き、即興的なセッションの録音を契機にしつつ、クラシック音楽の持っていた体系の一部を踏み越えていったものといえます*note.14。このように、現在ではプリミティヴという言葉自体が必ずしも否定的ではなく、むしろ肯定的な意味で用いられる感すらあります。

けれども近年の日本でも、人類学者がかつてプリミティヴなものを否定的に捉えていたこととよく似た側面をもつ文化論があります。それはある種のエスノグラフィーとしての「ヤンキー文化論」ですね。これは日本人論の変種と言うべきもので、日本のコミュニティ

*note.14：ジャズは20世紀のある時期までは先鋭的なポピュラー文化であり、クラシック音楽の教養主義と衝突するものとみなされた時代もありましたが、今ではかなりクラシカルな教養の域に入り込んでいます。

の閉鎖的・否定的な側面についての議論と言えます、悪しきポピュリズムとしての「気合主義」*note.15といったものがそれにあたります。丸山真男の「タコツボ」論*note.16などの現代版として考えるとわかりやすいと思いますが、私は「ヤンキー文化」的なものにも多くの可能性があると思っています。私は小中学生の頃はほぼ毎日、駄菓子屋やゲームセンターでTVゲームに夢中だったので、言ってみれば私の出自もヤンキー文化と近いところにあります。とはいえ私が「ヤンキー」そのものかといえば、嘘になるでしょう。そうなると、どっちつかずの存在ということになります。

ここでは私だけの問題ではなく、誰もがそうではないかという点が重要です。基本的にヤンキー文化のようなものは、一種の野生のような暮らし、戯画としてしか語られず、日本の「リアリティショー」*note.17の対象になる人たちは、見世物として「観察」されているわけです。その一方で、先ほど定義した超教養人という極があって、いわゆる「上流と下流」が定位されます。しかし、私はこのスペクトラムは過度に理念化された軸であり、ほとんどの人は両方の属性を備えていると考えています。ライフスタイルで言うならば、例えば100円ショップを全く利用しない富裕層という存在は今では考えにくい反面、教養主義的なものに全く触れたことのない下流層というのも同様に想定しにくいと考えています。

*note.15：斎藤環『世界が土曜の夜の夢なら ヤンキーと精神分析』角川書店（角川グループパブリッシング）、2012年

*note.16：丸山真男『日本の思想』岩波書店（岩波新書）、1961年

*note.17：リアリティショー（リアリティ番組）とは、TV番組のジャンル。「ヤラセなし」を謳い、素人の視聴者から出演者を募り、彼らが困難に挑む物語を映すものです。日本では大家族の物語を扱ったテレビ朝日系「痛快！ビッグダディ」、フジテレビ系『あいのり』『テラスハウス』などが知られます。またアメリカでも主流のスタイルで『American Idol』『SURVIVOR』を始め、多くの派生系が見られます。

もちろん、このカルチャーのふたつの定義、すなわちアーノルドの「卓越性の証としての教養」と、タイラーの「人間であれば何でも文化」、そのふたつの極を本当に体現したとされる人は歴史上存在しました。例えば19世紀半ばにフランスのシャルル・ボードレールが定義した「ダンディズム」、つまり、英国スーツを完璧に着こなす社交界の寵児のような存在がいました。マルセル・プルーストの『失われた時を求めて』（1913-27）のシャルリュス男爵のモデルになったロベール・ド・モンテスキュー伯爵*fig.04、あるいはボードレール自身もそうだったのかもしれません。彼らは富裕層というよりは、伊達男で趣味人で、ほとんど世捨て人のようにふるまう存在でした（個人的には「モダニズム」の可能性のひとつはこういう人の経験を考えていくことにあると考えています）。

ですから、カルチャーの両極を突き詰めた人が存在しなかったわけではないのですが、ほとんどの人は両方の性質の間にいるのではないでしょうか。

***fig.04**：ロベール・ド・モンテスキュー伯爵（1855-1921）

「教養主義」から「文化」への移行

20世紀後半の主要先進国では、アメリカでの公民権運動やそれに引き続いたベトナム戦争反対を始めとした異議申立ての動きが相次ぎました。そしてイギリスでは、自国の古い帝国的な（貴族対平民といった）文化や教養主義を転覆させよう、組みなおそうという目的を持って、様々なカルチャーを批評していくムーブメントが起こりました。冒頭で触れたカルチュラル・スタディーズ、または文化研究がそれにあたります。代表者はスチュアート・ホールなどです。彼らはその後、70年代のポピュラー音楽、とりわけパンクやレゲエ、ヒップホップといった文化に注目することで、広く知られるようになりました。この頃には「カルチャー」という言葉は、現代における文化全般を指す意味合いにシフトしていきました*note.18。

*note.18：ディック・ヘブディジ『サブカルチャー――スタイルの意味するもの』（山口淑子訳、未来社、１９８６年）などが、パンクやレゲエに注目した古典的サブカルチャー論です。イギリスを対象とした近年の文化研究として、清水知子『文化と暴力――揺曳するユニオンジャック』（月曜社、２０１３年）があります。

Lecture.1_2

現代日本における カルチャーを考える

ハイカルチャーとポピュラー文化

これまで挙げた様々なファクターは、現代日本においても当然重なってきます。つまり、あらゆる「カルチャー」を、古典的な「教養」という軸と、「あらゆる文化や慣習の複合総体」という軸の両面から考えていくと興味深いのではないかということです。

実際の様々な文化というものは、ハイカルチャー、ポピュラー文化を問わず、特定の形式、「フォーム」を持っています（主にウェブサービスから広まった和製英語としての「コンテンツ」は内容を意味するわけですが、コンテンツは当然「フォーム」を伴うわけですね）。それらが音楽なら、クラシック、ジャズといった仕方でグルーピングされるわけです。

本講義で大きく扱っていくポピュラー文化の代表例として、映画があります。映画は今日では大学でも教えられていますし、シネフィルと呼ばれる映画マニアの趣味人は、映画の中から芸術に値する作品をピックアップする形で、映画の中にハイカルチャーを生み出したという側面があります。このように、今では芸術分野に含められることも多い映画ですが、19世紀末に誕生したあと「20世紀は映画の時代だった」と言われるぐらい興隆して、ポピュラー文化として大きな力を持ちました。ストーリーを持ちスターシステムなどと結びつく狭義の「物語映画」だけでなく、ドキュメンタリーによる様々な知識の普及もあり、またその負の側面としては、プロパガンダのメディアとしても力を持ちました。現在では20世紀の頃に比べると地位は低下しましたが、今なお重要な文化です。

また、日本で一昔前に喧伝されたクールジャパンでは、マンガ（MANGA）、アニメ（ANIME）が注目されました。日本におけるマンガ、アニメが、海外のコミックスやアニメーションとは異なる独特のフォームを持つ文化として扱われたわけです。

ただし、このような諸文化のフォームを考える際に、文化が生まれた時代や地域に由来する独自性をどう考えるのかという問題があります。当然独自性はあるわけですが、それは排他的なものではありません。例えば日本のマンガ文化は、アメリカの「コミックス」やフランスの「バンドデシネ」などとの相互作用で育まれています*note.19。近代におけるジャポニ

*note.19：『AKIRA』（1982–90）の大友克洋はバンドデシネ作家Mebiusの画風から大きな影響を受ける形で日本のマンガを更新し、フランスに逆輸入されて好評を博しました。

スムの代表である葛飾北斎が欧米で受けた結果、ゴッホやモネ、ゴーギャンが生まれて、今では日本でそれらの画家が安定的な人気を誇っているのと似ていますが、同時に北斎が受け入れられた理由のひとつとして、彼自身が西洋絵画に影響を受けていたことも無視できません*note.20。同じようなことはゲーム産業でも起きています。日本のゲーム産業は今世紀に入ってからは国際市場における影響力が低下しているものの、アニメーションにおけるディズニー的な存在感を持ち「マリオ」「ゼルダ」「ポケモン」を作った任天堂を筆頭に、今なお重要な地位を占めています。

また本講義ではポピュラー音楽と関連して、映像におけるミュージックビデオ（MV）ないしはプロモーションビデオ（PV）を軽視しないスタンスをとっていきます。映像文化の中で「映画」の独自性を重んじる人にとって、PVは非常にクリティカルな焦点として扱われる傾向があります。広告・PV出身の映画監督、何人か挙げるとリドリー・スコットや、スパイク・ジョーンズ、ミシェル・ゴンドリーといった人の作風は、ある種の映画文化からは非常に忌避されています。つまり、ヴィジュアルエフェクト（視覚効果）の作り込みやガジェット（装置）の扱いに長けているけれども、反面、芸術的な映画で好まれるような、ゆるやかに持続する時間、物語の緻密な構成といった見方からすると乱暴なように見えるからです。

語義矛盾のようではありますが、映画においては、数秒でぱっと目を引くようなヴィジュ

*note.20：「眼鏡絵」という形で擬似的に遠近法を取り入れた画面作りなど。

アルな面に立った映像づくりが時に忌避されてきました。一般に芸術には、匂い、触覚、味など五感を拡張するだけではなく、物語のようなものを考えさせたり、概念的な思考を誘ったりといった、感性の次元を越えていく作用が求められる傾向が強いためです。一方で芸術と対比される意味での娯楽では、感性的な次元のダイレクトな快楽が重要だという区分もよくなされます。つまり、映画を通じて人々がそこに見ている「フォーム」は、必ずしも視聴覚には限られない。視聴覚を越えていくものであり、それが思考であるか快楽であるかを問わず、「視覚文化」を通じて視覚以外の要素について考える必要も生まれてきます。

ハイカルチャーとポピュラー文化の違いは「レギュレーション」である

ハイカルチャーとポピュラー文化の違いは、一般的にはアート対エンターテインメントとして定義されています。私自身は、この定義のかなりの部分は擬似問題ではないか、つまり実際にはそれほど対立していないものを対立させているのではないかという疑念があります。

一方で、文化のフォーム、より正確には「レギュレーション（規則群）」*note.21 としては確かな違いがあると思われます。例えば、美術におけるペインティング（絵画）とイラストレーションを考えてみましょう。それらは異なる実践なので、同じ人が両方の世界で活躍するのは不可

*note.21：レースのルール規定など、スポーツやレースにおける規則群を指します。

能ではありません。けれどもその違いは何かと言えば、文化の「レギュレーション」です。ペインティングという「レギュレーション」が属する場を時に「アートワールド」と呼びます。狭い意味では「美術業界」にあたる言葉で、業界の中でアートの文法を使っていればアートである、ということになります。それはアートワールドの中で培われてきた歴史的な諸問題との格闘というシリアスな面もあれば、ただ単にその文脈に入っているだけかもしれません。しかし、どんなに巧みなイラストレーションであっても、アートワールドに入っていなければアートワークとはみなされません。それはただの権威主義なのではないかという批判も当然あります。他方で、最も巧みなイラストレーターより、現代アートのペインティングの方が技量が低いこともあります。文化の「レギュレーション」の違いがあるため、単純に技量を測ることがあまり意味を持たないのです。また、クラシック音楽とポピュラー音楽の場合、現代音楽の実践に対して働きかけているかどうかがひとつの定義になります。クラシック音楽の歴史の観点から、ロックその他のポピュラー音楽における和声が単純で新しさがないと一刀両断する人が少なからずいるのはそのためです。

私はここで重要なのは「レギュレーション」そのものではなく、「レギュレーション」に対してどのように働きかけているかだと思っています。「レギュレーション」を単独で考えるのではなく、「レギュレーション」に対する働きかけを考えるということです。言い換えるなら例えばアートとポピュラー文化の関係を、質の高低で区別するのではなく、コミュニティの違いで考えてみたいと思っています。つまり「あるコミュニティでしか達成できないもの」がいろいろな場において生じていると思うのです。例えば「芸術においてしか達成できないもの」は当然色々あります。しかしながら、それがその他のエンターテインメント全てを圧倒する卓越なのかどうかはわかりません。私は、その卓越性は文化の「レギュレーション」ごとに異なる仕方で見いだせるのではないか、という、相対主義に近い立場で考えています。

それでは「レギュレーション」をどう定義するのか？ という循環的な問いに陥りますが、そういう困難な問題にも本講義では暫定的に次のように答えたいと思います。さしあたっては、上下というよりはいろいろな「レギュレーション」があり、それぞれの卓越があるということです。ただし、その枠は超えられないのか？ ひとつしか属せないのか？ 排他的なものなのか？ と言うと、そうとは限らないと思います。これが、文化における固有性と普遍性の厄介な定義に対する私なりの一定の答えです。例えば「マンガには日本固有の達成がある」と主張する議論に対しては、私自身もそう思っているところがありますが、そこを強調しすぎると、今度はアメリカやヨーロッパの文化や、伝統的な文化から由来する要素の重要性を指摘する議論が生まれます。これは正当な議論です*note.22。だから他の文化と隔絶した独自性を主張することは極端ではないかと考えられます。かといって、独自

*note.22：小田切博「「マンガ」という自明性——ガラパゴス島に棲む日本のマンガ言説」(http://imrc.jp/images/upload/lecture/data/4小田切.pdf)(2014年6月1日現在)

性が全くないかというと決してそうではありません。クールジャパンの営みの一部には無理があると思いますが、一方で、今日では世界各地の日本語学習の動機として、マンガ・アニメに対するモチベーションがあることは広く知られています。私は、ある文化圏をいわゆる人種やエスニックグループに直結させる議論はとりませんが、日本語学習者がマンガ・アニメから日本語を学んだり、あるいは作品そのものを学ぶことに貢献したりした事例はたくさんありますし、同じようなことは様々な文化で起こっていると思います。ある本質=エッセンスがあって、そのエッセンスを持つか持たないかを一律に区別する、という見方は実際には難しいのです。「レギュレーション」を取り上げたのは、その意味で、本質主義的な境界の範囲をもう少し広げていきたいという狙いがあります。

ハイカルチャー vs. ローカルチャー

ハイカルチャーとポピュラー文化の対比は、「ハイカルチャー」対「ローカルチャー」というより直接的な表現で問うこともできます。これは現代でも教養主義が一定の権威としてふるまう原因にもなっています。この言い方は、双方にとって必ずしもよい成果を生み出していません。ポピュラー文化の担い手の側でも、教養主義的なものに対する拒否反応があります。これは当然です。ハイカルチャーから、バカにされているにも等しいのですから。

しかしこの関係は、文化に対する批評・研究的なアプローチのためには、非常に厄介な問題を引き起こします。それはポピュラー文化が「芸術として論評される必要がないもの」だと捉えられてきたからです。つまり、批評や論評を拒否しているからこそ、ある種の文化は生き生きと存在しているのだという発想です。「誰かが研究し始めたらその文化は終わり」という考え方があります。例えばストリートカルチャーには「雑誌などで取り上げられたら終わり」という考え方が根強いです。分析を通じて前線感、現場感が失われ、変質してコアな部分が失われてしまうという議論がありました[note.23]。その意味で、ポピュラー文化では批評が時に拒まれることがあるわけです。

私自身のポジションは、ポピュラー文化に対する、批評・研究・分析的なアプローチになります。「批評・分析によっては絶対的に捉えられない生き生きとしたもの」を優先する発想とは異なる見方をとっているということです。私はある種の現場性、絶対に言葉の介入を拒むという極端なコミュニティのあり方をよいとは思いませんが、もちろん「外からの観察」にとどまる分析だけでは不十分だと考えています。なぜなら各文化の形態には、そこに内蔵する作品性の契機があると考えているからです。本講義では「作品」概念の詳細な吟味は行いませんが、ポピュラー文化、娯楽、ローカルチャーの中にも、多くの場合芸術

[note.23]：もちろん教養主義の場合にも同じことは起こりえますが、ただ教養主義の場合はではその論評されている空間自体がコアであるという違いがあります。

経験とかなり近いものがいくらでも見つかるわけで、「批評が捉えられない現場」を重視する人が重んじているのも、実際にはそのような経験だと思います*note.24。

ファンコミュニティという焦点

このような問題を定義する上で、「ファンコミュニティ」の問題が大きな焦点になると考えています。時に分析や批評を拒む人たちも、実はファンのコミュニティを形成しています。

文化的生産（カルチュラル・プロダクション）という言い方があります*note.25。その観点をとるならば、ファンコミュニティというのは基本的には消費者と呼ばれる存在です。しかし、現在の文化に対するアプローチでは、ファンコミュニティが決してある作品なり文化的生産物をただ受け取って消費するだけの存在とは言われていません。受動的な消費者にとどまらず、能動的なアクターとしてふるまったり、エージェンシー（行為者性）を持ったりする。むしろ文化に対して、生産・流通・消費のすべてに関与しているのではないかと言われています。

先ほど挙げた「ハイ／ロー」という観点は差別的に見えるかもしれませんが、このような権威的な見方は、個別のファンコミュニティ内部でも繰り返されています。個別のファンコミュニティ内部で「名作と駄作」「クラシックとその他」「駄作とされているが愛される」など

*note.24：芸術経験や作品概念などについては、ロバート・S・ネルソン、リチャード・シフ編『美術史を語る言葉――22の理論と実践』（加藤哲弘、鈴木廣之監訳、秋庭史典、北村清彦、田中正之、米村典子訳、ブリュッケ、2002年）、ロバート・ステッカー『分析美学入門』（森功次訳、勁草書房、2013年）を参照。

*note.25：カルチュラル・プロダクションについては、ジョン・A・ウォーカー、サラ・チャップリン『ヴィジュアル・カルチャー入門――美術史を超えるための方法論』（岸文和、前川修、佐藤守弘、井面信行、青山勝訳、晃洋書房、2001年）の「第5章 生産・流通・消費のモデル」を参照。

多様な基準が提唱されているのです。「時代性は象徴しているが、名作とはいえない」とか「名作ではあるが限られたマニア向けである」といった観点ですね。

しかし私は「ハイ／ロー」という選別のあり方に対して、文化を広く見るためには、そこからこぼれ落ちるものに重要なものがあるのではないかという視点を捨てきれません。「これは駄作だ」と切り捨てる峻別はカッコイイ行為なのですが、しかし切る判断自体が愚かになりうる、というリスクを背負ったものです。

現代の「教養人」が明快な仕方で成立困難な理由はここにもあります。教養人とは、あるスタイルを研ぎ澄ますことです。ライフスタイルを研ぎ澄ましていく過程では「捨てる要素」が非常に多くなります。しかし現代では、ある見方において卓越性がないとされているものが、別の方向性では非常に卓越しているという可能性があります。もちろん人はふたつ以上のスタイルを同時に生きることはそうたやすくできないので、何かしらひとつの達成に賭けている。しかしながら、いろいろな文化を見ていくと、そういうダイナミズムに必ず気がつくことになります。ひとつの基準を突き詰めるだけでは捉えられない、別の突き詰め方が至るところに存在すると分かるわけです。

あるいは、ある種の文化の殿堂、ミュージアム、図書館という空間を考えてみてもよいかもしれません。ミュージアムにはたくさんの名作があり、図書館にはたくさんの名著が収蔵されていますが、しかし中には凡庸なものや贋作も眠っているかもしれません。全てを収蔵することは現実的ではないので、実際には重要でない資料は廃棄されます。ですから「これこそが殿堂である」という形での選別は避けられないことです。しかし今日「この選び方が絶対である」という絶対性の感覚はなかなか提唱できなくなっています。そうなると「相対主義」が正解なのか？という議論になりやすいわけで、ここまで「特定基準の絶対性」を批判的に考察してきた私自身にもそういう傾きはあるかもしれません。

現在では「文化相対主義」は、「絶対的なものを単に退けるだけ」であり、実際に必要な選別の基準を放棄するものとして批判されることが多いです。ですが、私はなおも、一見相対主義に見えるとしても、複数の判断基準を比較検討し続ける作業が重要だと考えています。なぜかというと、そこに現在の文化状況のもうひとつの側面、つまり「ハイ／ロー」の基準の遍在という問題に限らない、現在のいわゆる「情報過多」の問題があるからです。

\Lecture.1_3\

情報過多の時代における議論の出発点

情報の捨て方が問題である

10年代は情報過多の時代です。日本では国立国会図書館がかなりの本を保存しており、あらゆる書籍を保存することが重要だという考えで運営されています。現在ではどれだけ差別的な書物でも、それを焼き払った方がよいと考える人はほとんどいません。たとえひどい文化的産物でも、そのひどさを伝えるために保管する必要があるという考え方です*note.26。文化の殿堂、ミュージアム、図書館の機能として、単純に保存するという機能と、保存された中からピックアップしてクラシックを打ち立てる機能の2種類があります。かつての教養主義は、いわば後者のピックアップされた「クラシック」に、人間の達成を

*note.26：焚書のように、昔から政治的表明として本を傷つける象徴的な行為はありました。2014年には、複数の図書館で『アンネの日記』や関連図書の破損事件が起きましたが、これは書物を物理的に攻撃することでその内容も傷つけようとする一種の短絡といえるでしょう。

見ていたわけです。しかし私は、ピックアップされなかったものにも重要な文化がたくさんあると考えます。その関係をどう考えればよいでしょうか。

現代ではあまりにも大量な情報の中から何を捨てて、何を残すのか、という問題が浮上しています。大事なことのひとつは「情報の捨て方」です。例えば私の場合、部屋に蔵書がありすぎて持っている本が見つからず、図書館に借りに行くというひどい有様です。部屋の容量を超えているのですから、普通は本を処分するべきです（どこかで役に立つかもしれないと考えて、できないのですが）。キャパシティを超えた情報は捨てるしかないのです*note.27。これはエドワード・タイラー的な「なんでも文化」という状況の「ルーズさ」から出てくる問題意識かもしれません。

情報があまりにも多いために、一人ひとりの把握できる文化の総量は限られています*note.28。かつての教養人は自国の文化、選別済みの「クラシック」を知ることを重んじていたので、教養人であり続けられました。ヨーロッパの教養人にとって、ネイティヴアメリカンの教養を学ぶことは必須ではないと考えられていたからです。しかしタイラーの「なんでも文化」の見方を経た現在では、教養人を名乗るのであればどんな情報も必要であると考えられています。この問題はファンコミュニティにも関連しており、ファンコミュニティの中でのみ保存されている文化はたくさんあります*note.29。本講義に出てくるごく限られたピックアップ

*note.27：当然ながら、情報が消滅してしまうこと、焚書といった破壊行為自体は肯定できません。分かりやすいのは言語です。マイナーな言語は発話者がいなくなることで日々消えていってしまいます。記録をコーパス（構造化された言語の集積データ）として後世に残していかなければならない。言うまでもなく保存は大切です。

*note.28：もちろん私もかなり限られたところから語っています。私自身の関心の領域から見ても、欧米と日本の文化が中心であって、日本以外のアジア圏の諸文化、アフリカ、中東、イスラム文化など、部分的には知っていても深くマスターしていない文化がたくさんあります。

に関しても、その種の情報の膨大な広がりとの関係性を考えたものになっています。

サブカルという見方の変遷

ここで考えてみたいのは、日本におけるサブカル（サブカルチャー）という見方の変遷に関してです。先ほど「ポピュラー文化は批評・分析を拒む」と述べていますが、実際には作品がセレクトされたガイドブックや、ファンの間で選別されたクラシカルな殿堂は様々な仕方でできあがっています。ただ、それをどう位置づけるかという点で、普遍化を拒んでいるかもしれないところがあります。

そもそも日本のサブカルとは何でしょうか。サブカルとは乱立する小さなファンコミュニティ、及びその中でも影響力のあるアーティスト・文化人と集まったファンたちがつくり上げるスタイルだと言えます。ファッションも音楽も、あるいはある時代のスタイルもそうです。大まかに言えば、雑貨屋のヴィレッジヴァンガードの雰囲気になると思います。あの倉庫的な構えの中、気持ち悪い赤ちゃんの人形などと一緒に、CD、マンガなどが並んでいる状態です。「サブカルマンガ」には明確な定義がありませんが、批判を承知で言えば、ヴィレッジヴァンガードに並んでいるマンガをそう呼ぶことができるでしょう。ひとつのポイントは「セレ

*note.29：その中で結果的に瑣末であることが分かるものも多くあります。例えば私は1990年前後に洋楽が好きでCDを結構集めていたのですが、今となってはその中の一部は、そこまで細かく見なくても文化の重要なところは分かっただろう、と思われるものです。

クトされていること」です。つまり、大量の生産物の中から一定のものがピックアップされているという状況です。ファッションにおいてはセレクトショップというものがあって、服だけではなく、CDなどを含めて選ばれたライフスタイルを総合的に売っているわけですが、このような「誰かが推奨するセレクション」の意義は健在です。

ただし、サブカルにおいてはヴィレッジヴァンガードも最早、それほど卓越性を主張できません。全国あちこちに展開しており、一歩退いた視点でみれば、教養の対極とも言うべきライフスタイルの担い手とされるドン・キホーテのような郊外型店舗とあまり変わりないのではないかとも言われています。「サブカル教養主義バトル」では、多数の店舗を展開しているヴィレッジヴァンガードは「ぬるい」とみられやすいわけです。

またヴィレッジヴァンガードとドン・キホーテはどちらもいずれも雑然とした倉庫的な売り場で、非常にごちゃごちゃしているのが特徴です。あの状況において、既に選別がなされています。この点では、Amazonもよく話題になります。Amazonの物流センターには膨大な商品があり、そこから注文された品が運ばれていきます。これはまさに倉庫そのものです*fig.05。Amazonの倉庫というのは、ネット書店や動画サイトによって生まれた文化のイメージを可視化するひとつのモデルになります。巨大なアーカイブを背後に持っている倉庫は、現代文化の情報過多の最適なイメージです。そしてドン・キホーテもヴィレッジヴァン

*fig.05:

Amazon.comの物流センター
Bloomberg / Getty Images

ガードも、こういう側面を一部分担っているのではないでしょうか。

情報をいつ消化するのか

近年の文化の変動に関してはいくつかの軸を見出だせるのですが、その軸のひとつはインターネットです。インターネットの登場以前／以後によって大きく変わったものがあります。

本講義では視覚文化に焦点をあてていますが、特にインターネット関係では、動画の浸透が重要です。Youtubeは2005年、ニコニコ動画は2007年に設立されました。動画がネットで容易に広まるようになった2005年以降、視覚文化の一部は大きく変わっています。かつて高額で取引されたビデオがネット上にアップされるようになるなどして、サブカル的なファンコミュニティのいくつかの優位性が崩れました。そこには違法性の問題が現れるときもありますが、しかし、動画の浸透がもたらしたファンコミュニティの再編成という現象は無視できないものです。

再び話を戻しましょう。現代は情報過多の時代であり、しかも視覚的にそれが理解できるようになりました（これは「可視化」「見える化」とも言われます）。もちろん実際はコンピュータを介して検索などの形で接しているわけですが、大量の情報に万人がアクセスできます。

この状況は、文化を大きく変えていると考えられます。

あくまで00年代の議論ですが、２００３年時点での全人類が記録してきたデータ量は12エクサバイトでした。これが２０１０年には約1ペタバイトに増大していますnote.30。簡単に言えば、00年代のわずか7年間で全人類のデータ量が１００倍になり、今日も膨れ上がり続けていることを示しています。ただし、この10年で文化が１００倍豊かになったかといえば、ほとんどの人は否定的ではないかと思います。これは単純な物量の増加であって、データ量は質とは直接は関わりません。しかし、Youtube以降の現代、この情報過多という性質を捉える必要があるのではないかと思います。そして、各ファンコミュニティでローカルに成り立っているピックアップされた事物を、私は広い意味で「クラシック」と名づけたいと思います。これは必ずしも古さとは関係なく、「定番」といった意味合いです。

各文化でローカルに立ち上がってくる「クラシック」、それらがなぜピックアップされるかといえば、現在のAmazon的な状況が非常に大きいです。私は、この関係について考えることが現代の視覚文化論を捉える上で必須だと考えていますnote.31。

このような時代における教養のあり方では、散逸を恐れるというよりは、保存された大量のデータ量にどう接していくかという側面が問題になってきます。現在大切な

note.30：米ＩＤＣ社による２０１１年6月の調査に基づきます。サマリーは次のＵＲＬで読むことができます。（http://japan.emc.com/collateral/analyst-reports/idc-extracting-value-from-chaos-ar.pdf）（２０１４年6月1日現在）

note.31：ちなみに、いわゆる芸術においては、このような関係は考えなくてよいとされてきましたが、それは正しいとはいえないでしょう。どんなに担い手が少ない営みや、情報を無視できるとされてきた文化においても、理念的には、Amazon倉庫のような膨大な情報量がもたらしたインパクトについて考える必要があると思っています。

のは、ある本やTV番組を「買い逃さない」「見逃さない」ではなくて、本を「いつ読むのか」、レコーダーに撮りためたものを「いつ消化するか」といった部分です。例えば、本をたくさん持っている人ほど、アーカイブとしての効果、いつか役に立つかもしれないという利点に期待していることが多いでしょう。しかしここまで情報量が増えてしまうと、この膨大な物量のどれがいつ役に立つか、という観点では非常に考えにくくなってしまうのです。これは、現在至る所に膨大な歴史というものが生まれてしまっていることを意味します。人間の知覚・身体的感覚で把握可能な範囲を超えたものが目の前に広がっているのです。

狭い話で言うならば、Youtubeやニコニコ動画のインパクトは既に一巡してきた印象があります。詳しくは第5回で扱いますが、動画であること自体が価値を持つ時代は終わっていて、二巡目のサイクルに入っている印象を持ちます。ニコニコ動画で広まったといえるもののひとつとして、初音ミクなどのボーカロイドで生み出された膨大な曲があります。そこには既に膨大な歴史ができていて、その中に「クラシック」があります。どの部分に価値があるのかに関しては議論があるとはいえ、わずか6、7年の蓄積にも、膨大なデータ量と歴史が生まれていると言えるのです。

「歴史」を広く考えすぎているのではないかという疑問もあるかもしれません。たくさんの歴史がある中での、より大きな歴史は当然あります。しかしコンピュータで「ヒストリー」といえば検索履歴や閲覧履歴を指すように、履歴性としての「ヒストリー」を考えるならば、それは至るところに存在するのです。もちろん、この問題を「大きな歴史の解体」と定位されるような、古典的なポストモダンの条件と結びつけることもできると思います*note.32。「啓蒙主義のプロジェクト」などが一巡し、小さな物語がたくさん生まれたという状況ですね。そうは言っても、大きな物語はたくさん存在します。一般に言われるのは人間の解放の歴史や、政治・社会の物語です。これらは重要なものであり続けるという議論があります。ただ、きわめてローカルな実践においてすら膨大なヒストリーが生まれている状況、そしてそれが全て可視化されているということが、この情報過多の時代において出発点になるだろうということです。

ポピュラー音楽で一例を挙げるならば、ロックです。ロックには既に50年以上の歴史があり「ロックは死んだ」といった議論もなされました*note.33。レコードが広まったのは1920年代、レコード以前／以後で録音芸術が重要になったため、音楽は大きく変わっています。ですから、見方によって蓄積は100年、ないしは50年近くあるわけですが、現代のミュージシャンが音源をリリースするためには、そうした過去の数十年、100年の殿堂との対決になってきて厳しいと言われる反面、初音ミクに代表されるような特定のコミュニティにおけ

*note.32：ジャン・フランソワ・リオタール『ポスト・モダンの条件──知・社会・言語ゲーム』小林康夫訳、水声社、1989年

*note.33：南田勝也『オルタナティブ・ロックの社会学』（花伝社、2014年）では、「ロックは死んだ」という言説が既に変容していることが示されています。

るミクロなヒストリーの中でも一種の「戦い」が生まれるわけです。そこでは「興味を惹かない」ことが問題になり、明暗が分かれることになります。

そうした領域の中でいかに興味を惹くかというのは、人間というよりは、いわば生み出された産物同士の生存競争です。雑な「弱肉強食」の比喩のような、個体の勝ち負けの意味ではなく、むしろ環境の変化にもちこたえ、生きのびることができるならば、それが「勝ち」を意味するような、そんな生態が生じているともいえるわけです。それが現代の文化・教養におけるひとつの出発点ではないかと思われます。

Lecture.2 / 第2回

ノスタルジア/消費

消費文化の構造と「懐かしさ」の問題

第2回では、今日の消費社会の原点をアメリカン・フィフティーズの文化に見いだし、その「豊かさ」の二面性を考察していきます。爛熟期のハリウッド映画やディズニーランドの開園、そしてユースカルチャーの成立など、文化史における転換期となるこの時代が生み出した「ノスタルジアの消費」に着目します。日本でも同様の「昭和ノスタルジア」現象をみることができますが、このようなノスタルジア現象に耽溺することなくその魅力を分析するモデルとして『バック・トゥ・ザ・フューチャー』三部作を用います。タイムマシンとなる「ガジェット」、デロリアン自体が現在では80年代カルチャーのノスタルジアとなっており、文化受容の歴史性における興味深い事例です。

Lecture.2_1

アメリカン・フィフティーズの残したもの

豊かなアメリカ

「この時代に起きたことが現代に影響を与えている」といった歴史記述は、ある程度はどの時代でも見つかるものですが、それでも特に歴史の転回点といえる時代がいくつかあります。視覚文化に関して言うと1920年代のモダニズム、19世紀半ばの万国博覧会のパラダイム、政治的にはフランス革命、近代的自我ならデカルト以降、中世の修道院で育まれた個人主義など、遡るときりがありません。本講義ではそのひとつである、50年代のアメリカの消費文化に着目したいと思います。

「豊かなアメリカ」という表現がありますが、50年代のアメリカは、実際に世界史的に見ても特異な時代であったと私は思います。50年代の1人あたりの国内総生産（GDP）はア

*note.01：「パックス・アメリカーナ（アメリカの平和）」とも言われるこの時代は、古代ローマ帝国時代を指し示す「パックス・ロマーナ（ローマの平和）」という言葉に由来します。ちなみにローマ帝国に関して、古代ギリシャに比べればローマの方が俗っぽいと議論する人もいます。芸術、哲学、科学好きの観点からすると、ギリシャの達成の方が価値があると考えられがちです。ローマ帝国はプラグマティックで、遺跡として残る水道橋などにみられるように、衛生面を含めた社会インフラの点では、近代に至るまで乗り越えられなかったのですが、文化的には折衷主義なのです。アメリカにもそういうところが多くあります。

メリカがずっと1位でした。当時のアメリカの人口は1億５０００万人程度でしたが、そこに世界の膨大な富が集まっていたのです。21世紀においては、人口規模以外の面でも中国やインドがアメリカ以上の大国になるのではないかという議論もありますが、この時代のアメリカほどの一極集中にはならないと思います。人類の文明史というスケールで見ても50年代のアメリカはひとつのメルクマールだと思います*note.01。

この時代のアメリカの達成は、クオリティよりも圧倒的な物量にあります。石油や天然資源を豊富に擁し、第二次世界大戦に勝ったという自信に満ちあふれて、物質的にも非常に豊かでした。アメリカの文化の多くはイギリスから受け継いだもので、非常に折衷的ですし、アメリカにおいても人文科学に関しては今なおヨーロッパの古典を学び続ける人がたくさんいます。ネイティヴアメリカンの文化はもちろん重要ですが、基本的に移民国家という意識があり、ヨーロッパの文化教養を受け継いでいるという考えの人も多くいるわけです。

その反面アメリカならではの文化も数多くあって、ハリウッド映画はそのひとつといえます*note.02。もちろんフランスをはじめとして各地に優れた映画の伝統があるのですが、やはりハリウッド映画は、映画の中でも特別に扱われるべき質量を伴っていると考えられるでしょう*note.03。広い目で考えると、ハリウッド映画と、50年代の豊かなアメリカという状況

*note.02：映画はフランスで１８９５年にリュミエール兄弟のシネマトグラフから誕生しました。その数年前から発明家のエジソンがキネトスコープという名称で映像テクノロジーを商業化していたので、アメリカ人はエジソンに先駆者の称号を与えたがりますが、映画の成立にとって重要なのは、映像がスクリーンに投影されることで集団的な経験をもたらすことです。ですから、この仕組みを発明したリュミエール兄弟が映画の父と言われています。

*note.03：シネマトグラフの誕生からハリウッド物語映画が確立するまでの約20年間の映画を「初期映画」と呼ぶことがあります。参考文献『映画理論集成』（岩本憲児、波多野哲朗編、フィルムアート社、１９８２年）、『アンチ・スペクタクル——沸騰する映像文化の考古学〈アルケオロジー〉』（長谷正人、中村秀之編訳著、東京大学出版会、２００３年）など。

をともに考えることには大きな意味があります。ただ注意が必要なのは、古典ハリウッド映画の本当の最盛期は50年代ではなく、30〜40年代だという議論の方が支配的であることです。50年代は映画に関して言うと、ハリウッドのスタジオシステムが既に全盛期を過ぎ、黄昏ゆく時代でした。そのことを振り返ってみると、50年代のアメリカも、消費文化の豊かさを享受している一方で、何かが終わりかけているのが見えてくるわけです。

この二面性を「豊かなアメリカ」に見いだすことが必要だと考えています。

アメリカの豊かさの内実

さて、それでは50年代アメリカの「豊かさ」の内実について詳しく考えてみましょう。

図式的に言えば、この豊かさの原点として、第二次世界大戦後のアメリカの帰還兵に対して、大学進学の奨学金が優先的に与えられたことは大きいでしょう。60〜70年代にかけて西ヨーロッパや日本でも遅れて起きることですが、アメリカでは真っ先に、大々的に「大学の大衆化」が進みました。これで大学進学率が爆発的に増えたと言われています。そして、これに続くベビーブームです。第二次世界大戦後の主要先進国では人口爆発が起きます。ベビーブーム世代は日本では団塊の世代と言われていて、やはり人口のボ

*fig.01：50年代のレヴィットタウンの風景

リュームゾーンとなっています。

帰還兵の多くは家庭を持ち、レヴィットタウンという郊外の住宅地に家を買って住み始めました*fig.01。これは日本におけるニュータウンのような街で、一般庶民はこぞって家を買いました*note.04。このレヴィットタウンには注目すべき点がありました。それは住宅地一帯の家々がバリエーションに欠け、非常に没個性的に見えることです。これは大事なポイントです。現代日本で言うと、携帯電話のモデルやお茶のパッケージのようなものには、様々なバリエーションがあります。こだわっている人から見ればわずかな差異が重要に見えますが、距離を置いて見れば、外観やラベルの違いに過ぎない。画一化された中での多様性に過ぎないというシビアな見方もあるわけです。レヴィットタウンの生活も、そのような画一化された中での多様性に過ぎませんでした。それは、大量消費社会に対する根本的な違和感を掻き立てるものでもありました*note.05。

この時代のアメリカの人たちが「豊かさ」の渦中で何をしたかと言えば、やや戯画的に言うならば、マクドナルドのドライブスルーでハンバーガーとコーラを買っていたわけですね。現在でもアメリカ人自身が自嘲していますが、「愚かな消費者としてのアメリカ人」というイメージが確立されていったのもこの時代なのです。ですから、消費の魅力とともに、消費に対する批判のモデルもここから出てきました。

*note.04：当時のアメリカの豊かさというのは、年収数年分で家が買える、現在の日本にたとえるならば数百万で家が買えるような状況と考えられます。この時代のアメリカはすぐに家を買える気軽さがあり、中産階層が増加しました。

*note.05：今の時代にこの画一化された家並みを見てみると、例えば映画『ポルターガイスト』（1982）のようなホラー映画の舞台のように見えてきます。50年代のリアルタイムでも、悪夢とはいわないまでも、その歪みに対してアメリカ人自体も敏感になっていて、次第に殺人鬼の物語や、幸せそうな家庭の裏を描く物語がつくられていったのです。

郊外の「レヴィットタウン」に住む家族は、祖父母世代から切り離されていることも重要です。50年代の典型的な家族写真*fig.02を見ると、父母と子どもがいます（犬がいれば完璧です）。家族は週末に車で祖父母宅に遊びに行ったり、ショッピングモールを訪れたりしました。今では日本もそのような社会になっていますが、50年代のアメリカはそれをいち早く大規模に実現していました。ですから、歪みを含めて様々な問題が生じるのが早かったと思われます。

この時代のインテリアデザインにおいては、ミッドセンチュリーモダンの流行がありました。イームズチェアの世界ですね。第二次世界大戦前のモダンとの大きな違いは、カラフルなプラスチック製品の浸透です。石油化学工業の大規模化とプラスチックに彩色する技術の発展によって、プラスチック製品独特の鮮やかな家具が大量につくられました。イームズ夫妻のイームズチェアも、第二次世界大戦の際につくられていたギプスの型の技術を応用してつくられたと言われています。

50年代、すなわちフィフティーズの消費文化とは、言ってしまえば、第二次世界大戦中に軍需に向けられていた技術を人びとの生活に取り入れたものでした。ただし大量生産という性質は維持されていたわけです。

*fig.02：レヴィットタウンに住む家族の写真

順応主義とハリウッドのゆるやかな衰退

20世紀は映画の世紀と言われますが、もうひとつには、共産主義国家の夢が生まれてから崩壊するまでの時代とも言われます。つまり、第一次世界大戦の末期（1917）にロシア革命が起き、1989年のベルリンの壁崩壊、1991年のソ連崩壊に至るまでの世紀ということですね。

50年代のアメリカは、世界最大の大国を自認しながら、政治的には大きな問題を抱えていました。50年代は、20世紀の折り返し地点で、かつ冷戦が最も激しかった時代といえます。当時のソ連、現在のロシアは、1917年のロシア革命以来の共産主義国家の代表として、しかも連合国として独ソ戦を耐え抜きヒトラーを倒したということもあり、第二次世界大戦後、ヨーロッパの東エリアがソ連の影響下に置かれました。当初アメリカは核兵器を独占して悠長に構えていましたが、ソ連が即座に核兵器の実験に成功したことで、両大国が核兵器を保持し、非常に政治的・軍事的に危険な状態が生まれてしまいました。

そんな状態でしたので、アメリカでは共産主義に興味を持つことが極端に嫌われました。これは、西ヨーロッパや日本と大きく違う状況です。例えばフランスではナチスとの戦いにおけるレジスタンス神話に共産党が関わっており、他にも欧州では二大政党の一角を広義の左翼政党が担うことが多く、社会主義者がその国の政治文化を形成することは珍しくありません。一方、アメリカでは社会主義、共産主義に関わる要素が徹底的に抑圧されました。「コミュニズム」から出てきた「コミー」という蔑称（日本において左派を指す「アカ」のような蔑称）があり「コミー」と呼ばれたらアウトという魔女狩りにも近い状況がありました。西欧や日本では左翼文化は大きな力を持っていましたが、アメリカではそれがかなり抑制されてしまったのです*note.06。ポイントは、アメリカでも実は30年代の大不況の時代に、社会平等を求める知識人や文化人が共産主義に興味を持っていたことです。当時アメリカにも共産党があり、そこで活動していた人もそれなりにいました。50年代になるとマッカーシズムとともにその事実が掘り起こされて「若い頃に共産党にいた」ということで糾弾される状況が起きてしまいます。ハリウッドではエリア・カザンが有名です。彼は「自分は昔共産党にいたが間違っていた」と告白し、同時に当時の仲間を告発して、多くの人物がハリウッドを追放になりました*note.07。

言ってしまえば、当時のアメリカでは政治的には自由が一旦大幅に制限されてしまった。自由の敵を追い払うというムードの元、ある種の画一化が起きたのです*note.08。この時代に批判的な人は、これを「順応主義（Conformism）」と呼びます。「長いものには巻かれろ」と

*note.06：ただしアメリカが同時期のソ連に比べて自由な体制だったのは歴史的な事実です。ソ連のスターリンはヒトラーに並ぶと言われることもある独裁者で、自国民に対する粛清も辞さず、ソ連は典型的な全体主義国家となっていました。けれども50年代のアメリカでも「自由の敵」として自国民の言論を抑制したり、社会平等に関心を持つ人びとを共産主義者として批判したりする傾向が強まっていました。

*note.07：最も有名な人はイギリスに亡命したジョゼフ・ロージーでしょう。告発者エリア・カザンとその被害者だったジョセフ・ロージーには共通点があり、彼らの多くは演劇をやっていました。演劇においてなぜ左翼が多かったかというと、理論家のベルトルト・ブレヒトの影響が大きいです。ブレヒトは演劇において感情移入モデルではなく、違和感を演出に取り入れる「異化効果」の理論を唱えた人です。また、ソ連の映画監督エイゼンシュタインのモンタージュ理論も映画の理論として影響力があり

いう状態のことですね。この風潮が、ハリウッドの映画表現にも影を落としたと言われています。

同時に50年代は、映画自体も斜陽化していた時代でした（私が50年代のハリウッド映画を好きな理由として、この独特の斜陽性を好んでいるといえるかもしれません）*note.09。アメリカでは、40年代後半には既にＴＶが普及し始め、50年代には浸透しきっていたと言われています*note.10。それにともない、少しずつ映画の本数が減りつつありました。それから、ハリウッド映画の制作と配給が一体化した業態が独占禁止法で崩れ、映画産業が再編に向かう時期も重なりました。ハリウッドでは、30年代前半の大不況の時代にギャング映画やセミヌードを用いたエロティックな表現が流行していたのですが、これが社会的に問題視され、1936年に自主規制による検閲が生まれます（プロダクションコード）。これは60年代後半まで続きました。このため当時のハリウッドは全ての映画が万人向けで、今でいうR指定のようなレーティングもなく、規制からはみ出す表現ができませんでした*note.11。

このような背景があって衰退しつつあったハリウッドは、60年代になると事実上一度崩壊します。ハリウッドはワーナー一家をはじめ東欧移民のユダヤ人を中心とした一族経営の産業でしたが、だいたいのハリウッドメジャーが60年代に倒産、あるいは別の企業の資本参加を受け入れる事態に陥ったことで、その後大きく構造を変えました。50年代のハリウッド

ました。先鋭的な人は、マルクス主義の伝統から出てきた豊かな成果を取り込んでいたのです。上島春彦『レッドパージ・ハリウッド』（作品社、2006年）では、ブラックリスト入りしてしまった映画人たちが変名で仕事を続けた様子が描かれています。

*note.08：アメリカでは、自由と平等がしばしば相反するものとみなされます。平等を目指す動きに対しては「国家の介入を招き社会主義的である」という拒否反応が非常に強いのですね。それに加えてアメリカの保守主義は「国家」に対する不信感をベースにしている点で、たとえば日本の保守主義とはときに相反する面をみせます。この点でも欧州や日本と異なる政治文化を形成したといえます。

は、再編の前段階にあったといってよいでしょう。

ハリウッドをメジャーなものだけが覆い尽くしていたというイメージはもちろん間違っています。そこには常にインテリによる批判的な見方がありました。しかし、時代背景から、最も才能のあったクリエイティブな映画人が政治的な理由で亡命を余儀なくされたり、偽名で地下に潜らなければならなくなったケースが少なくなかったのです。映画には産業と芸術表現のふたつの側面があるわけですが、しばしば先鋭的な表現は社会批判を含んでいます。そして20世紀においては明らかに、マルクス主義もしくは左翼的な見方というのが、社会批判における重要なポイントでした。ですから、50年代の政治的な抑圧によって、鋭い表現者を追放する結果になったのです。

ノスタルジア

この時代のアメリカの豊かさのもうひとつのポイントとして、1955年のディズニーランドの開園があります。

ディズニーの功績はふたつあって、戦前からのミッキーマウスに代表される短編トーキーアニメーションの確立と、そこから展開した『白雪姫』のような長編アニメーションの制作、もう

*note.09：例えば、蓮實重彦『ハリウッド映画史講義——翳りの時代のために』（筑摩書房、1993年）という本があります。これは50年代のハリウッド映画の陰りを強調し、独特の衰退期として書いた本です。ちなみに、50年代に映画表現が最も盛んだった国のひとつは日本です。日本映画は50年代が黄金期と言われています。実際の芽は30年代に蒔かれていたとも言われますが、小津安二郎、黒澤明、溝口健二、成瀬巳喜男といった名だたる映画監督から古典的名作が生まれています。また、第二次大戦後のイタリアのネオレアリズモの映画は、戦後のハリウッド映画よりも豊かだったとみる議論は根強く、とりわけ芸術系の映画好きに評価されています。敗戦国の映画表現の方が面白いと言われていたのです。他方、ドイツ映画の復興はもう少し遅れます。東西ドイツに分裂していたこともあるでしょうし、フリッツ・ラングのようなドイツを代表する映画監督がハリウッドにいたこともあるかもしれません。50年代ハリウッド映画の「陰り」には、ハリウッドにいた時期のラング作品も大いに貢献しているように思います。

ひとつが戦後のディズニーランドの設立でした。

一般に、ディズニー映画のクリエイティブな時期は40年代で終わるというシビアな見方があります。それは、第二次世界大戦中のディズニーが思い切り戦争協力に舵を切るためです。空爆を正当化する『空軍力の勝利（Victory through Air Power）』という書物の映画版（1943）に全面協賛もしていて、日本では未だに翻訳されていません。戦後、ウォルト・ディズニーは、映画よりもディズニーランドに情熱を傾けました。戦後のディズニーの最大の創作物はディズニーランドだったとも言われています*note.12。

ハリウッドとディズニーランドに共通するポイントは、どちらもロサンゼルスの郊外にあるということです。

世界にはシンボリックな都市が様々あり、今日のアメリカではもちろんニューヨークがシンボリックな都市です（インテリの街ボストンから、段々とニューヨークに中心が移っていったわけです）。それとは別にロサンゼルスが存在します。ロスの特徴はある種の徹底的な人工性です。映画産業が東海岸からロス郊外のハリウッドに拠点を移した理由は様々ありますが、地理的な特徴としては砂漠に近くて晴れの日が多いことがポイントです。砂漠もあれば山もあり、海もある。光も充分にある。つまり映画のセットとして理想的な都市だったのです。一方で水などを外から引いてこないと都市機能が維持できない土地でもあり、都市の人工性が際立っ

*note.10：日本では昭和30年代（1955-64年）にTVが普及しました。きっかけは1956年の皇太子成婚（現天皇夫妻の結婚イベント）、1964年の東京オリンピックという「ナショナルイベント」で、アメリカから5～10年ほど遅れています。

*note.11：対照的な例として、例えばイタリアのロッセリーニは『ドイツ零年』（1948）で、主人公の少年が父親を毒殺して自殺してしまう物語を描いていますが、こうした企画は道徳的に問題があるとみなされ、当時のハリウッドでは成立困難でした。

*note.12：ディズニーランドとは、もともとTV番組の名称でした。いわばディズニーが提供する『ディズニー・ランド』という番組をテーマパーク化したようなものです。

ていました。そして、そこにディズニーランドも生みだされたのです。

この人工性は今回扱う「ノスタルジア」というテーマにも関係します。ひとつには、ディズニーランドが現在に至るまでのテーマパークのモデルになっていることです。日本では、1983年に開園した東京ディズニーランドがある意味では本国以上に流行っているともいわれます。あのテーマパークモデル（東京ディズニーリゾート）は、現在広く見られるショッピングモールなどを含め、消費を経験としてパッケージング化していく動きの先駆けではないかと考えていますnote.13。園内ではゴミひとつ落ちていない独特の人工的環境の快適性が称賛を集める一方で、汚らしいものを排除した快適さは本来の都市の活力と異なるのではないかという疑念もあります。これはまさに、ハリウッド映画における夢のような世界、そしてその批判点と一緒なのです。

このディズニーランド的空間で繰り広げられる最大の商品のひとつが、私は「ノスタルジア」だと思っています。

ノスタルジアとは、故郷を懐かしむ気持ちとして言われます。郷愁・懐古主義とも言います。美術で言うならば、例えばクロード・ロランが描くピクチャレスクな風景の、水平線の彼方にみえる太陽が引き起こす憧憬や郷愁ですfig.03。

一般的にノスタルジアは「逃避的」「現実に直面しない」という印象を与えます。これは

note.13：ジョン・アーリ『観光のまなざし——現代社会におけるレジャーと旅行』（加太宏邦訳、法政大学出版局、1995年）をはじめとする現代のツーリズム研究は、「移動（モビリティ）」という観点から従来の観光研究を捉え直す視座を提供しています。そこでは、テーマパークの経験を一種の「ポストツーリズム」として捉えることもできそうです。ジョン・アーリ『場所を消費する』（吉原直樹・武田篤志・斎藤綾美・高橋雅也・大沢善信・松本行真・末良哲訳、法政大学出版局、2003年）など。

「夢の工場」と言われたハリウッド映画に対する批判の言説とも一致しています。郷愁という心の動きそのものは時代を問わず見られるように思われますが、50年代のアメリカ消費社会で現れたノスタルジアの持つ、彼方への眼差しのような、独特の経験の質を見ていきたいのです。

*fig.03：クロード・ロラン《シバの女王の船出》カンヴァスに油彩、ナショナルギャラリー、ロンドン、1648年

Lecture.2_2

消費文化のモデルとしての『バック・トゥ・ザ・フューチャー』

『BTTF』シリーズにみるノスタルジアの観点

ノスタルジアの問題を現在考える上で注目したいのが、ロバート・ゼメキス監督の古典的名作『バック・トゥ・ザ・フューチャー（BTTF）』三部作です。これは80年代に撮られたタイムトラベル映画です。

『BTTF』三部作を扱う理由については、この講義を通して様々な形で語っていきたいと思います。この三部作が扱っている複数の時代の関係を考えることで、消費社会以降の映画を含めた作品ないしはコンテンツにアプローチする際に、分析的な視点を持つ助けになるのではないか。そして同時に、この講義で扱うノスタルジアという現象について掘り下げ

*note.14：他のシリーズで考えると『ロード・オブ・ザ・リング』は長い話の分割という印象が強くて個々の映画が際立ってはいないし、『スター・ウォーズ』は評判のバラつきが多いです。『ゴッドファーザー』『インディ・ジョーンズ』などもラスト1作の引き伸ばし感がしばしば指摘されています。

ていく時に役に立つのではないかと思います。

『BTTF』シリーズはパート1が1985年、パート2が1989年、パート3が1990年に公開されていますが、パート2、3は同時に撮影されています。結果的にシリーズの全作品がうまく絡んでおり、三部作すべてが面白いという、いわゆるトリロジーものとしては珍しい成功例と言われるシリーズです[*note.14]。主演のマイケル・J・フォックス自身のエンブレム的な作品でもあります[*note.15]。

1985年の第1作は、1985年（現在）から1955年（過去）にタイムトラベルする作品です。パート2が2015年（未来）と1985年（現在）との関係、パート3は1885年の西部劇の時代と1985年（現在）の関係で描かれていて、パート毎にタイムトラベルする時代を変えています。一種のタイムトラベルSF映画ですが、物語は、主人公の家族や街をめぐる問題の解決をベースに回っていき、大規模な世界の運命を変える話ではありません[*note.16]。

『BTTF』は「スピルバーグ・プレゼンツ」の作品です。つまり総監督がスティーブン・スピルバーグで、その下に監督のロバート・ゼメキスがいる仕組みをとっていました。

70年代以降のハリウッドは、スティーブン・スピルバーグとジョージ・ルーカスの時代だと言われることがあります（ある意味現在までその時代が続いていますが、彼らの引退によって2010年代

*note.15：フォックスは『BTTF』シリーズ後、パーキンソン病にかかり、闘病生活に入ってしまいます。

*note.16：一般にアメリカの家族ものは、過剰なまでに家族愛を強調する傾向があります。『BTTF』は時間移動によるノスタルジアと家族愛を題材にしているので、ある種の湿っぽさが現れそうに思われますが、実際にはパート1で父親役を演じた俳優が降板してしまうという偶然もあってか、パート2、3では家族のエピソードを膨らませる部分も少なく、ほどよいドライさがある作品になっています。ちなみにアメリカのフィフティーズカルチャーの「涙の文化」としての傾向は、次回の講義でメロドラマ映画を題材に扱っていきます。

のうちにこのサイクルは閉じられるはずです）。ハリウッドは60年代に一度ぼろぼろになった後、70年代に復活しますが、復活の象徴として『ゴッドファーザー』（1972）、『スター・ウォーズ』（1977）といった作品が挙げられます。70年代以降のハリウッドは、クラシックファンから「大人のドラマが減った」「ギーク（オタク）っぽくなった」としばしば言われますが、その象徴がスピルバーグとルーカスです。2人がタッグを組んだ『インディー・ジョーンズ』や、ライトセーバーを振り回す『スター・ウォーズ』もそうです。日本だとガンダムが同様のポジションに相当するでしょうか。つまり、物語自体はややチープだけれども、固定のファンがいて、ガジェットを通じてその魅力が強化されているというモデルです。このモデルは70年代以来、現在に至るまで、ハリウッド映画モデルのひとつの支えになっています。『BTTF』もスピルバーグ・プレゼンツだったことが大きな特徴です*note.17。

この作品が興味深いのは、タイトルに未来＝フューチャーが含まれていながらも、実質的な主題が、制作年代である80年代から見たアメリカの50年代＝フィフティーズに対するノスタルジアだということです。しかも10年代の私たちの視点から見ると、この三部作は80年代の映画に対するノスタルジアも担っています。未来とノスタルジア（懐かしさ、過去）を巧みに合わせることで物語が作られているわけです。

*note.17：そこにはもうひとつ区切りがあります。90年代にCGが全面登場する以前と以後で区切ることができると考えています。『ターミネーター2』（1991）以降、またはスピルバーグで言えば『ジュラシック・パーク』（1993）以降、液体金属、メタリックなものがグニャグニャとするようなCG表現が多用されます。しかし『BTTF』はCGが使われていないがために、現在見ると特撮による独特の懐かしさが生まれています。

『BTTF』の物語

それでは『BTTF』三部作の物語を簡単に紹介しましょう。『パート1』（1作目にはナンバリングが無いのですが、便宜上『パート1』とします）は1985年のアメリカが舞台です。主人公の高校生マーティは発明家ドクと友達です。発明家のドクはアインシュタインのような風貌をした変わり者のおじさんで、30年前からタイムマシンを作るという妄執に取り憑かれていました。

物語が始まる前のマーティは、ロサンゼルス郊外をイメージさせるヒルバレーのリヨン団地という寂れた住宅街に家族と住んでいます。50年代のレヴィットタウンのまさにその後という感じの貧乏なライフスタイルでした。中年で太り気味の父母はTVばかり見ていて、兄弟たちも冴えない状況の、くたびれた家族です。父親は会社員で、上司であるビフにいじめられています。

ある日ドクが「タイムマシンが完成した」とマーティの元にやってきて、2人が実験をしようとするところから物語は始まります*note.18。この時初めて登場し『BTTF』シリーズで一貫して車型タイムマシンとして活躍するのが、デロリアンです（ガジェットとしてのデロリアンについては後述します）。ドクはまず飼い犬のアインシュタインを被験体にしてタイムマシンの実験を行

*note.18：『BTTF』でドクという発明家が主要な役として出てくるのは興味深い点です。アメリカは発明王トマス・エジソンを生んでいますし、近年ではいわゆる発明家ではありませんが、マイクロソフト社のビル・ゲイツ、Apple社のスティーブ・ジョブスといった成功者が知られています。彼らは、アメリカで時代の節目に現れる発明家の系譜のように思われます。

います*fig.04。これは50年代、冷戦期のアメリカとソ連の宇宙開発競争にひねりを加えて、宇宙（スペース）ではなく時間（タイム）に対してなぞっているわけです*note.19。しかし犬の実験に成功した後、ドクはテロリストに撃ち殺され、逃げるマーティは1人で1955年に飛ばされ、そこで学生時代の両親や、相変わらず父をいじめるビフ、当時のドクに出会うことになります。マーティの両親は元々の1955年では、母の乗っていた車が父をはねてしまい、それを助けたのが縁で結ばれたのですが、マーティは父の代わりに事故に遭ってしまい、母の猛烈なアプローチを食らうことになります。母親がマーティに恋をすればするほど、マーティの写真が消滅していきます。そこでマーティが自分の存在を守るために、両親をくっつけようと奮闘するのが『パート1』の物語です*note.20 *fig.05。ビフはマーティの母に気があり、パーティーに誘おうとしていたのですが、マーティの働きにより気弱だった父が最後にビフを殴りつけ、両親は本来の通り結ばれます。マーティはまた、1955年のドクとも出会います。ドクが何故30年間タイムマシンの発明を懸命にしていたかというと、1955年に1985年から来たマーティと出会い、彼を元の世界に戻すために、大量に必要な電気エネルギーを雷から得るというアイデアで解決したからです（ドクは1955年に自分が30年後に発明したものを目にしたことで、1985年にタイムマシンを開発することができ、またテロリストにも撃たれずに済みました。そうしたタイムパラドックス物によくある話になっています）。

*fig.04：『バック・トゥ・ザ・フューチャー』

*note.19：当時両国は宇宙開発について苛烈な競争をしていましたが、ソ連の宇宙開発実験には宇宙犬と呼ばれる犬たちが使われました（初めて生物の軌道飛行に成功したとされる人工衛星スプートニク2号が代表例です）。

『パート1』の最後にマーティが現代に戻ってくると、父親は1955年の出来事をきっかけにくたびれた会社員ではなく小説を書く余裕をみせています。一家の生活水準があからさまに上がっており、家族は着飾って余裕のある暮らしをしています。一方のビフは最早父の上司ではなく、ジャージ姿でマーティの家の運転手になってしまっていました。ラストは、未来から来たドクがマーティとその彼女に向かって「君たちの子どもが大変なことになっている。2015年に来てくれ」と言ってデロリアンに乗り込み、空を飛んで走り去っていくシーンで終わります。オープンエンドとしての未来を提示した時点で終わっています*note.21。

続く『パート2』で扱われるのは、2015年と1985年の関係です。『パート2』では、『パート1』で落ちぶれたビフの問題を物語の核としてうまく扱っていることが重要です。マーティは『パート2』冒頭で2015年にタイムスリップして家族のトラブルを防ぎ、帰ってくるのですが、その際未来のスポーツ年鑑を持ち帰ってきて、賭博で一儲けしようと企みます。結局ドクがマーティを止めるのですが、『パート1』ラストで転落した状況にあったビフが年鑑を手に入れてしまいます。そしてビフは密かにデロリアンで1955年にタイムトラベルして*fig.06、若き日の自分にスポーツ賭博で大儲けをさせて、とんでもない1985年を作り上げてしまいます。ビフの支配する1985年は、非常に悪趣味なディストピアとして

*note.20：1985年には道徳的なことばかり言っていたマーティの母が、1955年では奔放な女性だったということが判明します。近親相姦のタブーというよりは、おかしみが強調され、タブーを踏み越えない方法で描かれています。『BTTF』のこのモチーフについての精神分析読解として、トマス・エルセサー&ウォーレン・バックランド『現代アメリカ映画研究入門』（水島和則訳、書肆心水、2014年）の8章「オイディプス物語とポスト－オイディプス」があります。また、一種のガジェットとしての「衣服」から『BTTF』を分析する太田純貴「タイムマシンとしての衣服」（『哲學研究』597号、京都哲学会、2014年）があります。

*note.21：最後の「続く To Be Continued…」という字幕は、続編を想定せず入れたものだったのですが、人気作品となったために改めて三部作として続きが作られました。マンガの荒木飛呂彦『ジョジョの奇妙な冒険』シリーズでも「To Be Continued…」という言葉が使われます。

描かれます。街の中央を不良集団が闊歩し、全てがラスベガスのようにピカピカしたイルミネーションに飾られています。マーティの父はビフに殺され、ビフは『パート１』と同じくマーティの母親に迫っています。原因がスポーツ年鑑にあると気づいたマーティとドクは、未来を取り戻そうと再び１９５５年に向かいます。これが『パート２』の物語です。

つまり、『パート１』でビフが犠牲となり不当に落ちぶれてしまった気まずさを、『パート２』でビフの願望を過剰に実現したことで、図に乗った思い上がりを正し、視聴者にも納得してもらうという巧妙な筋書きです。『パート２』は２０１５年が題材のようでいながら、むしろ85年をディストピアとして焼き直すことで、『パート１』でマーティとその父親がビフから勝ち取った歴史について、もうひとつの分岐ルートを辿ってみせています*note.22。

『パート３』はドクの問題を解決する話になっています。『パート２』ラストではデロリアンが落雷に遭い、ドクは１８８５年の西部開拓の時代に飛ばされてしまいます。『パート３』では、ドクを助けようとしたマーティが１９５５年に偶然ドクの墓石を発見し、彼が１８８５年にビフの先祖であるならず者のガンマンに殺されてしまうことが発覚します。マーティも１８８５年に向かい、全編ウェスタンの世界で展開されます*fig.07。ドクは１８８５年の世界でインテリの恋人を得て、クライマックスでは壊れて動かないデロリアンを蒸気機関車で押してタイムマシンを起動させ、現代に戻ってくるという物語です。

*fig.05：『バック・トゥ・ザ・フューチャー』

『パート3』では、西部劇が題材に取り上げられているのが興味深いです。ドクはウェスタンの世界に憧れていますし、それだけではなく『パート2』では、増長したビフの家のTVに、クリント・イーストウッド主演の『荒野の用心棒』(1964)が映る場面が出てきます。実際に『パート3』のウェスタンの世界は、ほとんど『荒野の用心棒』風に描かれ、マーティもイーストウッドとよく似たポンチョをまとっています。ご存知の通り『荒野の用心棒』はアメリカの伝統的なウェスタンではなく、イタリア映画です(日本では「マカロニ・ウェスタン」、アメリカでは「スパゲティ・ウェスタン」と呼ばれます)。イタリアで60年代に盛んだった、いかがわしいフェイクとしてのウェスタン映画を『BTTF』はあえて下敷きにしているのです(ならず者として卑怯者がたくさん出てくる場面は、まさにマカロニ・ウェスタンの虚構性によるものです)。アメリカ映画がウェスタンを扱う際に、あえてフェイクとしてのマカロニ・ウェスタンを導入したことで『パート3』はある種の軽さを獲得しています*note.23。

ウェスタンという題材はもうひとつの機能を持っていて、マーティの男らしさ(マスキュラニティ)の解決にも作用しています。マーティはそれほど屈強な男性ではありませんが、「チキン」と罵倒されるとカッとなりやすい喧嘩っ早い人物です。これは特にアメリカ南部ないしは西部における男らしさ、メンツを失うぐらいならリスクを背負っても戦うというモデルを踏襲しています*note.24。しかし物語の中でマーティには、メンツを守ろうとした結果事故に巻

*fig.06:『バック・トゥ・ザ・フューチャー Part 2』(C) 1989 Universal Studios. All Rights Reserved.

き込まれて大怪我を負ってしまう未来が暗示されます。2015年のドクの態度からそれに感づいたマーティーは、ウェスタンの世界で決闘に向かいながら、己の短気を克服していくというストーリーです。

『パート1』から『パート3』まで、うまく動機が絡み合い、巧みな形でモチーフが結びつく映画になっています。

*note.22：1985年のディストピア描写も興味深い点です。1949年のディストピア小説『1984』があります（『一九八四』高橋和久訳、早川書房、2009年）。80年代にはアップルの広告のように『1984』を参照して自分たちの時代を再検証しようという潮流がありました。

『BTTF』シリーズの裏面

『BTTF』では50年代の郷愁が扱われていますが、しかし先述の通り、アメリカのフィフティーズは人種差別を始めとする様々な問題を抱えていました。例えば『パート1』で1955年にマーティが父と出会う店には、使いっ走りのアフリカ系の黒人店員がいます。マーティは彼に「市長になったらどうだい？」と話し、実際に彼が1985年に市長になった未来が描かれます。歴史上は、その間にアメリカの公民権運動が起きていることは自明です。『BTTF』シリーズは、50年代の問題を殊更グロテスクに描くことなく、バランスのとれた批評を行なっていると言えるでしょう。また、作中の日本への言及も興味深いです。80年代は日本経済が世界的にプレゼンスが高かった時代で、日米の経済摩擦が問題に

*fig.07：『バック・トゥ・ザ・フューチャー Part 3』(C) 1990 Universal Studios. All Rights Reserved.

なっていました。『パート1』でも1955年のドクと1985年のマーティが日本製品について言葉を交わすシーンがあり、1955年には低品質の象徴だった日本製が、1985年にはよい製品の代名詞になっているのが描かれます。現在の日本も製品の質は一流ですが、80年代ほどの経済的位置は得られていません。ですから10年代の現代人が80年代に作られた『BTTF』を見ると、まさに80年代の人がフィフティーズを懐古するような輝きを体験できるはずです。『BTTF』が50年代、80年代、10年代という3つの時代の関係を巧みに扱った物語だからこそ、このような魅力が生まれています*note.25。

ここで『パート1』のタイムトラベル先である1955年に公開された象徴的な映画として、ジェームズ・ディーン（1931−55）主演の『理由なき反抗』という作品に触れておきます。この作品は当時のスクールカーストと若者の鬱屈を描いており、チキンレースの場面が非常に有名です。別々の車で崖に向かって猛スピードで走り、先に運転席から飛び出した側が負け（チキン）とする生死を賭けたゲームで、ディーンとライバルが争った結果、ライバルは崖から転落して死亡してしまいます。しかし、作品の公開時にはディーンの方が自動車事故に遭い、亡くなっていました。しかもレースに行こうとして、ポルシェで衝突して即死するという皮肉な結末でした。アメリカ消費社会の神話性はジェームズ・ディーンから生まれた側面があります。もうひとつには、そもそも1955年のアメリカ社会が、高校生が車で

*note.23：ハリウッド映画が生み出すものは、基本的には歴史のスペクタクル化でした。現実の歴史を物語として見栄えよく仕上げてしまうスペクタクル化の作用は、舞台に拾い上げられなかった部分が軽視されているのではないかという疑念が常に問題になります。1967年のギー・ドゥボール『スペクタクルの社会』（木下誠訳、筑摩書房〈ちくま学芸文庫〉、2003年）は、古典的な批判として有名です。

*note.24：リチャード・E・ニスベット、ドヴ・コーエン『名誉と暴力——アメリカ南部の文化と心理』（石井敬子・結城雅樹訳、北大路書房、2009年）は、「なめられる」ことが大きなリスクを伴うという、アメリカ南部に特有のメンタリティが、カウボーイが家畜泥棒に対処していくなかで育まれたことを示しています。

集まるような世界だったということです（国土の広さもあり、高校生が四輪車の免許をとれるという事情も関係します）。このとてつもない豊かさを、チキンレースという不良同士の抗争に浪費していたある種の愚かさにおいても『理由なき反抗』はアメリカン・フィフティーズを象徴していると思われます。

『理由なき反抗』のチキンレースは、『パート3』で、マーティが「チキン」と罵倒されてカッとなる性質を克服した物語と表裏になっているように思われます。『BTTF』は50年代のアメリカの神話、それに対するノスタルジアというテーマに関して、マーティたちの物語として明確に見方を与えています。没入するのでも冷笑するのでもない、ほどよい距離感があります。1955年は象徴的な年で、『BTTF』と『理由なき反抗』が公開され、またディズニーランドも誕生しています。

50年代半ばのフィフティーズ的な現象にまつわる独特の豊かさは、その内実を見れば非常に保守的な状況下での繁栄であり、物量だけの良さだったとはよく言われることです。けれどもまさに1955年末から、人種隔離政策の賜物だった白人専用座席を争点に「モントゴメリー・バス・ボイコット」運動が起き、アメリカ社会は少しずつ変わってきます。公民権運動の広まりは、「古き好き南部の伝統」の負の側面を明らかにしました。よって「フィフティーズが懐かしい」というノスタルジアを対象化する場合には、こうした過去の扱い

*note.25：同じくスピルバーグプレゼンツの、ジョー・ダンテ監督のSFブラック・コメディ『グレムリン』（1984）に出てくるモグワイは、当時の日本を暗示しているとも言われています。ただしその描写は曖昧です。チャイナタウンの骨董屋にいた可愛いモグワイは、主人公の家にやってきて新製品を意味する「ギズモ」と名付けられるのですが（モグワイ自身がひとつのガジェットということですね）、ギズモは強い光を浴びて「コワイコワイ」と喋ります。要するに中国と日本の要素が混ざったエキゾチックな存在なのですが、モグワイがモンスター化した姿である「グレムリン」は、太平洋戦争中に米軍の飛行機パイロットを悩ませた機械の不調の原因として考えだされた空想上の存在でした。

方が鍵になります。ロバート・ゼメキスが『BTTF』で「社会の変化の兆し」をあちこちに散りばめているのは、そうした事情にもよります。

ゼメキス監督作ではもうひとつ、短編のカートゥーンアニメーションの世界を題材とした『ロジャー・ラビット』(1988)も『BTTF』と比較する上で興味深い映画です。『ロジャー・ラビット』は『BTTF』よりもノスタルジックです。カートゥーンは実はトゥーンという俳優が演じていたという設定で、人間の役者と一緒にアニメのキャラクターが歩き回る仮想のハリウッド＝トゥーンタウンを舞台にしています。そのトゥーンタウンでトゥーンの殺人事件、つまりアニメーションのセル画をどろどろに溶かしてしまう事件が起きるのです。以降はネタバレになりますが、犯人はなぜトゥーンを殺したかというと、高速道路を建設するためにトゥーンタウン住人を立退きさせようとしたからです。オチとしては犯人自身もやはりトゥーンで、最後は自ら仕掛けた罠に落ち、どろどろに溶けて死んでしまいます。こうして主人公のロジャー・ラビットたちは高速道路の建設阻止に成功して、ラストでは仲間たちと歌い踊り、そしてクロード・ロラン的なノスタルジックな夕焼けの中に消えていきます。

『ロジャー・ラビット』が描いているのは、まさにワーナーのアニメーションのエンディングのパターンです。しかし、実際のハリウッドで起きたことはこの逆の事態でした。実際には高速道路が建設され、50年代までは長編映画のおまけとして映画館で上映されていた『ロジャー・ラビット』のような短編アニメーションも、ＴＶの普及によってＴＶアニメーションの文化に変容していったからです。

『ＢＴＴＦ』は、物語そのものはノスタルジアをそれほど強調しておらず、未来はこれから作っていくというメッセージ性を持っています。他方、『ロジャー・ラビット』は現実では壊れてしまったハリウッドの短編アニメーションの栄光が映画の中では続いていくという、非常にノスタルジックな世界が描かれています。けれども現実の世界では短編カートゥーンアニメーションは映画という舞台を失っていくのです*note.26。

ボードリヤールとガジェットの問題

『ＢＴＴＦ』についてもうひとつ触れておきたいのは、ガジェットの問題です。『ＢＴＴＦ』における未来の象徴であるデロリアン*fig.08は、アメリカの同名のマイナーな自動車会社がつくった「DMC-12」という実在の車がベースになっています。ステンレス製のボディと扉が翼のように開くガルウィングドアが特徴のカルトカーで、１９８１〜８３年に製造され、会社の倒産とともに短い命を終えたいわくつきですが、それを題材にタイムマシンにしたことで、現在では非常に興味深い意匠になっています。この車が今日世界中で知られているのは、ひ

*note.26：『ロジャー・ラビット』では、実際に役者を使った映像とアニメーションがCGを使わずに合成されています。ハリウッドではこの種の人間とアニメーションの合成はよくあり、例えばミュージカル映画の『錨を上げて』（１９４５）では、ジーン・ケリーが『トム＆ジェリー』のジェリーと踊るダンスシーンがあります。同様の合成場面としては『メリー・ポピンズ』（１９６４）のペンギンの場面などもありますが、『ロジャー・ラビット』は多彩なカメラアングルにも対応しており、CG以前のこの種の特撮技術の最高峰のひとつです。

とえに『BTTF』のおかげで、今でもマニアが興味を持つタイプのクラシックカーとして復刻版も出ています。ユニバーサル・スタジオのような遊園地のアトラクションでも、最早デロリアンは未来の乗り物としてのガジェット性を示しています。

ある意味デロリアンは、消費とモデルチェンジ、またはガジェットの文化においては「ユニークな存在」であり、愛されるヘンテコな車がタイムマシンになることでシンボル性を帯びているのです。この映画が出た時には会社も潰れ、やや過去の車だったという点もポイントです。デロリアンには、ノスタルジアを理解するためのガジェット、懐かしさとモノとの関係を見ることができます。

視覚的にも象徴的な表現があります。デロリアンで時速88マイル（約140km/h）を出すとタイムスリップが発生する設定ですが、デロリアンがタイムスリップした後には2本の車の轍から炎が上がります。CGの時代ではないので、この炎は特撮で撮られていますが、その風景にある種の美しさがあり、私はこれがノスタルジアに関して重要だと思っています*fig.09。この炎はクロード・ロラン的な、水平線の向こうに沈んでいく彼方の夕日を思わせます。遠くの空間への憧憬は、ノスタルジアが起こす心の動きのひとつです。炎の轍は遠方に行くに従って収斂していき、遠くで交わっていますが、その先にあるはずの車は既にそこには存在していないという光景は、ノスタルジアを視覚的に巧みに表しているのでは

*fig.08, 09:『バック・トゥ・ザ・フューチャー』

ないかと思うのです。

また、デロリアン以外にも『パート2』に現れる興味深いガジェットがあります。『パート2』の2015年には「カフェ・エイティーズ」というカフェが登場し、マイケル・ジャクソンの映像が流れ、今で言うレトロゲームとしてガンシューティングゲームが置かれています。他にも「スピルバーグ・ジュニア」が監督する『ジョーズ パート19』（続編のあまりの多さが皮肉なユーモアとなっています）が3D映画として公開されていたり、ナイキから靴ひも無しで履ける未来スニーカーが発売されていたり（後に実際にナイキはこれと似たモデルを作っています）、空を飛ぶ車によって交通渋滞が解消していたりもします*fig.10。未来を描く困難もあってか、『パート2』において2015年の描写はそれほどありませんが、このようなファニーなガジェットによる未来描写が為されています。

消費社会の有名なモデルとして、ボードリヤールによる消費社会論『消費社会の神話と構造』（1970）があります*note.27。この本は、一定の距離をおいて見れば今なお興味深い洞察を含んでいます*note.28。一般にボードリヤールはポストモダンと呼ばれる消費と情報に関する理論家の代表として紹介され、そうした観点から批判される傾向が強いです。シニカルな消費社会の擁護者という見立てによる批判で、厳密にはそこにはとどまらない側面も多いのですが、やはり今見るとやや古い部分もあります。

*fig.10：『バック・トゥ・ザ・フューチャー Part 2』(C) 1989 Universal Studios. All Rights Reserved.

*note.27：ジャン・ボードリヤール『消費社会の神話と構造』今村仁司・塚原史訳、紀伊國屋書店、1995年

*note.28：近年では例えば、國分功一郎『暇と退屈の倫理学』（朝日出版社、2011年）などで触れられています。

ボードリヤールはシミュラークルという概念でよく知られています。シミュラークルとは複製のひとり歩きを指す言葉で、シミュレーションとセットで扱われる語です。ボードリヤールが考えていたモデルは写真やTVといったメディアで、写真のペラペラとした感触、ブラウン管のTVの持つ電子的な画面にあるリアリティ（の心許なさ）をどう捉えるかという議論だったとおおまかにはまとめられます。

また、この講義に直接関係する部分について言うなら、ボードリヤールは、アメリカの経済学者ガルブレイスの古典的な消費社会論『ゆたかな社会』（1958）*note.29を哲学的に再解釈しています。ガルブレイスの言う豊かな社会とはもちろんニュアンスを含んだ言葉で、アメリカの物質過剰の社会に対して、その長所と短所をまとめつつ、比較的リベラルな見方で消費社会論について語っていて、ボードリヤールはここから「脱工業化時代」の到来について語っているのです。

私自身は、ボードリヤールの消費社会論では、シミュラークルよりも「ガジェット」という概念に注目しています。ガジェットと言えば、普通はおもちゃや面白グッズを指すかと思いますが、ここではより広く電子機器、装置といったものを含みます。ボードリヤールが注目するのは、ガジェットが機能性とは関係ない部分で記号的な価値を帯び、その価値が消費されていくという、今ではすっかり古典的となった「付加価値」についての議論です。そし

*note.29：J・K・ガルブレイス『ゆたかな社会 決定版』鈴木哲太郎訳、岩波書店（岩波現代文庫）、2006年

て「文化のリサイクル」という論点と結びつくことで、家電や車などの「モデルチェンジ」についての考察になっていると思います。ボードリヤールの記述は体系的というよりは時評的な性格が強く、70年時点でのフランス知識人の見たアメリカ論と考える必要があるのですが、例えば現在の日本の家電業界でも、ボーナスシーズンに合わせて年2回のモデルチェンジが行なわれています。これは「計画的陳腐化」と言われることもあり、まだ生産可能だとしてもあえて型落ちを生み出す必要があるという、商業的な要請から来ていることが大半です。

私がガジェットに注目したいのは、視覚文化では、特定のモデルがフェティッシュ的な人気を集めることがあるからです。モデルチェンジの論理の副産物として現れる、「◯年型の◯◯だけに人気が集まる」という一種のモデルチェンジの文化が存在します。また、ガジェットが有用性・機能性を超えた「遊戯性」を持つという議論は、フェティシズム、物神という発想を捉え直すことにも繋がります*note.30。

1971年の金本位制の廃止以来、貨幣価値は金という特定の物質に結びつくことをやめて変動相場制になり、円とドルとユーロと人民元……といった複数の通貨同士の相対的な関係から成り立つようになっています。「マネー」が金に対するフェティッシュから脱出したのはよいことのようにも思えます。しかし、「マネーゲーム」をもたらし、バブルと呼ば

*note.30：現代ではフェティシズムは性癖とみなされることが多いですが、元々物が物以上の価値を帯びる状態です。例えばマルクスは貨幣は一種の物神であると論じていますが、その点で貨幣はフェティッシュの対象でもあります。

れるような実態と乖離した投機の暴走をときに引き起こす金融というファクターが肥大化している問題があるともいえます。ガルブレイスやボードリヤールの消費文化論は、こうした状況に対応するために語られたわけですが、もちろん時代的限界があります。コンピュータやネットワークについての考察としては不十分なところが多いからです。だからこそ、20世紀後半の先進諸国を対象にした過去の本であることを織り込みつつ、一定の評価を行う必要があると考えています。

文化のマトリクスとしての『BTTF』

私は『BTTF』シリーズを、広く消費社会と文化の関係について歴史的に考えていくためのマトリクスとして使えると考えています。50年代、80年代、10年代、そして1880年代という、それぞれ重要な時代をタイムマシンで行き来する構成がひとつの理由です。また、『BTTF』シリーズ自体はノスタルジアを大々的に展開しているわけではないのですが、恐らくこのシリーズのひとつひとつのガジェットに込められたノスタルジアもその理由です。『パート2』の2015年に出てくる「カフェ・エイティーズ」のガンマンゲームも、デジタルカルチャーにもかかわらず、いかにもファミコン時代のドット絵のような、いわゆる8Bit

表現として懐かしさを感じさせるものになっています。

　先ほど挙げたように、ノスタルジアという現象は、古典的には「夕日」のような風景の向こう側への憧憬という形で現れますが、特定の機能が凝縮されたガジェットが、時間や空間を隔てて出現するだけでも引き起こされます。デロリアンという80年代のマイナーな車が現在占める文化的な位置付けは、その好例です。

　したがって『BTTF』シリーズが興味深いのは、デロリアンというガジェットそれ自体がタイムマシンになっていることです。時間移動の「視点」の役割を演じることで、デロリアンはガジェットの意味作用を多層的にしています。映画公開時点ではいわくつきとはいえ「最新の現行機種」だったこの車それ自体が、現在見直すとノスタルジアの対象になるからです。

　私が消費社会を考える上で注目する2側面を改めてまとめると、まずノスタルジアという懐かしむ気持ち、今ここにない彼方への憧れです。それは本来はどこにもないものですが、かつてあったと思われる過去世界への憧れとして現れることが多く、ですから懐古趣味、古いものに赴く心として説明されます。

　消費社会におけるノスタルジアでは、そこにガジェットという物との関係が加わります。『BTTF』のデロリアンに代表される珍品、オブジェクト。そういう物との関係から生まれてくるノスタルジア、これも興味深い現象だと思います。フィフティーズの豊かさは、10代から20代の若者の消費行動を活気づけ、ユースカルチャー（若者文化）を成立させる経済的基盤となりました。チキンレースが示すような、あたかも過去も未来もなく、ただ現在の享楽のみがそこにあるかのような刹那性は、ユースカルチャーではしばしば見られます。けれども時を隔ててみると、そうした反歴史的な身振りでさえも、特定の歴史的条件のもとで成立した過去の出来事としてみえてきます。

消費社会におけるノスタルジアを、各時代ごとのユースカルチャーとの関係で見ていくと興味深いのは、まさにこういうところです。

『ハリウッド・バビロン』とスターの生身化

ハリウッドを離れた例も見ておきましょう。50年代のアメリカには、ハリウッド映画の表現的限界に対して飽きたらない作家がいました。アメリカの豊かさは、様々なマイナーな表現が表舞台に出にくいという状況を生んでいたわけですが、ハリウッド的な映画を作りたくない作家には、とりわけ厳しい状況でした。アメリカ以外の国と較べてハリウッドメジャーの強大さが際立っていたためです。だからこそアンダーグラウンドすなわち「地下」の表現という形で、注目すべき動きがありました[note.31]。40～50年代のアンダーグラウン

[note.31]：アンダーグラウンド映画自体は、もちろん50年代以前から存在しました。たとえば、実験映画的な表現とメジャー映画を媒介した代表的人物はオーソン・ウェルズです。『市民ケーン』（1941）を映画史上ナンバーワンの作品に挙げる人は多いですが、ウェルズは演劇やラジオドラマの世界で活躍しながら、30年代に実験映像を撮っています。当たり前の話ですが、ハリウッドに飽きたらない人は、その成立時からたくさん居ました。現在ではもちろん、インディペンデント映画という枠組みが広く認められており、多様な表現が生まれています。

ド映画の主要な監督の1人はマヤ・デレンです。彼女はダンサーでもあり、人類学的な記録映画をつくったり、シュルレアリスティックな表現を用いた自殺衝動のヴィジョンを映画化した『午後の網目』（1943）が代表作です。ジェンダー的観点からも注目すべき監督です*note.32。

もう1人シンボリックな、アクの強い作家としてケネス・アンガーがいます。アンガーはオカルティズムや同性愛の美学といった強烈なアウトロー性を美学に据えている人で『スコピオ・ライジング』（1963）といった作品で知られます。ここでは作品ではなく、彼の書いた『ハリウッド・バビロン』*fig.11という書籍を紹介します。

1959年にパリで発表された『ハリウッド・バビロン』はハリウッドのゴシップを非常に露悪的に示した本です。スキャンダルで失墜したコメディ俳優ロスコー・アーバックルに対して性犯罪者という事実無根のレッテルを貼ったり、交通事故で死んだスターの悲惨さをゴシップ趣味で、いやらしく書き立てたりしています。全体的に、事実に反することも非常にたくさん書かれています（しかしながら、アンガー独特の耽美主義によって妙に美しい写真が使われているのも印象的です）。数度に分けて執筆されたのですが、当初アメリカでは出版ができず、フランスで出版されました。『ハリウッド・バビロン』による悪意に満ちた暴露は、フィフティーズの裏面です。アンガーはハリウッド産業が常にゴシップと無縁ではないという事実を、過剰な墜落と

*note.32：映画という分野は女性監督の進出が遅く、30年代にナチスのプロパガンダ映画を制作したことで有名なドイツのレニ・リーフェンシュタールのような例外を除いては、男女の社会性差がなかなか埋められませんでした。建築と映画は女性進出が遅れた分野と言われますが、理由のひとつとして、いわゆる現場の荒くれ者を統率するためには性差別が根強い状況では難しかったからと考えられます。

*fig.11：ケネス・アンガー『ハリウッド・バビロンI』明石三世訳、パルコ、2011年

して照らし出しているように見えます。

現代では、著名人よりもむしろ一般人が『ハリウッド・バビロン』的な暴露にさらされる時代です。アンガーの暴露が50〜60年代にインパクトを持ったのは、この時代のセレブが一般人から隔絶された、ハリウッドという「夢の工場」を彩る俳優として、スクリーン上だけではなく、ライフスタイルまでもがいわば幻影化する形で扱われていたからでした。しかし現代ではTwitterで軽犯罪行為を自慢したがために、一般人が好奇の目や社会的な制裁にさらされたり、リベンジポルノとして性的な動画が流出したりするケースが非常に増えています。これは消費社会が極まった結果生まれた状況といえるでしょう。『ハリウッド・バビロン』はそういう状況の先駆的なものとみることができるかもしれません。アンディ・ウォーホルは「誰でも15分間はスターになれる」と語ったことで知られますが、その内実は輝かしいものとはいえないわけです。

ハリウッドのスター・システム*note.33に関しても、ジェームズ・ディーンの「スクリーンに上映された瞬間に当人は死んでいる」という事実が『理由なき反抗』の神話性を高めました。80〜90年代のリヴァー・フェニックスもそうでした。ロック・スターでも、パンクバンドのシド・ヴィシャスのように、死によって、もう存在しない若さが偶像化される現象は多いです。まさにスターになるわけです。

*note.33：スキャンダラスなセレブというと、ヒルトン姉妹が挙げられます。ソフィア・コッポラ監督『ブリングリング』（2013）のモデルにもなった、ハリウッドセレブを狙った窃盗事件の被害者でもあるパリス・ヒルトンは、2003年にリベンジポルノの犠牲者になっています。セックスビデオが公になり、一躍お騒がせセレブとして名を馳せました。しかし50年代のように権威が完全に失墜するという事態は免れています。

スター=星という表現が興味深いのは、単なる「ヒューマン・ボディ（人体）」ではなく「ヘヴンリー・ボディ（天体）」になぞらえられていることです。スターの身体というのは、生身というよりは、天体としてのボディを持っているのではないかと私は考えます。『BTTF』のマイケル・J・フォックスが、闘病記を通じてまさに、生身の人間としてハリウッド俳優として知られるようになったのとは対照的です。現代は生身化された（embodyment）時代です。『BTTF』の歴史性は、スター像の変容も含めて、消費文化のひとつのモデルとして興味深いのです*note.34。

*note.34：古典的なスター論としては、1957年のエドガール・モラン『スター』（渡辺淳・山崎正巳訳、法政大学出版局、1976年）があり、もう少し新しいものではリチャード・ダイアー『映画スターの〝リアリティ〟——拡散する「自己」』（浅見克彦訳、青弓社、2006年）があります。

Lecture.2_3

ノスタルジアという想像力の両義性

現代のポピュラー文化に見るノスタルジア

ノスタルジアの観点から、00年代以降の作品を見ていきましょう。アメリカン・フィフティーズのノスタルジアに直接関連する作品を挙げるならば、SFロールプレイングゲーム『Fallout3』（2008）でしょう*fig.12。

『Fallout3』の舞台は21世紀の核戦争後の荒廃した世界です。「50年代の人たちが想像した未来」という独特な設定の元、50年代の性質を残したまま崩壊した仮想のアメリカ社会が描かれています。ゲーム内の世界では「核で先制攻撃してしまえ」といったポスターが街中に貼られています。そこには単純なノスタルジアではなく、冷戦下におけるアメリカの好戦性、共産主義への敵対性が反共イデオロギーとして極端に歪んだフィフティーズ

*fig.12：『Fallout 3』ベセスダ・ソフトワークス、PlayStation 3版、2009年

への皮肉が表現されています。ロシア人を敵対的宇宙人に模して描くような、50年代のイデオロギー的に偏った時代は、それ自体が今となってはSF的であって、ブラックユーモアの格好の題材になっています。『Fallout3』で描かれているのは、いわば悪夢のような「フィフティーズSF」です（SFといってもサイエンス志向のハードSFではなく、敵国人の比喩としての宇宙人をやっつけるようなタイプのものです）。ただの懐かしく素晴らしい時代としてではありません。レヴィットタウンが今見るとあたかも当時アメリカが敵視していた全体主義の産物にも見えるように、アメリカのフィフティーズの豊かさには独特の均質性があって、その均質性が悪夢、ディストピアとして再演されるという状況を生んでいるわけです。

『Fallout3』は、『BTTF』と同じく、エンターテイメントの中で悪夢を再演することで、フィクションを通じてこうしたノスタルジアのグロテスクさを際立たせつつ、ブラックユーモアを混じえることでその魅惑も描いています。

日本においてノスタルジアの消費が映画と結びついた華々しい例としては『ALWAYS 三丁目の夕日』シリーズがあります*fig.13。2005年から順次公開された三部作で、原作は西岸良平によるマンガです。

現代日本社会でノスタルジアというと「昭和ノスタルジア」、つまり自動的に昭和が思い起こされますが、特に『三丁目の夕日』のように昭和30年代が舞台となることが多いです。

*fig.13：『ALWAYS 三丁目の夕日』東宝、2005年

これは実は日本の場合のTV普及期と重なりますから、アメリカのフィフティーズものの日本版として考えることができます。

『三丁目の夕日』三部作で扱われるのはまさに日本の高度成長期、敗戦後の復興の時期であり、東京オリンピックにひとつの昭和の頂点を見る、日本が世界経済において高い自負を築いた時代です。そして恐らく10年代の日本においては、2020年に開催される東京オリンピックに向かって、1964年の記憶が繰り返し召喚されることは間違いありません。オリンピック準備期の日本の文化・社会における国威発揚のために、様々な仕方で1964年の記憶を召喚する試みが進行していくと思います。2011年の東日本大震災、原発事故からの復興というモチーフからも、恐らく1964年のオリンピックの記憶を重ねあわせることで夢を取り戻そうとする動きはいっそう多くなるでしょう[*note.35]。

ポイントは、一種の仮想経験としての懐かしさです。例えば私は1972年生まれなので『三丁目の夕日』の扱う時代には生まれてもいません。しかしこれらが「懐かしいものとして提示されている」という、パッケージングされたガジェット群の独特の質を感じとることができます。ですから『三丁目の夕日』を見て感想を言えと言われれば、仮に小学生でも「懐かしい」とつい言ってしまうのではないかと思います。つまり、実際にその時代を経験しているかどうかにかかわらず、一種の言語行為として「懐かしさ」が広まっているのではな

*note.35：この種のノスタルジアの特徴は、消費財として非常に売れるということです。日本では特にベビーブーム世代、つまり団塊の世代の郷愁に訴えかけます。団塊の世代は1950年前後生まれの人たちなので、『三丁目の夕日』の作中の時代に子どもだった人たちです。団塊の世代が、当時のお兄さんお姉さん、おじさんおばさんにあたる人たちの人間模様を、老境に際して眺めるという仕掛けですね。

いか。このことは、「郷愁」という心の動きのもつある種の普遍性を示すと同時に、そのフックとなる経験そのものは人工的な構築物であり、それ固有の歴史をもつという、二重の性格に由来していると考えられます。

一方で、日本の80年代が懐古の対象になった作品として、2013年にヒットしたNHKの朝の連続TV小説『あまちゃん』があります。『あまちゃん』は北三陸で海女を志したことがきっかけで、アイドルとしての道を歩んでいく主人公・天野アキ（能年玲奈）の物語です。

『あまちゃん』は、80年代アイドルとの関係で10年代の日本を描き、ふたつの時代を同時に扱っている作品という点で『BTTF』と近似性があります。重要なのは、アキの母親で自身もかつてアイドル志望だった天野春子役を、実際に80年代アイドルだった小泉今日子が演じていることです。また同じ80年代に角川映画のアイドル的女優であった薬師丸ひろ子も、大女優・鈴鹿ひろ美役として出演しています。春子とひろ美は80年代に起きた出来事がきっかけの確執を抱えているという設定で、作品は80年代の物語を描きながら展開していきます。北三陸鉄道の駅長である大向大吉（杉本哲太）が事あるごとに80年代アメリカのコメディ的なスペクタクル映画の代表作『ゴーストバスターズ』の主題歌を歌うのも象徴的です。『BTTF』と『あまちゃん』は、いずれもノスタルジアを再帰的に主題化していると言えるのではないでしょうか。再帰的というのは「自分に折り返してくる」という意味で、『三丁目の夕日』シリーズのような、直接ノスタルジアを喚起させようとする作品とはやや異なり、「どうしてノスタルジアが発生するのか」という分析的な観点を含んでいるということです。すると『あまちゃん』の一部は『BTTF』で読み解くことができるということですね。

10年代になった今、『BTTF』の2015年を見ても、それほど痛々しくは見えません*note.36。『BTTF』のように車が空を飛ぶ時代は来ないでしょうが、私たちは寛容に楽しむことができます。『2001年宇宙の旅』(1968)の世界が実現しなくても、私たちは作品を超未来として寛容に楽しんでいます。それ自体が興味深い現象だと思います。

ノスタルジアは人工的に生み出される

ノスタルジアを喚起する要因としては、視覚だけではなく聴覚も大きいです。実は音楽を媒介にしたノスタルジアの消費に先鞭をつけたのはジョージ・ルーカスです。ルーカスは『アメリカン・グラフィティ』(1973)において、60年代のロックを「オールディーズ」として懐かしんでいます。当時から、たかだか10年前の音楽を歴史的なものとして懐かしむのは

*note.36：『BTTF』は当然のごとくTVゲーム化されています。面白いのが、3Dアニメーションとしてデフォルメされていることです。リアルな人間ではなくて、カートゥーン化されているのです。実は『BTTF』には、続編的な形で、子供向けのカートゥーンアニメーション・シリーズが制作されています。『スター・ウォーズ』のように、実写映画の続編やオリジナルストーリーがゲームで展開されているのはよくあることです。ですから『BTTF』もCGやネットと完全に無関係かといえば、もちろんそうではありません。

退嬰的だという批判が多かったようです。しかし今考えてみると、この種の表現は至るところで普及しています。また『BTTF』でも、80年代のハードなロックンロールを知っているマーティが、1955年にロックの元祖チャック・ベリーの1958年の名曲「ジョニー・B・グッド」に乗せて、50年代の人は誰もやっていないジミ・ヘンドリックスのような背中弾きを披露します（『BTTF』ではチャック・ペリーがこの演奏を聴いて「ジョニー・B・グッド」を発表したというオチがつきます）。

近年の日本のアニメを挙げるなら『あの日見た花の名前を僕達はまだ知らない。（あの花）』（2011）が象徴的ではないでしょうか。この作品では、2001年のZONEの名曲「secret base ～君がくれたもの～」がエンディング曲に使われ、若いファンのノスタルジアを強く刺激する要素になっています*fig.14,15。

『あの花』の物語は、小学生の時に死んでしまった友達の思い出に、高校生がとらわれているという物語です。たかだか5、6年前の、高校生にとっての小学生時代の思い出ですが、ここではその程度の時間の落差でノスタルジアが充分に喚起されています。

しかし、実はノスタルジアというものは元々そういうものなのです。たとえば普遍的な幼なじみもののラブストーリーは、幼少期に親しかった男女が10年程度経ってから再会することで、その年代の落差から生まれるドラマです。そこでは恐らく「思春期以前」である

*fig.14:
『あの日見た花の名前を僕達はまだ知らない。』
キーヴィジュアル
(C)ANOHANA PROJECT

*fig.15:
『あの日見た花の名前を僕達はまだ知らない。』
エンディングテーマ
「secret base ～君がくれたもの～
(10 years after Ver.)」
通常版ジャケットヴィジュアル
(C)ANOHANA PROJECT

ことが鍵になっています。つまりノスタルジアという現象は、中年期や老年期にばかり起こるのではなく、個人が記憶や言葉を持ち始めてから、「幼年期」が遡って見いだされるように、たとえ10代であろうとも、常に「過去」のモデルとして強烈に機能しうるのです。

ノスタルジアというのは、環境が変容した場合に、特定の失われた場所を振り返る行為と結びついていると考えられます。その場所は、実際の空間的な場所であっても、過去という時代を隔てた場所であってもよいのです。非常に大きな生活上の変化やトラウマを経ると、1、2年前の出来事を非常に昔に感じることがあります。そのように、個々人のライフヒストリーにおける過去は、たかだか5、6年だとしても、それは非常に大きい隔たりになりえます。だからこそ、平成生まれでも『三丁目の夕日』のような昭和ノスタルジアを「懐かしい」と言ってしまう現象が起きます。

ノスタルジアとは、人工的にその場で生まれているものであり、過去を体感したかどうかはあまり関係ありません。そこで提示される懐かしさは、何らかの形で「制作」されたものであり、脚色や美化を伴っています。実際の過去についての忠実なフォルムを保っているわけではないのです。

ノスタルジアという現象にいかに向き合うか

私自身はどちらかというとノスタルジアに浸る行為が苦手な方です。過去に魅力があって、現在は汚染されているという認識は一面的ではないか。私にはそれは「マイルドなトラウマ的状況」に見えるのです。

別の言い方をすれば、過去のある状態にとらわれてそれを反復し続ける状況は、ループにはまることでもあるわけです。「ループもの」は現在では確立されたジャンルで、ハロルド・ライミス監督の『恋はデジャ・ブ』(1993)や、アドベンチャーゲームでアニメ化もされた『STEINS;GATE』(2009)のように、媒体を問わず様々な作品があります。現在のループものには、歴史のいろいろな状況をやり直そうと試み、しかしながらそのやり直しが願望充足かあるいは極端な破滅に至ってしまうという傾向があります。ループは道徳的な勧善懲悪のバランスを壊してしまうことが多いので(ビフが金儲けに悪用して運命を台無しにしてしまったように)、ループによって運命を改変することは、物語においてはあまり正しく見えず、そこが葛藤を引き起こします。

ループものでは、しばしばそれを脱出した際に「前に進む」という表現がされることが多いです。この「前に進む」という表現は、逆説的に、ループ状況の停滞した心地よさを示しています。ノスタルジアというのは、人を停滞に強烈に誘い込む仕組みに他ならないのです。

これは「癒やし」という言葉の持つ両義性に近いかもしれません。「癒される」と「懐かしい」の感覚は似ています。こうも考えられます。「懐かしさ」や「癒やし」を断固として拒否し続けられる人は、物語がシビアでなければならないと考えて、快感原則以外のもの、つらい状況や現実認識を求める人でしょう。

その一方、ある種、教養としてエンターテインメント作品をどう受け取るかという観点では「教養主義者とは苦痛を伴う物語を耐えられる人だ」という定義がありえます。例えば現代音楽は、調性にとどまらない不協和音や、メロディ展開の予期を外れる音の響きを聴きとることを前提としています。現代アートでも同じです。ぱっと見では理解し難い対象を知覚することで、複雑な構造を組織できるかどうかが問われます。作品をよりよく理解するためには一種の苦痛へととどまることすら要求される。それらの行程には「分からない」という状態が伴うために、苦手とする人が多いのだと思います。

私自身も、そうしたアヴァンギャルド的な作品経験を学ぶ過程で、そのような教養観からすると真っ先に捨てられる「懐かしさ」「癒やし」に滞在することが苦痛な時期がありました。つまり、多くの人が心打たれるような「懐かしさ」こそが、私にとってはむしろチャレンジだったわけです。突っ込んで言えば、エンターテインメントとアートをすっぱり分けて、「癒やしや懐かしさの快感を伴うエンタメはよくないものだ、苦痛を伴うものこそが教養だ」と考える人は、他方で「癒やし」「懐かしさ」に耐えるエネルギーを持っていないという見方もできるわけです。まさに一時期の私がそうでした。

私たちはノスタルジアに問い返されている

本講義ではノスタルジアというものをいわゆる懐古として扱ったのですが、その一方で、ここではあまり扱えなかった「故郷喪失」についてのシリアスな探求によって現れるノスタルジアもあります。歴史的にも地理的にも、住処を追われて移民を迫られる状況があり、文学や映画にはそうした状況を主題にした作品が数多くあり、作り手の故郷喪失現象を批評的にとらえる真摯な試みとみることができます[note.37]。

晩年のアンドレイ・タルコフスキー（1932-86）はその一例です。タルコフスキーはロシア生まれで、晩年は西ヨーロッパで過ごしたわけですが、彼は後期に映画『ノスタルジア』（1983）を撮っています。ロシアに対する郷愁がテーマですが、もちろん彼にとってロシアの大地は即物的な、ありありとした対象としては失われていて、それを虚構的に補完する試みだとい

[note.37]：今福龍太・沼野充義・四方田犬彦編『世界文学のフロンティア〈4〉ノスタルジア』岩波書店、1996年

えます。今回は『BTTF』のような虚構化を積極的に評価しましたが、一方でタルコフスキーのアプローチは、実際の風景を撮影することで、シンプルな虚構化を容認しないような映像づくりであって、ドキュメンタリー的な側面からみても強度がある作品になっています。

もうひとつ例を挙げるなら、アメリカの実験映像の巨匠ジョナス・メカス（1922-）です。メカスはリトアニア出身で、冷戦中に訪問した故郷を撮って『リトアニアへの旅の追憶』（1972）を作りました。移住を強いられ、しかしアメリカという豊かな社会に移ることで相対的には恵まれた自分の状況を、感傷的に物語化するというよりは、そのように不可避に物語化してしまう心性を見つめ直すような仕方で撮っています。メカスの映画は日記の形式をとりますが、日記という形式が往々にして自己愛の見せびらかしになりやすいところを、メカスは日記の物語性、ナラティヴを問い直す形で映像化しています。

本講義では「フェイク」として軽視されやすい構築物としてのノスタルジアのポテンシャルを強調しました。「フェイク」のポテンシャルについては次回も扱います。ですが、私は同様に、タルコフスキーやメカスのようなノスタルジアに対するシリアスな実践も重要だと思います。

いずれにせよ、ノスタルジアという現象に対する応答は、どのような作品に作品性を見るかという根本的な議論に関わってきます。もちろん単純に「ノスタルジアは現実を忘れさせるから素晴らしい」と言うことはできません。例えば『BTTF パート3』のウェスタンでは汚い飲水や銃弾が入ったままの肉が出てきますが、一方で『三丁目の夕日』では、当時の日本にあったはずの泥臭く不衛生な臭いが表現されていません。まさに無菌化されているわけです。私自身は、エンタメに関しても単に心地よいだけではない要素を見いだした上で、そこを含めてさらに楽しむ方がよいという感覚を持っています。

しかし一方で、ノスタルジアという現象を完全にシャットアウトしている人は恐らくいないと思います。日々の仕事が辛くて、休日疲れきっているのに辛い思いをしたくない、という人に、癒やしのない娯楽を強いることは不可能でしょう。1人の人物でも、若い頃にノスタルジアを拒否していた人が、歳を重ねて転向することが多々あります。例えば坂本龍一はYMOやソロ活動で、ポピュラー音楽と現代音楽を行き来する存在として一時代を築いた人ですが、今や「癒やし」を肯定するオーガニックな音楽の第一人者になっています。東日本大震災後に「電気なんかいらない」と唱えて一部の反発を買ったのは、電気で一財産築いた人が脱原発を唱えているから、という面があります。若い頃はニューエイジの音楽を嫌っていたのに、今やノスタルジックなヒーリングとサントラの大家になっているという皮肉な面もあります。私自身は初期の坂本龍一のファンですが、彼の代表作は癒やしを与えるピアノ曲『energy flow』（1999）だろうという見方も有力なわけです。言ってみればこうした状況が「癒やし」としてのノスタルジアの強力なニーズを生み出すわけです。

私は、世の中の娯楽や作品が癒やしで一元化されることはないだろうと信頼しています。極端な全体主義国家でも、ロシアン・ジョークのような、超検閲の裏をかくような笑いもありました。一般に50年代のアメリカ文化は、まさにのっぺりとした文化のイメージで考えられています。「自国民が世界で最高だと思っていて、傲慢だけれどもオープンで力強い」という、現代でも依然残っているアメリカに対する負のイメージを、フィフティーズはすべて兼ね備えています。そうしたフィフティーズのハリウッド映画のエンターテイメント性に対しては、人びとは両義的な判断を示すはずです。ジョゼフ・ロージーのような文化人に亡命を強い、自由の敵として平等の理念をしばしば軽視するアメリカの不寛容さが許しがたい人もいるでしょう。価値観の一元化を強いられるような状況は日本でもたびたび生じており、息苦しく感じる人は多いと思います。しかしそのような息苦しい文化の只中にも『理由なき反抗』のように様々な形で隙間を穿つ作品はありました。次回もメロドラマをめぐり、この問題について扱いますが、アメリカの「愚かな消費文化」の象徴もあれば、そのすき間から顔をのぞかせるマイノリティの表現のようなものもあるわけです。

あらゆる作品をどう読解、批評、分析するか。そのやり方によって、一見するとのっぺりとしたみかけの文化に対して、凸凹や陰影を与えることができると考えているのです。

／ Lecture.3 ／ 第3回 ／

ナラティヴ／ヴィジュアル

メロドラマとPVにみる「フェイク」の可能性

「物語性《ナラティヴィティ》」と「視覚性《ヴィジュアリティ》」は、映画などの映像作品では、ときに相反する要素とみなされますが、いずれも重要な役割を担っています。第3回では、ハリウッド物語映画の重要ジャンルでありながら軽視されやすいメロドラマと、視覚的なインパクトのために単純な刺激に陥りがちとみられやすいPVを、「フェイク＝まがいもの」としての性質に注目しつつ考察します。これらのジャンルの名作は、人工物としての側面を際立たせる誇張された形式性を活かし、感情移入や刺激への反応にはとどまらない批評性をもたらしています。こうした特性は過去作の再解釈でも活用され、過去のカルチャーや社会関係の読み替えを導いています。

Lecture.3_1

「まがいもの」としての文化

フェイク化された文化

一部の抽象画や実験映画を除けば、視覚イメージを扱う大半のカルチャーは、物語の媒体でありつつ、同時に視覚イメージの連なりでもあるという性質を持っています。この講義では「物語性《ナラティヴィティ》」と「視覚性《ヴィジュアリティ》」という２つの側面を、メロドラマとＰＶを手がかりにして考えたいと思います。

私は、人工物＝アーティファクトとしてのカルチャーという見方が重要だと思っています*note.01。カルチャーは作られたものである以上、自然に生まれたものではありません。それは、本講義で扱う、フェイク（まがい物）とオーセンティック（真正性、本物）というもうひとつのテーマとの関係を示唆するものです。アメリカの消費文化は、かつての教養主義には到底

*note.01：経営学者であり人工知能研究でも知られる、ハーバード・A・サイモン『システムの科学』（稲葉元吉、吉原英樹訳、パーソナルメディア、第3版、1999年）は、原題が「人工物の科学（The science of the artificial）」であり、限定合理性をもつ人間という前提から様々な興味深い帰結を引き出しています。短期記憶がマジックナンバー7（同時に覚えられる数はだいたい7プラスマイナス2）であるといった、認知科学で知られるようになった諸事実に基づく考察は、第5回でも扱う「膨大な情報を前にした人間」についての重要な示唆に富みます。

ふさわしくないようなタイプの豊かさ——大量のありあまる資源を使って豪華な車を乗り回す、マクドナルドのドライブスルーが各地に遍在するといった豊かさに向かいました。それは本当の豊かさといえるのか? それ以来現在に至るまで、物質的な豊かさと心の豊かさの相関性には常に疑いがかけられているのではないかと思います。

前回確認したように、当のアメリカの中でも、独特の行き過ぎた豊かさや、冷戦を背景に政治的に緊張していた状況が、SFめいた異文化として扱われている側面がありま す。しかし、受け継がれてはいけない伝統もあったわけです。例えばアメリカ南部においては、黒人差別が伝統として受け継がれていたわけですが、そうした伝統は滅びてよいと考えられるでしょう。日本の昭和ノスタルジアでいえば、衛生環境の悪さを受け継いでほしいという人はほとんどいないわけです。その上で懐かしむからには、そうした負の側面がうまくパッケージングされ、高度にフェイク化されていなければなりません。このフェイクに関する側面は、ポピュラー文化を考える上で、あらゆる面で基本的な視点となっていると思われます。つまりポピュラー文化における批評の問題にも結びつくんですね。

たとえばポピュラー文化と芸術が分けられるとして、芸術を好きな人がポピュラー文化を「まがいものだ」と言うことはありえます。人工添加物対オーガニックといった対比のようなものですね。その人工性が稚拙であるか、高度に組み上げられているか。芸術=人類生命の精髄であるような高度な文化的達成、ポピュラー文化＝貧しくまがいものであるしかないようなちゃちなものという対比ですね。

私なりに概略を言うならば、高度な文化的達成は当然褒め称えられるべきとしても、他方の貧しいとされているものからも、視点を変えることでピックアップ可能な要素があり、イミテーションでしか現れないような独特の文化的な魅力が出てくる可能性がある。これは、映画という芸術自体を、それ以前の芸術の視点から一律に却下する視点もかつてあったけれども、現在映画が芸術に属する文化として扱われている、その関係にも今のような着眼点はあてはまります。

モダンアートと文化

なぜ芸術とポピュラー文化の話をしたかというと、50年代のアメリカには、もうひとつの視覚文化としていわば「パリからニューヨークへ」という言葉に象徴されるモダンアートの興隆があったからです。パリでは1910年代にモダンアートが花開きました。また世界各地から集った芸術家たちがエコール・ド・パリと呼ばれました。日本人画家では佐伯祐三や藤田嗣治などパリで活躍し、岡本太郎もパリに滞在してシュルレアリスム運動と接触しています。その後、ファシズムの時代に入り断絶が起こります。数多くの芸術家がニューヨークへ逃れました。特にアメリカで生涯を閉じた作家として、ピエト・モンドリアン（1872-1944）とマルセル・デュシャン（1887-1968）が挙げられるでしょう。彼らは単に戦争から逃れただけではなく、アメリカの地を気に入り、アメリカで新展開を迎えた2人です。

モンドリアンは当初は風車小屋のような風景を描いていたのですが、やがて初期からの赤青黄の三原色、水平・垂直の線によるコンポジションを洗練させていきます。テーマ性や具象性を喚起するタイトルはつけず、造形的に構成要素を抽出した抽象絵画を完成させていきました。しかし、モンドリアンはニューヨークへ行った途端に《ニューヨーク・シティ》《ブロードウェイ・ブギウギ》のようなタイトルの、人によってはアメリカの都市の通りを想起させるストライプの作品を描くようになります。彼はアメリカに渡った際には60代だったのですが、実際にブギウギを踊ったりしていたようです。抽象絵画を代表する画家が、アメリカの環境との接触によって具体的な要素をタイトルに取り入れ、しかもそれまでの構成要素の延長でもある作品を晩年に描いたのは興味深いです。この最晩年の境地の評価については議論がありますが、《ニューヨーク・シティ》がその臨界点となるものでしょう*note.02 *fig.01。

デュシャンについては詳しくは触れませんが、芸術の定義そのものの価値転換をした人として有名です。1912年の《泉》は、便器に偽名の署名をして展覧会への出品を却下さ

*note.02：この作品については美術史家イヴ＝アラン・ボワが興味深い分析を行っています。Yves-Alain Bois, *"Piet Mondrian, New York City", in Painting as Model*, MIT press, 1990, pp157–183.

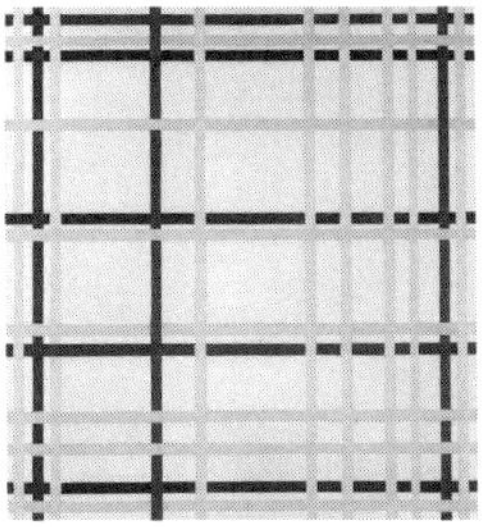

*fig.01：ピエト・モンドリアン《ニューヨーク・シティI》カンヴァスに油彩、1942年

れるという、一連のパフォーマンス自体が重要な作品です。また《モナ・リザ》に髭を描き加えて「彼女の尻は熱い」と読める下品なタイトルをつけた《L.H.O.O.Q.》(1919)のように、ある種冒涜的な作品を作った人物であり、同時にある種の詩人とも言えるタイプの人でした。このモンドリアンとデュシャンがアメリカを気に入った事実は美術史において面白い事実だと思っています。

重要な媒介項をひとつだけ挙げるなら、ニューヨーク近代美術館(MoMA)でしょう。MoMAは1929年創設の、近現代美術の美術館です。アメリカは歴史が浅いことと、絵画や彫刻のような造形芸術に関しては、基本的にはプロテスタント、ピューリタニズムの国なので、図像表現に関して不信感が強い傾向にあり、またいわゆるリアリズムの絵画が好まれていたので、ヨーロッパの近代美術の潮流がなかなか根付かなかったのですが、MoMAやモンドリアンのような存在もあって、抽象的な表現との交流を次第に深めていきます[*note.03]。こうして花開いたのがアメリカの抽象表現主義です。その代表者としてジャクソン・ポロック(1912-56)がいるわけです。

ポロックは、キャンヴァスに絵筆で描くだけでなく、ドリッピングやポーリングといった技法を用い、床に置いたキャンヴァスに絵の具を垂らしたり撒き散らして、画面全体をオールオーヴァーに覆うことで、絵画の図と地(figure/ground)の関係自体を突き崩し、形という

*note.03：映画やTVゲーム、デザインプロダクトをアーカイブの対象とした意味でもMoMAの活動は注目されるべきものです。

よりは画面のフィールドを強調していく画家でした。

ポロックについて注目したいのは、アメリカで花開いたモダンアートとポピュラー文化の接点です。当時ファッション誌の『ヴォーグ』にポロックの絵画《秋のリズム》（1950）を背景に立つ女性モデルの写真が収められたのですが、これを見たポロックはショックを受け、激怒したといわれています*fig.02。現代ではマシュー・バーニーや村上隆など、ファッションとアートのコラボレーションに対してアーティストが積極的な例は珍しくありませんが、ポロックの頃は、ファッションとアートの間にはまだまだ隔たりがありました。《秋のリズム》という絵は黒・白・ピンクで構成されているのですが、モデルの女性の装いも同じ色彩で構成されています。この写真を撮ったセシル・ビートンという人はファッション写真家として有名で、このように背景の要素を人物像に反映させるテクニックを多用しています。例えばピカソの肖像写真では、背景に映る裸婦のシルエットの丸みとピカソ本人の前髪の丸みを揃えるといった方法で撮っています。

ポロックの絵は、対象として見るというより、絵に包み込まれるような側面があります。その点において、背景要素にモデルが溶け込んでいるビートンの写真は、単なるモチーフの反復による装飾的なものにはとどまらず、結果的にポロックの絵画を前にした経験を的確に要約しているとみることもできます。この時代のモダンアートは、「物語性」の希薄な視覚表現を洗練させましたが、作品タイトルやこのような写真を手がかりにすることで、作品の「視覚性」

***fig.02**: Serge Guilbaut, *Reconstructing Modernism: Art in New York, Paris, and Montreal*, 1945-1964, Mit Pr, 1990

を尊重しつつ、より広範な文化の中に位置づけていくことができると考えています。

キッチュという概念

ジャクソン・ポロックの価値をいち早く見出したことで知られるクレメント・グリーンバーグ(1909-94)という批評家がいます。30年代のアメリカのインテリの多くはマルクス主義的な社会改革に夢を託すのですが、グリーンバーグはそうした状況にコミットしながらも、いわゆる左翼的なものと距離をとっていた人でした。そんな屈折したスタンスで、彼は1939年に「アヴァンギャルドとキッチュ」という論考を書いています[*note.04]。

ポイントは、モダニズムの「アヴァンギャルド」の対照的な存在として、俗悪な「キッチュ」があると定義したことです。「アヴァンギャルド」という言葉はそもそも政治的な前衛という意味合いを持ちます。ですからモダニズムのアヴァンギャルド芸術も多くは政治的な色合いを持ちました[*note.05]。

「キッチュ」という言葉はドイツ語から来ています。もともとは「まがいもの」を指す強い否定語です。グリーンバーグは近代文化におけるまがいもの、イミテーションを定義するために「キッチュ」の語を用いました。その対象となったのは、現代でいうポピュラー文化です。

*note.04:クレメント・グリーンバーグ「アヴァンギャルドとキッチュ」『グリーンバーグ批評選集』藤枝晃雄訳、勁草書房、2005年

*note.05:多くは左翼ですが、未来派のようなイタリアファシズムへのコミットもみられ、左右を問わず政治的に先鋭だったということです。

例えば「ティン・パン・アレー（Tin Pan Alley）」つまりブロードウェイのミュージカルの音楽や映画音楽といった、サウンドトラックに属するようなタイプの音楽を「キッチュ」として定義しています。30年代時点では、アヴァンギャルドに入る音楽はシェーンベルクに始まる新ウィーン楽派の音楽でした*note.06。

今ではキッチュという語は必ずしもネガティブに使われていません。日本では、歌手のきゃりーぱみゅぱみゅのような存在への褒め言葉として「キッチュ」が用いられます。ごちゃごちゃしていて、派手で、かわいい。ドイツ語で言う「キッチュ」の強い否定語としての意味はとっくに消え去り、「Pop」や「Kawaii」と近しい言葉になっています。また「キッチュ」には似たような語があります。例えばアメリカの作家スーザン・ソンタグ（1933-2004）が「キャンプについてのノート」（1964）で述べた「キャンプ」という概念は、ある種のスタイルで「悪趣味のために魅力があるもの」を指します*note.07。

グリーンバーグの判断は、特定の文化的な対象を前にした際の批評家の悪口にも近い定義であるわけですが、かつての「教養と野蛮」（カルチャー＆アナーキー）の「アナーキー」がカルチャーの一様式を指す言葉になったのと同じ流れがキッチュにも起きています。美術においてマニエリスム、バロック、印象派、フォーヴといった、最初は蔑称だった言葉が次の時代になるとそのスタイルを的確に指す用語に変化していったのと同じ現象が、20世紀の消費文化で

*note.06：なお、現在用いられる「モダニズム」「モダン」という言葉そのものにも、芸術におけるそれと、生活を変えた「モダン」の二義性があります。つまり芸術的な意味でのモダニズムと、電気や水道によって近代化された文明に基づくモダンがある。日本における大正ロマン、昭和モダンという時のモダンですね。いってみればグリーンバーグは、同じ「モダン」という言葉が使われながらも、芸術ではなく、擬似芸術として「キッチュ」が登場し、蔓延していることを、まがいものとして批判したわけです。

も起きているのです。

50年代アメリカという非常にポピュラー文化、消費文化の発達した国で、他方ではインテリが抽象表現主義の絵画を支持し、モダンアートの達成とも呼ぶべき作品がたくさん生み出された事実は興味深く、今なおニューヨークはコンテンポラリーアートのシーンの中心のひとつであり続けています*note.08。

メロドラマというモード

ここでがらりと話題を変えて、メロドラマというテーマについて考えてみたいと思います。一般にメロドラマと言えば、いわゆるソープオペラ、昼ドラが考えられます*note.09。日本の昼ドラ『真珠夫人』(2002)のように、極端に誇張されたドロドロとした因縁、嫁姑問題や男女の三角関係、母娘の関係といったテーマを扱うものです。

アメリカの「ソープオペラ」は30年代のラジオに始まって、昼間に洗剤会社の提供によって、主婦向けの涙を誘うドラマとして放送されていました。メロドラマは基本的に女性を対象としたものであって、性差と深い結び付きがあります(だからこそ逆にジェンダー的な観点からの転覆可能性もありました)。メインストリームから外れた消費財として恋愛の物語、主婦向

*note.07:スーザン・ソンタグ「キャンプについてのノート」(『反解釈』高橋康也、由良君美、河村錠一郎、出淵博、海老根宏、喜志哲雄訳、筑摩書房(ちくま学芸文庫)、1996年)。ちなみにソンタグは晩年に日本に来て「なぜ日本では大人がマンガを読んでいるのか」と憤慨したというエピソードがあります。キャンプ論では日本の特撮映画を褒めていたので、その頃とはスタンスが変わったのかもしれませんし、キャンプ論自体が一種のインテリ的な「悪趣味」へのコミットだったともいえます。

*note.08:本講義ではアートについてあまり触れていませんが、マティ・カリネスク『モダンの五つの顔』(富山英俊、栂正行訳、せりか書房、新版、1995年)や、アントワーヌ・コンパニョン『近代芸術の五つのパラドックス』(中地義和訳、水声社、1999年)が、モダンアートについての議論を概観する上で重要な文献です。

けのライトな消費財とされたジャンルだったわけです。そのため、このジャンルは映画においても、文芸的な作品、歴史作品、政治的なものを描いた作品に対して一段劣るものとして扱われやすい傾向がありました[*note.10]。

メロドラマに関する古典的な研究として、ピーター・ブルックス『メロドラマ的想像力』（1976）[*note.11]があります。これは近代における演劇と小説から映画に至るまでのメロドラマ的な系譜を掘り起こしていて、フランス革命以降の民主主義との関係におけるメロドラマについて分析しています。メロドラマでは身分違いの恋が描かれることが多いですが、これは歴史的に言うと、フランス革命以降、貴族と平民の身分的な流動性が高まったために求められた物語だということです。数は少なくても、身分差を乗り越えるカップルが登場したため、そこに生まれる葛藤が描写されるようになりました。また、近代小説自体もメロドラマとして語ることができます。フランス前近代において生まれたジャン=ジャック・ルソーの『新エロイーズ』（1761）や、ゲーテの『若きウェルテルの悩み』（1774）は、いずれも若い青年が人妻に恋愛感情を抱く話で、姦通小説（Adaltery）と呼ばれ、ある意味普遍的な内容と主題を扱っています。これらもまたメロドラマの一種とみなすことは十分可能です（「メロ」すなわち音楽の伴奏はありませんが）。モードとしてのメロドラマは、近代小説の外縁と重なるぐらい、非常に広がりを持つ概念だということです。

*note.09：「メロドラマ」という言葉は実際には時代によって定義が変わっており、1920年代にはホラー映画をメロドラマ映画と呼んでいた流れもあります。映画研究の文脈では、ジョン・マーサー、マーティン・シングラーによる『メロドラマ映画を学ぶ ジャンル・スタイル・感性』（中村秀之、河野真理江訳、フィルムアート社、2013年）という本があります。これはメロドラマ映画研究に関する優れた本で、今回取り上げているテーマの何割かも、この本に対する私なりの注釈という意味を持ちます。

*note.10：例えば日本では00年代前半に女性を中心に韓国のドラマが人気を集めましたが、その際「メロドラマに夢中になる主婦」が戯画化され、揶揄されていた印象を受けます。この現象は、メロドラマに関する典型的な文化的位置づけを示しているように思われます。

*note.11：ピーター・ブルックス『メロドラマ的想像力』四方田犬彦、木村慧子訳、産業図書、2002年

サーク映画における「まがいもの」

このメロドラマというジャンルを代表するのが、ダグラス・サーク監督です。彼の映画を見ると、今なおメロドラマの魅力をリアルに味わうことができます。

50年代の時点では、サークの存在は過小評価されていました。一部の映画マニアには評価されていたものの、主婦から涙を搾り取る通俗的な娯楽作家だと思われていて、特に文芸志向の批評家には非常に嫌われていました。現在では、サークの映画の形式に目を向けることが、シネフィル的な映画マニアだけでなく、広く映画研究の入門にもふさわしいと言われているほど重要視されています。

サークはハンブルク出身で、ドイツとデンマークで育ちました。ハンブルクの大学では法学、哲学、美術史（例えばパノフスキーに学んでいました）を学び、左翼演劇をやっていました。演劇から映画に進んだわけですが、後に赤狩りで問題になったインテリ層の大半と同様、サークもブレヒトの演劇に影響を受けていました。1937年にナチスを逃れてアメリカに渡ったサークは、ハリウッドでは求められた役割に適応する職人監督のようにふるまっていました。ダグラス・サーク本人のインタビュー『サーク・オン・サーク』（1972）*note.12で彼は当時

*note.12：ダグラス・サーク著、ジョン・ハリディ編『サーク・オン・サーク』明石政紀訳、INFASパブリケーションズ、2006年

の本音を語っていて、アメリカの物質中心的な文化、メロドラマが軽視される状況に対して、皮肉めいた態度をとっていたことが明かされています。その皮肉は映画にもあからさまに仕込まれていて、そのため後から評価が高まった側面があります。

サークの代表作を挙げるなら『天はすべて許し給う』（1955）でしょう。原題は「All That Heaven Allows」つまり限定構文で「天の許し給うものすべて（はたったこれだけ）」という意味を持っており、楽天的なアメリカン・ドリームに比べると圧倒的に苦味が強い、皮肉のこもったタイトルです。

この作品は夫を亡くし、息子と娘も独り立ちしている中年のヒロインが主人公です。ヒロインは庭師の若い男性と恋仲になりますが、そのために社交界から爪弾きにされ、息子や娘にも反対されて、孤立に追い込まれて、別れさせられます。しかし最後に庭師の男性が怪我をして、突然その看病に行って結ばれるというエンディングです。このとってつけたようなハッピーエンドを含め、リアルタイムではかなり不自然な物語だとされましたが、今では高度に組み上げられた物語であると分析されています[*note.13]。

ジェーン・ワイマンが演じるチャーミングな中年女性ケリーと、ロック・ハドソン演じる庭師の関係が、それ自体が社会風刺であることは間違いありません。この関係は一見身分違いのようですが、作中で実は庭師はインテリだということが示唆されます。例えば、彼が

*note.13：詳細は『メロドラマ映画を学ぶ』に書かれています。

*note.14：庭師を演じているロック・ハドソンという男性俳優は、50年代後半サークの映画でさまざまな女優とメロドラマを演じています。しかし彼は実際にはゲイで、エイズで亡くなっています。メロドラマというのは、セクシュアルマイノリティの立場から再解釈されているジャンルでもあります。第二次大戦中から直後は、男性が徴兵されていたために、女性の社会進出がある程度進んでいたのですが、男性が帰還してくると女性は主婦として家に押し戻されました。そのように保守化させられた女性のジャンルがメロドラマであるわけですが、このジャンルは同時に、そのような社会関係のほころびも示しているのです。

19世紀アメリカン・ルネッサンスを代表する、ヘンリー・デイヴィッド・ソローの『ウォールデン』（1854）*note.15の読者だと判明するシーンが描かれます。物質的な豊かさだけを享受している皮相な人たちに比べ、庭師の方がよほど知的であるという暗示が随所にあり、これは50年代のアメリカ消費文化における亀裂を示しています。

サークのハリウッド最終作『悲しみは空の彼方に』（1959）には、メロドラマの形式の臨界点を見ることができます。原題の「Imitation of Life＝人生のまがいもの」というタイトルがすばらしいです*note.16。『悲しみは空の彼方に』は原作小説がありますが、サークは映画化にあたり内容をかなり改変していると言われています。特に人種問題を大きく扱っている点が注目できます。

この作品は白人の母娘、黒人の母娘という2組のシングルマザー親子の物語で、娘が成長するまでの20年ほどを描いています。白人女性は売れない俳優だったのが、次第にハリウッドで成功を収めていきます。2人は仲がよく、黒人女性は白人女性のハウスキーパーとして一緒に暮らすのですが、社会の中では人種差別があり、彼らをめぐる状況はじょじょに変わっていきます。

物語はニューヨークのコニーアイランド海水浴場（遊園地）*note.17から始まります。海水浴場で白人女性のローラの娘・スージーを黒人のアニーが助けたことで2人は仲良くなりま

*note.15：H・D・ソロー『森の生活（上・下）ウォールデン』飯田実訳、岩波書店（岩波文庫）、1985年、ヘンリー・D・ソロー『ウォールデン――森で生きる』酒本雅之訳、筑摩書房（ちくま学芸文庫）、2000年

*note.16：オープニングでイミテーション、まがいものの宝石がふわりと降って積み重なっていく演出は、プラスチックのイームズチェアやフェイクファーのような、当時のミッドセンチュリー・モダンのイミテーションを連想させます。

*note.17：この遊園地は重要です。第1回で説明したように、1955年にロス郊外にディズニーランドができましたが、それによってこのコニーアイランド遊園地が過去のものになってしまったからです。50年代の黄昏の象徴が冒頭の舞台になっています。

す。アニーはいかにもアフリカ系の見た目をしていますが、娘のサラ・ジェーンは父親が白人なので、ほとんど白人に見えます。この娘サラ・ジェーンと母アニーの人種差別をめぐる物語に注目したいです*fig.03。当時のアメリカ社会では人種差別が激しく、混血なら人種差別を受ける時代でした。公民権運動が盛り上がっていましたが、当時のハリウッドではこの問題の描き方は限られていました。

例えば以下の有名な場面が典型的です。白人しかいないという名目の学校にサラ・ジェーンが通っている。そこにアニーが傘を届けにきたために、サラ・ジェーンは学校に居られなくなります。アニーは全く人種の問題を恥じない、堂々とした力強いタイプの女性です。ですので、娘への愛も鬱陶しいぐらいくどく描かれます。この誇張された性格もメロドラマの特徴で、劇的緊張を高める大げさなまでの音楽も重要なファクターです。サラ・ジェーンは、差別を受ける苦悩から、次第に母アニーに怒りを向けるようになっていきます。

サラ・ジェーンは非常に美人に成長します。白人の恋人を得るのですが、黒人の血を引いていることがばれて暴力を受け、別れを告げられます*note.18。荒んでしまったサラ・ジェーンはやがて夜の世界に入り、アニーは白人として生きたいという娘の意志を尊重して、母娘は永遠の別れを誓うのですが、その後重い病に罹ったアニーは死期を悟り、死ぬ前に娘に会いたいと言って、サラ・ジェーンの勧めるハリウッドのキャバレーにやってきます。ところが

*fig.03：『悲しみは空の彼方に』（1959）写真協力：公益財団法人川喜多記念映画文化財団

*note.18：この場面では鏡の反映で実像と虚像を示すといった高度な演出がなされ、50年代ハリウッドの洗練された技法を示しています。

サラ・ジェーンはアニーが来たことでまた自分が黒人であることがばれ、失業すると考えているので、彼女を追い返します。ここでのポイントは、当時のハリウッド自体、非常に白人中心的な価値観のもとで動いていたために、メインキャストのほとんどにアフリカ系のみならず、アジア系やヒスパニック系もおらず、もっぱら脇役としてのみ登場していたことでした。50年代は、そうした状況が次第に変化していく時代でもあるのですが、当時の実際のアメリカ社会をほとんど反映していないハリウッドの世界に、娘を思う心だけで遠慮なく分け入っていくアニーが描かれているわけです。

そしてアニーは亡くなり、物語のラストでは盛大な葬儀が開かれます。恋愛関係のメロドラマを数多く描いていたサーク自身のハリウッドでのキャリアの最後を締めくくるのが、この葬儀の場面なのです[note.19]。アニーの葬儀は非常に豪華です[note.20]。葬儀が終わり、葬列が動き出す時、母の最期に間に合わなかったサラ・ジェーンが霊柩車に駆け寄ってくるのですが、肌が白いことで娘とは信じてもらえずに止められてしまう場面が描かれます。

『悲しみは空の彼方に』はハリウッド女優のローラとその娘とスティーブの三角関係がメインプロットなのですが、最後の場面から見ても、明らかにアニーとサラ・ジェーンのサブプロットがメインプロットを食い破っているといってよいでしょう。原作小説はもっとハリウッド女優の方に焦点を絞っているのですが、サーク自身が、原作の功利主義的な価値観に疑問を持っ

*note.19：ちなみにこの葬列にはハリウッドの有名人が多数おり、自己言及性があります。

*note.20：後に触れるドイツの映画監督ファスビンダーはサークファンとしても有名で、彼が批評に書いているのですが、ハリウッド女優のうちでお手伝いをしている黒人女性が、実は家庭に引きこもっていたのではなく、非常に交友関係が厚かった可能性が示唆されています。ここでの葬儀の様子はそのような読み方もできます。（ライナー・ヴェルナー・ファスビンダー『映画は頭を解放する』明石政紀訳、勁草書房、1999年）

て、演出のバランスを変えることで、人種差別の問題を強調する物語を作り上げたということです。この作品は、アメリカのフィフティーズのカルチャーが別のものに変容していく、60年代の激動の時代が先取りして現れかけている、興味深い映画であると考えられます。

ハリウッド・オルタナティヴとしての『アメリカの影』

メロドラマの代表者と言われるダグラス・サークは、高度に様式的に完成されたイミテーションとして、母と娘の愛と葛藤を描きました。50年代ハリウッド映画のスタジオシステム後期の、円熟期に見せる逸脱が興味深い映画といえます。一方、『悲しみは空の彼方に』が公開された1959年は、ジョン・カサヴェテス『アメリカの影』(Shadows)の年でもあります(1959年はフランスではヌーヴェルヴァーグ元年と呼ばれる年です。ゴダールの『勝手にしやがれ』とトリュフォーの『大人はわかってくれない』が作られた年ですね)。

カサヴェテスはホラー映画やB級アクション映画などの俳優ですが、現在ではインディペンデント映画の父として知られています。彼のデビュー作『アメリカの影』は、ニューヨークを舞台に、白黒の16ミリフィルムで、全てセットではなく実際のストリートで、素人のキャストで撮られています。音楽は全編にわたってジャズの即興演奏が使われています。兄、弟、妹のアフリカ系の三兄弟が主役で、３人とも肌の色が微妙に異なります。主人公で次男のベンは見た目が混血の美男です。他方長男のヒューは完全にアフリカ系の容姿で、レイアという妹はほとんど白人の美しい容姿をしています（白人の女優が演じています）*fig.04。

　この作品に物語らしい物語はありません。「ちょっとした挫折と楽しい日々」が延々と描かれる映画です。長男のヒューは売れないジャズメンで、クラブで演奏の日を待っています。妹は２人の兄に溺愛されていますが、インテリの彼氏がいて、言わなければ白人として通用します。ヒューにまつわるエピソードが象徴的です。ヒューの歌はやや退屈なもので、店で歌うと客が引いてしまいます。店にはマネージャーが２人いて、白人系のマネージャーはヒューに冷たく、黒人系のマネージャーはヒューをなんとか支援しようとします。ここには人種的葛藤がありますが、メロドラマ性は一切ありません。ラストもベンが歩いて去っていくだけのシーンです。「そして日々は続く」といった面持ちです。ミニシアター系の映画では、今なおこのような終わり方をする作品は少なくないと思います。

　『アメリカの影』は第２回で扱った『ハリウッド・バビロン』と同じく、メインストリームのハリウッドカルチャーと併走しつつ、別の価値観を提示している作品だと考えられます。物語の起伏は必ずしもありませんが、ハリウッドの人工性にはない全てがあり、エスニシティに関してはより同時代のリアルを映し出しています。カサヴェテスはこの点で新しい時代を開いた

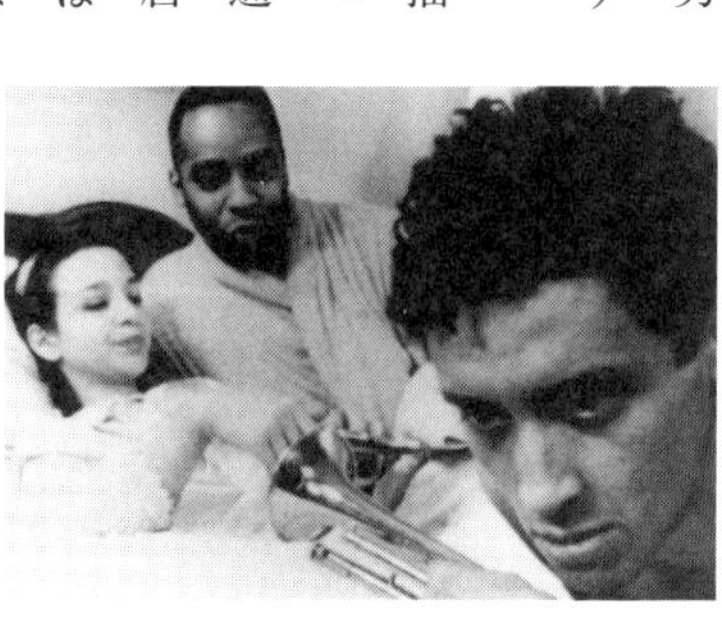

*fig.04：『アメリカの影』(c)1958 Gena Enterprises.

といえます。映画の最後には「あなたが見ているこの映画はインプロヴィゼーション（即興）でした」という言葉が登場します。もちろん使われているジャズ演奏自体も即興ですが、この映画自体にジャズのモダニズムに相当する即興性があります。インディペンデント映画から出たジム・ジャームッシュを語る時に言われるような「オフビートな感覚」が、ここには既に現れています。『悲しみは空の彼方に』と同じ年の映画とはとても思えません。

Lecture.3_2

メロドラマをめぐる再解釈

文化の再解釈者、トッド・ヘインズ

1961年生まれのアメリカの映画監督トッド・ヘインズは、本講義のテーマである「過去にフェイクとされたジャンルの再解釈」という点で非常に重要な人物です。1987年、ヘインズは学生時代に制作した自主制作映画『スーパースター：カレン・カーペンター・ストーリー』でたいへんな話題になりました。アメリカの兄妹ポップスデュオ、カーペンターズ（1969-83）のメンバーで摂食障害で早逝したカレン・カーペンターをモチーフとして、バービー人形を用いて、過食と拒食のサイクルに陥り、死に至るカレンの悲劇を描いたものです。バービー人形を用いて非常に巧いカット割りで撮られています。

同時代の批評的評価が芳しくなかったサークのメロドラマ映画が現代では再評価されて

いるのと同じく、ヘインズは『スーパースター：カレン・カーペンター・ストーリー』を通じて、カーペンターズを再評価しているとも言えます。なぜならカーペンターズは、アメリカでロックが盛んだった70年代に、ロックを受け付けない保守的な層が好む健全な曲として流通していたからです。実際のカレン・カーペンター本人は元々優れたドラマーで、本人はアクティブな部分があったのですが、プロモーション戦略によって着飾った歌姫のような扱いをされて、保守派のアイコンとしても人気を博し、60年代のロック以降のポピュラー音楽の変動についていけなかった人たちに支持されました。その結果、カレンは当時のロックをを好む人からは嫌われもした存在でした。トッド・ヘインズの映画は、まさにその記号的な意味の転換を推し進め、80年代のアメリカ文化では批評的に機能しました。カレンが亡くなった4年後の作品であったこともあって、非常に話題になり、VHSビデオも発売されましたが、作品の描写を快く思わなかった兄のリチャード・カーペンターが、作中でカーペンターズのナンバーが無許可で使用されていることを理由に訴訟を起こし、販売禁止になり現在市場には流通していません。

例えば1970年のカーペンターズの曲「We've only just began」のPVを現代人が見ると、明らかに「ダサい」といえます。スタジオに「YOU」の文字のセットがあり、そこにタンバリンを叩く人がいます。カーペンターズはPVではそのような世界を構築していました

*note.21。それに対して、同じ曲のトッド・ヘインズ版は、人物こそバービー人形ですが、車のドライブと連動したカット割りが、80年代の洗練されたPVスタイルを踏襲しており、こちらの方がよくできた映像といえるかもしれません。

本講義でポイントになるのはヘインズの『ベルベット・ゴールドマイン』以降の作品です。『ベルベット・ゴールドマイン』『エデンより彼方に』『アイム・ノット・ゼア』の3作は、いずれもヘインズが過去の実際のポップアイコンを再解釈して作っている作品であるからです。

1998年の『ベルベット・ゴールドマイン』は、70年代初頭のグラム・ロック*note.22を題材に、ロック・スター、デヴィッド・ボウイ（1974-）がグラム・ロックで一世を風靡した時代を描きます*fig.05。『ベルベット・ゴールドマイン』というタイトルは「ジギー・スターダスト」*note.23のパロディです。物語はグラム・ロック時代のボウイと、歌手イギー・ポップ（1947-）の擬似同性愛的な関係について、ファンの「二次創作」的な考察を参照して作られています。ただし、そのためかボウイの曲の使用は許可されず、代わりにごく初期のグラム・ロック時代のブライアン・イーノの曲が使われました。ファッションやスタイルが行き過ぎていたので、70年代初頭に一瞬咲いた徒花であり、短い期間に流行って、当時の関係者によって闇に葬られたという文化です。20世紀の中のポップス・ロックの様式の変遷において長らく恥ずかしい「黒歴史」とされたものなのです。その意味では、保守派のアイコンと揶揄されたカーペンターズ

*note.21：日本のネットカルチャーでゼロ年代後半に一瞬話題になった「世界でいちばんダサいPV」（Armi Ja Danny「I Want To Love You Tender」）にかなり近いものと言えます。

*note.22：奇抜で中性的なファッションを身にまとうロックスタイル。濃いメイクをし、キッチュでノスタルジック、あるいはSFチックなルックスが特徴で、音楽的な傾向にあまり共通性はありません。

*note.23：1972年にリリースされたデヴィッド・ボウイ5作目のアルバム。収録曲を通じて、架空のスター「ジギー」の栄光と没落の物語を描いた作品。

*fig.05：『ベルベット・ゴールドマイン』（1998）

をあえてヘインズが取り上げたことと同様の批評的再評価が行われていると言えるでしょう。そして『ベルベット・ゴールドマイン』以後は、このジャンルの評価もだいぶバランスのとれたものになり、歴史的に対象化されたといえるかもしれません。

2007年の『アイム・ノット・ゼア』は、歌手ボブ・ディランの半生を6人の俳優が演じた作品です*fig.06。とりわけ女優ケイト・ブランシェットの熱演が注目を集めました。60年代の学生運動が盛り上がった空気から出てきたディランは、キング牧師のワシントン大行進にも参加していました。フォークソング（左翼系のプロテストソング）を継ぐ人物だったのですが、アコースティックギターとハモニカで歌うスタイルだったのに、突然エレキギターを持ち始めたり、その後カントリーソング（保守的な系譜を持つジャンル）を歌ったり、80年代には突然キリスト教に傾倒したりと、あらゆるスタイルを転々とした人です。また自分の過去に関して虚偽の発言をするなど、謎めいている部分があります。ヘインズはそんなディランの姿を、男性俳優だけではなく、子役や女優を含めた6人に演じさせました*note.24。

トッド・ヘインズによるサークの再解釈

サークの『天はすべて許し給う』のリメイク版として、トッド・ヘインズの『エデンより彼方

*fig.06：『アイム・ノット・ゼア』（2007）
(C) 2007 VIP Medienfonds 4 GmbH & Co.KG/All photos-Jonathan Wenk

*note.24：ディランについては、湯浅学『ボブ・ディラン——ロックの精霊』（岩波書店（岩波新書）、2013年）が入門書としてまとまっています。

に』（２００２）があります。これはサーク映画の完璧なゼロ年代版として、50年代風に作り込んでいる一方で、現代でなければ撮れない映画になっています。50年代のアメリカを舞台にしていますが、まず第一に、『天はすべて許し給う』では白人男性だった庭師が、黒人男性に変更されています。ここでヘインズが扱っているのは、アメリカの人種差別をめぐる最大のタブーである、有色人種の男性と白人女性のラブロマンスなのです。『悲しみは空の彼方に』で、サークはアニーという、いわば「おばちゃんキャラ」の黒人女性の類型を通じてアフリカ系の人々を描きました。一方でヘインズの描いた黒人男性と白人女性の恋愛関係は、50年代にはハリウッド映画が扱うことが決して許されないものでした。ここにはあからさまな不平等があって、白人男性が奴隷としての有色人種の女性に子どもを産ませることはありましたが*note.25、逆の関係は厳しく罰せられ、時にはリンチ殺人にまで至りました*note.26。『エデンより彼方に』には、もう一点変更点があって、ヒロインの夫の性的指向が実は同性愛だったという設定が追加されています。つまり、トッド・ヘインズは50年代を舞台にしながら、当時タブーであったふたつのテーマを扱う形でリメイクしているのです。演出は多くの部分でダグラス・サークスタイルを踏襲している一方で、やりすぎでちゃちなまがいものになってしまうことを避け、テーマ性を持たせ、一切茶化すことをせずにストレートに描いています。

『エデンより彼方に』の冒頭は完璧に『天はすべて許し給う』のスタイルを踏襲していま

*note.25：最も有名な事例は、アメリカ建国の父であるジェファーソンでしょう。現代アメリカの小説家スティーヴ・エリクソンの『Xのアーチ』（１９９３）はこの主題に取り組んでいます。

*note.26：鈴木透『性と暴力のアメリカ』（中央公論新社、２００６年）は、アメリカ社会のこうした負の側面とその克服についてのコンパクトな歴史になっています。

す。クレーン撮影によるカメラワーク、カット割り、飛んで行く鳩などに忠実なサークのオマージュを見ることができます。題字のフォントもフィフティーズのメロドラマ風にしています。ヒロインの白人女性キャシーと庭師の黒人男性レイモンドの恋は、1950年代のコードに忠実に、非常に保守的に描かれています*fig.07。2人の間には終始、性関係のない節度を保った形で描いています。同性愛者だった夫の方は逆に抑制がなく、最終的には若い恋人を作って家を出て行くという対比がなされます。もうひとつ設定があり、レイモンドには聡明な娘がいて、シングルファーザーです。ここには『イミテーション・オブ・ライフ』のオマージュが入っています。

ギャラリーでキャシーとレイモンドが会う場面が印象的です。レイモンドはジョアン・ミロの抽象絵画を適度に深く解釈できるインテリで、キャシーは感銘を受けますが、そこには社交界の典型的な嫌味なおばさんキャラクターがいて、彼らに眉をひそめます。娘が白人の子どもからいじめられる様子も描かれていて、人種差別の描写がなされます。一方のキャシーの夫、フランクの同性愛者としてのエピソードは、ゲイカルチャーに根ざした映画を撮ってきたトッド・ヘインズらしい、現代的な手法で描かれています。

『ベルベット・ゴールドマイン』『アイム・ノット・ゼア』に見るように、トッド・ヘインズはどちらかと言うと音楽のシーンを描くことを得意とする監督なのですが、そのヘインズがメロドラ

*fig.07：『エデンより彼方に』（2002）

マに注目したのは面白いことだと思っています。例えば『アイム・ノット・ゼア』では6人の俳優の演じ分けというギミックがあまりにも効果的に作用しすぎ、パロディめいた雰囲気が出てきてしまっています。『アイム・ノット・ゼア』が公開された当時、ボブ・ディランには既にドキュメンタリー映画がありました。それに対し、ヘインズはあからさまな「まがいもの」でボブ・ディラン神話に対する再解釈を試みたように思われます。

『エデンより彼方に』も、恐らく本人が得意とするスタイルを全面的に押し出していた場合、そのようないかにもポストモダンな再解釈になってしまったと思いますが、サークスタイルの再現を堅実に行なって作った結果、評価が高まったのだと思います。私はヘインズは文化の解釈者としての批評性が優れていると考えています。ヘインズはアメリカにおいて、自らゲイとしてカミングアウトして活動しているため、セクシャルマイノリティのカルチャーの観点から高い評価を得ています。さらに、ヘインズの作品は同時にメインストリームの保守的な人が観ても十分批評的に受容できる性格を帯びていると私は思います。

ファスビンダーによるサークの再解釈

実は、ヘインズ以前にダグラス・サークのメロドラマに注目した人がもう1人います。ニュー・

ジャーマン・シネマの巨匠、ライナー・ヴェルナー・ファスビンダー（1945-81）です。ファスビンダーは30代で早逝した監督ですが、非常に多くの作品を撮っています。彼は元々前衛的なアンチ・テアター（反劇場）の映画を撮っていましたが、70年代にサークのメロドラマ形式を取り入れることでスタイルが一気に変わりました。

ファスビンダーは冷戦期の西ドイツの人物なのですが、ドイツは映画の復興が遅れた国です。ナチズムの元で、サークだけでなく、プリッツ・ラング（1890-1976）といった監督も亡命してハリウッドに行ったわけです。ドイツの映画界の復興は70年代を待たなければなりませんでした。60年代後半から80年代にかけて起きたニュー・ジャーマン・シネマのムーブメントにおいて、ファスビンダーはヴィム・ヴェンダース、ヴェルナー・ヘルツォークと並ぶ代表的な人物です。

ポイントは、必ずしも美男美女ではない男女のメロドラマを作っていることです。『不安は魂を食いつくす』（1973）では、掃除のおばさんと移民系の労働者の恋といった組み合わせで『天はすべて許し給う』をオマージュするスタイルです*fig.08。ハリウッド的なスペクタクル性は一切なく、あまりハッピーエンドにもなりません。このスペクタクル性をあえて排するスタイルは、カサヴェテスとも共通しています。ファスビンダーには一貫して非ハリウッド的な、アンチテアターの淡々とした雰囲気があります。彼は『ベルリン・アレクサンダー広場』（ドイツの小

*fig.08：『不安は魂を食いつくす』（1973）©Rainer Werner Fassbinder Foundetion All Rightes Reserverd.

説家アルフレート・デーブリーンの長編小説、1929)をTVドラマ化してもいます。いわゆる映画マニア的なシネフィルとは違うタイプで、映画という媒体へのフェティッシュがあまりなく、TVドラマにも抵抗がなかった人です。

ヘインズはファスビンダーとは異なり、メロドラマという人工的な対象に面して、サークスタイルを完璧にトレースしています。しかも、そこでメロドラマ的な感情移入から距離を隔てることで、当時のアメリカに実際にあった人種間の問題、サーク自身が『悲しみは空の彼方に』で扱った問題を再演することができました。

メロドラマ・モードは、全ての物語に存在する

『メロドラマ映画を学ぶ』*note.27では「モードとしてのメロドラマ」が提唱されています。それは物語映画という概念と切り離せないものでした。なぜなら、ハリウッドの物語映画の父、D・W・グリフィス(1875-1948)とメロドラマの関係が挙げらるからです。物語映画とはストーリーを持った映画ということです。つまり言葉をほとんど持たないサイレント映画において、視覚的な表現だけで構成された、人びとの感情をかきたてる物語です。サイレント映画において物語を伝達する際に、メロドラマは非常に優れた形式を提供してい

*note.27:『メロドラマ映画を学ぶ』は、note.09で挙げたように、この分野の基本書です。

*note.28:ちなみに、ハリウッド映画の初期のトーキー映画は「台詞を喋る」こと自体が特徴でした。何故かと言うと、サイレント映画の時代には、伴奏のピアニストやオーケストラがいて音楽が鳴っていましたが、言葉はありませんでした。ミュージカル映画は、ミッキーが口笛を吹くようなリップシンクに特徴があります。

ました*note.28。

『東への道』（1920）というグリフィスのラブストーリーでは、彼が確立した「ラスト・ミニッツ・レスキュー」*note.29 というアクション映画の手法とともにメロドラマの物語が展開されます。主人公アンナとデイヴィッドの身分違いの恋は紆余曲折を経て、アンナが猛吹雪の中、流氷の上で失神し、あわや滝壺に飲まれそうになった寸前、アクション映画のようにディヴィッドが救い出すクライマックスを迎えます*fig.09。そして2人は結ばれます。『東への道』は典型的なメロドラマですが、身分違いの恋が成就するために、命を賭ける場面が必要でした。ここでは生死をかけたカタルシスを生む展開とメロドラマが結びついています。生命を賭すことで、保守的なデイヴィッドの家族が身分の低いアンナを許すのですが、これはまさにこの種の物語を好んでみる観客のスタンスとも一致していたわけです。

『メロドラマ映画を学ぶ』では、『ダイ・ハード』や『プレデター』といった典型的なマッチョなアクション映画にもモードとしてのメロドラマが機能していると述べています。モードとしてのメロドラマは、ジャンルだけでなくメディアにも限定されません。近代小説の場合、メロディー（メロ）は鳴り響かないわけですが、身分違いの恋といった題材においてメロドラマ的な物語を多々見ることができます。

これまでメロドラマについて、フィフティーズアメリカのダグラス・サークと、ファスビンダーや

*note.29：ラスト・ミニッツ・レスキューとは、ヒロインのピンチにヒーローが駆けつける場面を盛り上げ、ギリギリのところで救出する（または間に合わない）という演出です。

*fig.09：『東への道』（1920）クライマックスの場面

トッド・ヘインズによる再解釈を取り上げてきました。しかしモードとしてのメロドラマは、先にも挙げたようなグリフィスの『東への道』や『散り行く花』だけでなく、同監督の『國民の創生』や『イントレランス』のような、歴史映画にすらその傾向が顕著です。その意味では、映画がナラティヴシネマとして長編になっていった瞬間から、その性質はモードとしてのメロドラマと直接的に結びついていたということです。

マンガ家荒木飛呂彦が映画について語った2冊の新書があります*note.30。私はこれをメロドラマというモードが他のメディアに接続する上で重要な例だと思っています。荒木はホラー映画やアクション映画を中心に語っていますが、荒木の映画評で興味深いのは「男泣き」という概念を提示している点です。

『メロドラマ映画を学ぶ』でも、同様に「男泣き」という概念が提唱されています。メロドラマは基本的に女性向け映画とされてきました。そもそもメロドラマが低級ジャンルとされていたのは、センチメンタルな女性を涙させるという出発点が、かつてはジェンダー的にも軽んじられる一因となっていたためです。

しかし、モードとしてのメロドラマは決して女性向けの題材に限られず、一見すると女性性を排除した男性的なアクション映画にも存在します。「泣くのは女性である」という旧来の視点に対して、男性の観客も「男泣き」するものだ、というごく当然のことが同書で

*note.30：荒木飛呂彦『荒木飛呂彦の奇妙なホラー映画論』集英社（集英社新書）、2011年、『荒木飛呂彦の超偏愛！映画の掟』集英社（集英社新書）、2013年

は述べられています。なぜ物語がジャンルを問わずメロドラマのモードを要求するかといえば、例えば泣くことによって得られる緊張の劇的解消が求められるからでしょう。ただしダグラス・サークにおいては一見とってつけたような和解、感動的結末が、その不調和性によってもうひとつの問題の在処を浮かび上がらせるという工夫があり、そこには一面的でない解釈が必要です。

荒木は日本のマンガ家のなかでもハリウッド映画好きとして知られ、彼の代表作『ジョジョの奇妙な冒険』でもハリウッド映画的な物語展開やオマージュが多く見られます。荒木は「男泣き」をポジティブな評価軸として捉えていますが、彼がハリウッド映画のメロドラマ的なモードを重視していることは『ジョジョ』からも理解できます。『ジョジョ』第1部の19世紀末イギリスを舞台とするプロットは、80年代当時の少年ジャンプマンガとしてみても、19世紀大衆文学のような大時代がかったものでした（ヒロインのエリナが唇を泥水で拭う場面や、スピードワゴンの情の厚さに見られる誇張された表現は、ハリウッド映画が長い間開発してきたメロドラマ的な誇張性を巧みに用いています fig.10）。『ジョジョ』以外にも、例えば美内すずえ『ガラスの仮面』も過度な誇張された感情表現で知られます。こうした表現は、読者にとって感動の引き金になると同時に、しばしばギャグ（ネタ）としても受容されています。心揺さぶる感動をもたらしつつ、笑いの対象にもなるという二重性は、極端な誇張という人工性から来ているものです。『ジョジョ』『ガラスの仮面』は、ダグラス・サークの映画にあるようなおかしみを想起させます。私はこの過度の人工性がもたらす「フェイクを経由したシリアスさ」が重要と考えています。

加えて、いわゆるオタク文化、特にアニメ・ゲームというメディアにおけるメロドラマ的なモードを考えてみましょう。恋愛を題材にしたフィクションは、どうしても日本のポピュラー文化においては、想定視聴者が男性か女性かによって、市場、作風その他が大きく食い違ってきます(実際には男性が少女マンガを読むことも、その逆もあります)。男性向けの恋愛ストーリーはしばしば性的な場面の直接性が強く、心情の機微に達することが少なく、しばしばヒロインは性的な特質によって区分けされ、身体的特徴が誇張されると言われます。オタク文化に対する負の印象は、概ね男性から見たヒロイン造形の誇張されたいびつさが原因だと思われます(もちろん、そうした負の印象もまた、問題含みの偏見ですが)。

ただ現在のオタク文化において、特に90年代から00年代にかけてひとつの潮流となった美少女ゲーム(家庭用ゲームとしての「ギャルゲー」、または成人向けポルノグラフィーとしての「エロゲー」をまとめた恋愛ゲーム)では、基本的には直接的な性愛が描かれるものが多いのですが、時にメロドラマ的な展開を含むシナリオを繰り広げたり、現在ではメジャーな領域で活躍するクリエイターを多く生み出してきました[*note.31]。私はこれは現代の物語がノンリニアになっている重

*note.31：東浩紀『動物化するポストモダン オタクから見た日本社会』(講談社〈講談社現代新書〉、2001年)、『ゲーム的リアリズムの誕生 動物化するポストモダン2』(講談社〈講談社現代新書〉、2007年)の2冊は、文学的想像力におけるノベルゲームの可能性を追求した重要な書籍です。東は美少女キャラクターとは解体された性格属性(猫耳、ツンデレなど)の記述の束であると述べています。

*fig.10: 荒木飛呂彦『ジョジョの奇妙な冒険(1)』
集英社文庫版、2002、p.86-87(1987年発表)

要なファクターだと思いますが、ここにもモードとしてのメロドラマは大きく作用しているように思われます*note.32。

また今日のアニメにおいては、第2回で扱った『あの日見た花の名前を僕達はまだ知らない。』などのシリーズ構成で知られる脚本家・岡田磨里の作品がメロドラマ的想像力を強く押し進めています（『true tears』、『凪のあすから』など枚挙に暇がありません）。複数の美男美女による虚構としてのキャラクターを打ち出すマンガ・アニメの特殊性によって、主人公だけに求心性が集まらない、多中心的な群像劇という形でメロドラマというモードを成功させています。

*note.32：例えば『君が望む永遠』『ホワイトアルバム』といった三角関係に焦点のある作品においてはまさに最良の意味でのメロドラマが見られます。ただしゲームの場合、ルートという形でシナリオ分岐があります。これは『BTTF』シリーズでビフに勝ち組、負け組、超勝ち組、というルートが描かれていたのと同様です。ゲームであることで、物語（シナリオ）の必然性は偶発性に開かれた形になります。ゲームメディアを経過したストーリーテリングによって、今日、物語という性質は大きく変化しています。ノンリニアな物語については、ジャネット・H・マレー『デジタル・ストーリーテリング――電脳空間におけるナラティヴの未来形』（有馬哲夫訳、国文社、2000年）、フランク・ローズ『のめりこませる技術』（島内哲朗訳、フィルムアート社、2012年）が参考になります。

PV──ヴィジュアルのフェイク化がもたらす可能性

表現としてのPV

メロドラマとPVをセットで扱う理由についてまず簡単に説明しましょう。モードとしてのメロドラマは、ハリウッド映画が物語を獲得して、グリフィスによって「物語映画＝ナラティヴ・シネマ」という状態ができあがった時には既にあったものと考えられます。つまり、視覚文化としての映像が物語を持つ時の大きな支えとしてメロドラマが考えられるわけです。

一方でPVというのは、同じ映像でも物語性の真逆、つまり視覚性の極致にある表現と考えられます。ここでは主としてMV＝ミュージックビデオを扱いますが、PV＝プロモーションビデオという場合、より広い意味合いがあります。たとえばCM、映画のトレーラー（予告編）といったものがそうです（本編がつまらない映画でもトレーラーだけは面白い、いわば「予告編詐欺」の映画がありますが、私はPVとしての予告編が優れているのだと評価する必要があると考えています）。

PVが文化として成立したのは、80年代にアメリカのケーブルTVでPV専用のチャンネルとしてMTVがスタートした以降のことです。ここでPVは独立したジャンルとして認められるようになりました*note.33。

PVが求心力のあった時代は、80〜90年代の20年間ではないかと思われます。これは録画装置が普及していった時代であることに注目しましょう。また、アートの分野でも70〜80年代にヴィデオアートが盛んになっています*note.34。今の見通しの元で言うなら、PVが盛んになったのは、TVが録画できる時代だということです。

またMTVはケーブルTVですが、日本とアメリカのTVの違いは、アメリカの方がケーブルTVが普及していて、日本では録画メディアやレンタルショップの方が優先度が高いという違いがあります。

ケーブルTVとは、ニーズに合わせて細分化されたジャンルの欲望に応えるものです。MTV以外だとCNN（ニュースを24時間放送するチャンネル）が有名です。日本では多チャンネル化はあまり起こらず、TV局のプログラムの力が強いままネット時代を迎えた感がありますが、アメリカではケーブルTVを通じて多様化していました。そこでPVが広まりまし

*note.33：ただし、PVという表現ジャンルそのものは現代では求心性を失っていると考えます。第5回で現代の動画以降の時代に関して扱いますが、Youtubeやニコニコ動画のような動画サイトの時代になると、PVは普及してどんなマイナーなインディーズバンドでもPVを作り、ライブをアンプラグドで配信したりする時代になりました。反面、PVが特別な表現であるという意味合いは失われています。

*note.34：初期のTVでは、視聴者は放送局という大メディアが一方向的に流す映像を受信するだけでした。しかしヴィデオアートでは、アーティストが小規模にビデオを用いて作品を作ることができるようになりました。また、録画装置によって、視聴者は時間的に縛られることがなくなりました。これに伴ってビデオの文化は豊かになってきました。インターネットの時代の変容については第5回で扱います。

た。現代ではYoutubeの浸透もあって求心力が失われつつあり、MTVでも、PV番組は現在ほとんど放映されていません。

MTVで初めてオンエアされたPVは、イギリスのポップ・バンド、バグルスの『ラジオスターの悲劇』（1979）でした*fig.11。この作品のテーマはまさに「ビデオがラジオスターを殺した」というストーリーです。ここにMTVの強いメッセージを感じることができます。

音楽面ではラジオのボイスチェンジを使うことで、ラジオで歌っているような声を再現しています。この人間の声を調整したポップ・ミュージックは当時テクノポップ、シンセポップと言われました*note.35。この80年当時のバグルスは最新のポップ・ミュージックだったのに、今聞くと温かみのある、アナログ感溢れるシンセサイザーに聞こえます。70～80年代のシンセサイザーサウンドで有名なバンドにはドイツのクラフトワークや日本のYMOなどがありますが、彼らの70～80年代のアルバムのサウンドは、今では懐かしいものとして扱われています。これもノスタルジア現象のひとつと言えるでしょう。バグルスのPVそのものは、女の子がラジオを聴いていたり、近未来感のある装いがぎこちなく、映像表現自体に面白みがあるわけではありません。けれども曲の良さやMTVにとっての象徴性もあり、今なお古典的なPVとされています。ともあれ「ラジオスターの悲劇」のPVは、MTVの最初のオンエアとして「ビデオでラジオを殺してやる」と高らかに謳っていたわけです。当時あったラジオの音楽

*fig.11：バグルス『ラジオスターの悲劇』（1979）

*note.35：テクノポップ、シンセポップは「ダフト・パンク」のようなユニットのスタイルや現在のEDM（エレクトロニック・ダンス・ミュージック）に受け継がれているので、例えば現代の日本のテクノポップユニットPerfumeのようなサウンドの源流としても聴くことができます。バグルスのボーカル、トレバー・ホーンはその後プロデューサーとして、シンセサイザーを用いた様々なユニットをイギリスの音楽シーンに送り出しました。

チャートの文化をビデオが塗り替えてやるというメッセージでした。

MTVはその後、時代に応じて表現を変えています。有名なのは90年代のアンプラグド、生演奏の動向です。日本の音楽番組「ミュージック・ステーション」が踏襲しているように、生演奏を重んじ、演奏している姿を見せることです。MTVの登場とともに、バックトラックをテープで流してライブを行うバンドが急増したのですが、そうした流れに対抗して、もう一度生演奏に回帰した動きです。例えば自殺直前のニルヴァーナのカート・コバーンがMTVで歌っていますが、彼はこの生演奏の姿としわがれた声を残して死んだことによって神格化されたといえるでしょう。

00年代になると、MTVは当時アメリカで広がりを見せていた「リアリティ・ショー」に傾斜していきます。特に有名なのは、イギリスのヘヴィメタル・バンドの祖であるブラック・サバスのリーダー、オジー・オズボーンの一家を題材にした「オズボーンズ」という番組です。ジャンルの創設者といっていいロックスターが、妻や子供たちのわがままに翻弄されながら犬の世話をするといった日常生活の様子を面白おかしく扱ったものです。現在のMTVでは、PVはごく一部の番組で放送されていて、ドラマなどが中心になっています。

PVの歴史的源泉——ビートルズとボブ・ディラン

PVの歴史的起源を挙げるなら、ひとつはビートルズを撮った映画『ハード・デイズ・ナイト』（1964）*note.36でしょう。これはビートルズがアイドルとしてプロモーションしていた時期の映画で、冒頭にはファンがビートルズを前に叫び、追いかける姿が映されています。60年代のロックカルチャーは元々はアメリカの文化でしたが、ロックにおいて最も売れたバンドはイギリスのビートルズでしょう（個人で最も売れたのはエルヴィス・プレスリーですが、日本でもアメリカよりイギリスのロックの方に慣れ親しんだ人が多いのではないでしょうか）。ビートルズは1964年にアメリカに上陸するのですが、その際この映画の力は非常に大きかったと思います*note.37。

もうひとつは、1967年のボブ・ディランのドキュメンタリー的な映画『ドント・ルック・バック』です。ボブ・ディランは元々左翼的なプロテスト・ソングの旗手で、アコースティックギターで歌っていましたが、その後エレキギターを持つようになって（ビートルズの影響と言われています）、政治性と「生楽器の直接性」を評価していたファンの怒りを買いました。この映画は丁度エレキギターを持ち始めロック化していく頃のボブ・ディランを追ったものですが、冒頭に『ホームシックブルース』という曲のPVのような映像があります（これは映画のオープニングとして作られています）。

曲はいわばヒップホップ的なマシンガントークで、政治的でありながらナンセンス詩のような

*note.36：本章でのPV史のまとめに関しては、下澤和義「ミュージック・ヴィデオ分析試論」（『アルス・イノヴァティーヴァ　レッシングからミュージック・ヴィデオまで』中央大学人文科学研究所研究叢書42、所収）におけるPV史およびPV研究史を参考にしました。

*note.37：既に50年前の映画ではありますが『ハード・デイズ・ナイト』のスタイルは今でも色々なPVに採用されています。私は、日本のジャニーズ事務所のアイドルの売り出し方は、この時期のビートルズをモデルにしていると考えています。ビートルズがミュージシャン志向を深めていく直前の姿としても興味深いものです。

歌詞になっています。PVではボブ・ディランが紙芝居のように、歌詞が書かれた紙を次々とめくっていきます*fig.12。背後にはアレン・ギンズバーグという、ビートニクの大物詩人がさりげなく立っており、それも興味深い点です。ボブ・ディランはポピュラー音楽の世界で最も文学性の高い詩人として知られており*note.38、ギンズバーグの存在がそのことを示唆しています。画面には、一発撮りしたようなライブ感覚があります。バグルス以降のMTVの基本的なスタイルとして凝った人工世界がありましたが、『ホームシックブルース』には、90年代のアンプラグドの流行にあるような感覚が現れているということです。

実は60年代当時は『ドント・ルック・バック』はマイナーなドキュメンタリーとして捉えられており、同時代的に見た人はあまりおらず、さほど影響を持ちませんでした。しかし、80年代以降のMTVでボブ・ディランを特集する際に必ずこの映像が流されるようになり、PV的なものとして事後的に発見されたのです。MTVで初めてこれを目にした人々が、事後的にボブ・ディランとアンプラグドの系譜を結びつけたと言ってもよいでしょう。確かにこのPVは今でも色褪せていません。

PVのガジェット性——シュルレアリスムとミュージカル

*fig.12：『ドント・ルック・バック』（1967）クレジット：ソニー・ミュージックジャパンインターナショナル

*note.38：その認知度は、毎年ノーベル賞の時期になると半ばジョークで文学賞の候補としてオッズが出るほどです。

PVの主要なスタイルの源泉は、シュルレアリスムとミュージカル映画です。いずれも広義の意味で、シュルレアリスム運動やミュージカル映画とゆるやかな影響関係にあるということです。

シュルレアリスムについては、レコードのジャケット・アートとの関係に触れたいと思います。例えばビートルズの『サージェント・ペパーズ』*fig.13という記念碑的アルバムのピーター・ブレイクのコラージュを使ったジャケットがあります。ポピュラー音楽はユースカルチャーとしての影響力が強く、10〜20代の担い手が中心の文化でした。そこではシュルレアリスムやダダの表現技法が使われ、ミュージシャンのイメージとともにプロモートされていく状況が生まれていました。

私はこれを、PVというものが持っている、ある種のガジェット性の現れだと思っています。PVとは基本的には音楽を宣伝するためのコマーシャル、宣材のようなものですが、そこにはイメージ先行の、意味の希薄なストーリーが乗せられ、記号的に用いられることが多いです。たとえば『ラジオスターの悲劇』の中の少女がラジオをつけている映像は、歌詞とは合致しますが、物語を成してはいません。それらが何故広まったかというと、PV以前にレコードのジャケットの文化があって、それがミュージシャンのイメージを伝える上で、彼らが実際に演奏している姿とは切り離された世界を獲得していたからだと思われます。

*fig.13：ビートルズ『サージェント・ペパーズ・ロンリー・ハーツ・クラブ・バンド』（1967）

ジャケットの文化はアートの観点からは必ずしも洗練されたものとみなされませんでしたが、例外もあります。ヴェルヴェット・アンダーグラウンドのデビュー・アルバム『ヴェルヴェット・アンダーグラウンド・アンド・ニコ』（1967）のジャケットはアンディー・ウォーホルが手がけています*fig.14。ウォーホルのサインが施されたバナナ・ジャケットは非常に評価されています。ウォーホルは他にもローリング・ストーンズの『スティッキー・フィンガーズ』のジャケットも手がけています。あるいは、アメリカの60年代のポップ・アート（ウォーホル、リキテンスタイン、オルテンバーグ）以前の、50年代のイギリスのプロトポップ・アーティスト、リチャード・ハミルトンも、ビートルズのジャケットを手がけています。ハミルトンは《一体なにが今日の家庭をこれほどまでに変化させ、魅力的にしているか》（1956）のような過剰なコラージュで知られるアーティストですが、ビートルズのジャケットでは、あえて工業製品であるレコードジャケットにおいて、真っ白なカンヴァスのような『ホワイトアルバム』をデザインしました。マレーヴィチのホワイト・オン・ホワイト、ロバート・ラウシェンバーグ、フランク・ステラといった抽象絵画の系譜を参照していると思われます*fig.15, 16。

多くのレコードジャケットはシュルレアリスムの世界を繰り広げるものが多く、特にサルバドール・ダリのような「性と暴力が渦巻く悪夢のような空間」や、荒涼とした砂漠のイメージが大きな影響を持ちました。20世紀のイラストレーターに与えた影響が強く、そ

*fig.14：ヴェルヴェット・アンダーグラウンド・アンド・ニコ『ヴェルヴェット・アンダーグラウンド・アンド・ニコ』（1967）

*fig.15：ビートルズ『ザ・ビートルズ（ホワイト・アルバム）』（1968）

の反面美術の世界では、ダリはしばしば俗悪な趣味とされがちでした。大雑把に言うなら、プログレッシブ・ロック、ヘヴィメタル、ハードロックの世界の、悪魔や髑髏のイメージとの相性のよさです。また、日本人の有名なイラストレーターとして、長岡秀星がアース・ウィンド・アンド・ファイアー*note.39のジャケットに代表されるような、宇宙的、オカルト的なイメージを描いています。こうしたイメージは、SFの挿絵の文化とも結びついています。PVにもしばしば、こうしたセンスを反映した作品が氾濫していました。ですからPVは歓迎された反面、疎まれた面もあります。物語映画的な緻密な連続性を至上とする映画好きにとっては、瞬間的な刺激によって構成される映像の世界が嫌われましたし、美術の観点では、通俗化されたシュルレアリスムとして批判されました。つまりシュルレアリスムの志向していた性と暴力のイメージや夢の世界を単にコマーシャルに展開したものであって、ダリのようなモデルをより商業的に映像化したに過ぎないとみられたわけです。その意味では、人工性の強いバグルスよりも、ボブ・ディランのようなライブ感の方が、文化人には支持されがちでした。

　このようなレコードのジャケットにみられる世界は、ガジェットの文化の典型だと思います。CD登場以前のレコードは、もともとシングル盤でのリリースが中心でしたが、ビートルズが長時間録音可能なLPレコードを用いたアルバムの文化を浸透させていきました。そ

*fig.16：カシミール・マレーヴィチ《ホワイト・オン・ホワイト》カンヴァスに油彩、ニューヨーク近代美術館、1918年

*note.39：70〜80年代に活躍したアメリカのファンクミュージック・バンド。

して、アルバムの登場によってこの手のジャケットのイラストレーションが盛んになりました。ミュージシャンは数十分の曲の展開によってアルバムの物語を作りますが、それらの曲のトータルイメージとして、ジャケットのイラストレーションが選ばれています。ですから、美術の観点からするとそれほど完成度が高くないにせよ、アルバムという音楽の形態と、ジャケットのイラストレーションによってトータルな世界が構築されているわけです。

PVに関しては、音楽ファンでもバンド志向、ロック志向の人は批判的に見ていたといえます。つまりMTVがバグルスが最初であったこともあり、エレポップ、シンセポップが中心であったからです。『BTTF』でも注目した80年代ノスタルジアは、現在ではMTVの盛んだった時代のポップスへのノスタルジアと結びつきます。

A-haというノルウェーのバンドの『テイク・オン・ミー』は、現在では完全にPVによって知られています。この頃、PVは、イギリス、北欧のようなアメリカ以外の国の人たちの進出にも寄与しました。アメリカではロックンロールにおいて生演奏が重視され、ミュージシャンの肉体性と関わるジャンルだったのに対して、イギリス、北欧の音楽シーンにおけるポップスは、むしろシンセサイザーの発達とともに発展していました。PVを通じて、文化的な壁を乗り越えたわけです。A-haのサウンドが傑出したものかどうかについては議論の余地がありますが、ノルウェー出身で言葉の壁があったにもかかわらず歴史に残っているのは、PVの力によるといってよいでしょう。『テイク・オン・ミー』のPVでは、女性がコミックの中の男性に恋をして、ページの中に入り込むという、現実と虚構の入り混じった物語が展開されます。三次元的な実写女性と、紙の上の二次元の男性が手を取り合うという、次元を乗り越える視覚表現が有名です*fig.17。近年の日本のライトノベルでは、主人公男性が二次元などの仮想の世界に入ってヒロインと結ばれる話が珍しくありませんが、その男女逆転バージョンといえるかもしれません。男女がレーサーの男性に追われるという逃避行めいたシーンも有名です。

*fig.17：A-ha『テイク・オン・ミー』(1985)

ミュージカル的PV──マイケル・ジャクソンとマドンナ

80年代のアメリカポピュラー音楽を、マイケル・ジャクソン(1958-2009)とマドンナ(1958-)の時代と考える人は多いと思います。特にマイケル・ジャクソンのシンボリックな位置について考える際、PVを観ることは重要です。

マイケル・ジャクソンは自らのPVをショートフィルムと呼んでいましたが、有名なのは『スリラー』がPVとしてMoMAで初めてコレクションとして収蔵されたことです。実は、MTVは最初のうちは若干人種差別的な面があり、有色人種、アフリカ系のミュージシャンを締め出していました。これはMTVにおいてイギリス、北欧のミュージシャンの露出が高まったひとつの理由とも考えられます。

そんな中、マイケル・ジャクソンは独力で人種の壁を突破していったわけですが、その反面、突破していく際にスタイルを変化させていき、彼の原点から意識的に離れていきました。彼はモータウンと呼ばれるソウルミュージック系のレーベルから登場したのですが、段々とそのテイストを減らしていき、白人文化に接近していきました。彼の肌がどんどん白くなっていたことも象徴的です。（実際には皮膚にできた斑点をメイクで隠す際に、白塗りを選んだことが原因なのですが、この選択はマイケルの評価を大きく左右するものとなりました）その「人種融和的なスタイル」は、先鋭性を重視する評論家サイドからは好まれず、非難を浴びるようになります。

例えばマイケル・ジャクソンの名曲『ロック・ウィズ・ユー』（1979）のPVはあまり凝っておらず、ディスコ風の照明の中でただ歌っているだけの映像です。特にマイケル・ジャクソンについて、彼の原点であるアルバム『オフ・ザ・ウォール』（1979）だけを認めるようなファンには「ソウルがある」と評される作品です。それに対して『ビート・イット』（1983）では、70〜80年代のハードロックの巨匠、ヴァン・ヘイレンのギターを使用しています。PVでは『ウェスト・サイド・ストーリー』を模倣するようなギャング団の抗争を描いています。マイケルがダンスの力で抗争を調停するという物語です。ギャング団は人種混淆のグループとして描かれています。実際にはギャング団はエスニック・グループでまとまるので、これは虚構の風景といえます。（ジェームズ・ディーンの『理由なき反抗』と同じく、フィクションとしての）抗争が起きている現場にマイケルが登場すると、ギャング団たちが一斉にキレの良いダンスで踊り出します。ダンスにはギターを弾く仕草が取り入れられています。ハードロックは元々白人文化として広まりました。ソウルミュージック系のマイケルがギターを弾くポーズで踊る『ビート・イット』は、ハードロックとソウルミュージックの調停の物語とも言えるでしょう。

しかし、結果的にマイケルは両方のジャンルのコアなファンから嫌われがちでした。それは、彼のPVのスタイルがミュージカルだからという理由もあります。PVについては、ミュージカル映画の歌とダンスの場面だけをピックアップしたものとして、事後的に発見できるかもしれません。ミュージシャン自身が自分の曲を歌ったり踊ったりするミュージカルの系譜に、マイケル・ジャクソンは自らの作品を連ねたと言えます。ミュージカルには、古典的には、フレッド・アステアやジーン・ケリーといったミュージカルの巨匠がいます[note.40]。マイケル・ジャクソンはアステアのダンスに憧れていて、晩年のアステアもマイケルにお墨付きを与えたという幸福な関係がありました。しかし、この関係は反面、彼らのショービジネス性を象徴してもいます。

マイケルはジャクソン・ファイブというアイドル（あるいはボーイ・バンド）としてキャリアをスタートさせ、モータウン時代や、ミュージカル的なPVの展開など、一貫してショービジネスに浸って

note.40：トーキー映画最初のヒット作『ジャズ・シンガー』（1927）も、歌手アル・ジョンソンを扱った一種のミュージカルといえます。

いた存在でした。その性質によって、オルタナティヴな表現を求めるロック・ジャーナリズムの世界から一貫して嫌われ続けていました。「キング・オブ・ポップ」という称号はそのことを如実に示しています。マイケルの『スリラー』のアルバム（1982）は1億枚以上売れ、その結果世界に溢れすぎて一種の環境化したとすら言えます（私も何度聞いたかわかりません）が、生前はかなり小馬鹿にされていました。しかしマイケルの死後の評価の激変を目の当たりにすると、当時のロックジャーナリストの言動がいかに状況に左右されていたのかが理解できます*note.41。

ハリウッド映画がユースカルチャーについていけずに一度失墜した際、ミュージカル映画も一度衰退しかけていました。『ザッツ・エンターテインメント！』（1974）というアンソロジー的な映画がありますが、ミュージカル業界が終わりかけていたために、最後の花火として打ち上げたような作品です。しかし、この作品のヒットによってミュージカルは生き延び、現在の興隆のきっかけとなりました。『マンマ・ミーア！』のように、現在でもヒットするミュージカル映画はたくさんありますが、一時ミュージカルには表現としてアウェイだった時代があって、マイケル・ジャクソンも、ポピュラー音楽の先鋭性を重んじる人から見ると常にぬるいと思われていた人です。彼はショートフィルムにおけるパフォーマンスの力によって音楽の価値を高めた人であって、彼の存在はPVとともに広がったわけです。MTVの時代を象徴する存在はマイケル・ジャクソンといってよいと思います。

*note.41：現在のマイケルの評価の一例としては、次の本が参考になります。西寺郷太『マイケル・ジャクソン』講談社（講談社現代新書）、2010年

マドンナも「ピンナップガール」としてのイメージを逆手に取りつつ、次第に自分の表現を奪還していった存在です。彼女は初期はわざとブロンドに染めることで、マリリン・モンローのような見かけを自ら作って、しかしマリリン・モンローのような悲劇を辿ることなく、むしろ積極的に欲望の主人となっていきました。「ビッチ」と呼ばれるイメージを逆手にとっていったわけです。『マテリアル・ガール』（1984）もミュージカルのようなPVです。これも80年代における30年代や50年代のノスタルジアを表現したような作品です。「マテリアル・ガール」という言葉自体が、物質至上主義に生きる女性と同時にモノとしての女を暗喩しているように思われますが、PVでは多くの男性を手玉に取るマドンナが描かれています。

90年代以降のPV

90年代以降は、スパイク・ジョーンズ（1969-）やミシェル・ゴンドリー（1963-）といった、現在では映画監督として知られる作家たちがPV表現をさらに洗練させていきました。2012年にYoutubeで爆発的な再生回数でヒットした韓国のミュージシャン、PSYの『江南スタイル』は、スパイク・ジョーンズ監督によるファットボーイ・スリム『ウェポン・オブ・チョイス』（2000）のスタイルを継承していると言えるでしょう。『ウェポン・オブ・チョイス』

は、クリストファー・ウォーケンという名優がノリノリで踊っているPVです。スパイク・ジョーンズ自身は、このPVも含めて、基本的には人工的な作り物ですが、同時にドキュメンタリー性を売りにしていて、フェイクドキュメンタリーのようなスタイルで知られています。一方で、ミシェル・ゴンドリーは、鉄道の車窓の風景が音楽とぴったりと一致するケミカル・ブラザーズ『スター・ギター』（2002）のPVのような、より人工的な作品を撮っています。カイリー・ミノーグ『カム・イントゥ・マイ・ワールド』（2002）のPVも同じく有名で、ミノーグが歩き回る内にループして増えていくという、モーションカメラの技術と針の穴に糸を通すような緻密な合成で作られています*fig.18。90年代のPVの洗練も基本的には80年代の延長にあり、MTVがセットした状況の中でどんどん洗練されていったといえます。

ちなみに現代アートの世界には、マシュー・バーニー（1967－）に代表されるように、30年代のハリウッド全盛期の最もクレイジーなミュージカル映画を参照している人物がいます。そこではダンスパフォーマンスというよりは、人体を幾何学化させるような徹底的に人工的なパフォーマンスが展開されていました。バスビー・バークレー振付の『フットライト・パレード』（1933）はその最たる例で、ミュージカルのシーンでは、明るい曲調に合わせて何百人ものダンサーがプールに次々に飛び込み、幾何学的な構造体の一部として身体が展開されていく、どこか非人間的なダンスの世界が展開されています*fig.19。バーニーはこれを《クレマス

*fig.18：カイリー・ミノーグ『カム・イントゥ・マイ・ワールド』（2002）

ター・サイクル》（1994-2002）でオマージュしています。ちなみにマシュー・バーニーの妻はアイスランド出身のミュージシャン、ビョークですが、彼らの接点もPV的な世界であると考えられます（彼らは《拘束のドローイング9》で、日本を舞台にパフォーマンスと音楽のコラボレーションによる作品を制作しています）。ミュージカルとPVの世界を純化したようなアーティストとして、マシュー・バーニーがいると言えるのです。

物語映画とPVの視覚性にみる可能性

視覚文化としてのPVの世界は、ポピュラー音楽が介在しているとはいえ、物語映画の形式とは逆の極に位置づけられる文化といえるでしょう。しかし結果的には、歌、ダンス、曲という音楽文化と接点を持つことによって、サウンドトラックと映像トラックを同期させる表現が洗練されていったといえます。ここには非同期的なズレが欠けている、という批判もあり、その点で興味深い映画作家はジャン=リュック・ゴダール（1930-）かもしれません。彼はローリング・ストーンズの『悪魔を憐れむ歌』（1968）を題材にした『ワン・プラス・ワン』（1968）という60年代の映画や、フランスのバンド、リタ・ミツコを取り上げた『右側に気をつけろ』（1987）では、音楽と映像をずらす非同期的なスタイルを用い、その方向で洗練

*fig.19：バスビー・バークレー『フットライト・パレード』（1933）

させています。いずれにせよ音楽の舞台芸術としての一側面を映像化したのが、この種のPVやミュージカルの世界なのです。

現代の動画の時代では、PV的な表現は遍在し、その結果求心性を失っているとも言えます。しかしむしろ、現代の多くのミュージシャンの公式動画では、PVとライブ映像を用意しています。人工的な構築物としてのPVの世界と、ボブ・ディランやアンプラグド的なライブの映像です。映画でいうところの、フィクション志向とドキュメンタリー志向の両局面です。

私の考えでは、映画が誕生した瞬間から「フィクション志向」と「ドキュメンタリー志向」の2パターンは現れていたと思います。リュミエール兄弟のシネマトグラフは、既にそのような二面性を持っていました。つまり、世界最初の映画は、列車が駅に入ってくる風景や、労働者が工場での仕事を終えて帰ってくる姿をそのまま撮るというドキュメンタリー性を持っていました。同時にリュミエール兄弟は、世界最初のコメディ映画と呼ばれる『水を撒かれた水撒き人』(1895)で、庭で水まきをしているおじさんのホースを子どもが踏むという、古典的なギャグで有名な映画も撮っています。

動画サイトの時代になるとあらゆるミュージシャンが映像という手段を簡単に扱えるようになりました。映画においては物語映画が王道であるという見方が普通ですが、最初期の物語映画ができる前は、とにかく面白い出来事を撮る、一発芸的な表現が盛んでした。この二側面は、双方ともに、先にメロドラマが「モード」であるのと同様のモードと考えられます。趣味判断としてはこれらの評価が分かれることも多いと思いますが、メロドラマとPVについて、それぞれをモードと考えておくと、視覚文化、または映像において現れてくる両者の特徴に気がつくことができます。要するに、時間芸術としてリニアな物語を語っていく映画というモードと、同じメディアではあってもヴィジュアルの面で非常に突出していて、かつ消費社会のガジェットとの結びつきをより強固に明らかにしているようなPVというモードの両面を兼ね備えたものとして、視覚文化を見ていく必要があるのです。

ナラティヴとヴィジュアルに関しては、片方を映像の本質とみなすような議論は今では少ないですが、それでも「ボブ・ディランが好き」という人の方が趣味がよいとみなされがちです。一方でA-haの『テイク・オン・ミー』は、内容としては男女の恋愛と視覚的な欲望を軸にしたロマンスに過ぎないわけですが、PVという表現でしか得られない独特のクオリティを持っているとも言えるのです。

もうひとつ言えるのは、視覚的な欲望の世界については、性差の不均等がよく指摘されます。イギリスのフェミニズム映画理論家ローラ・マルヴェイの古典的論文「視覚的快楽と物語映画」（1975）[*note.42]では、男性の視覚的快楽のために、女性の身体が描かれることが

*note.42：ローラ・マルヴィ「視覚的快楽と物語映画」『「新」映画理論集成1 歴史・人種・ジェンダー』岩本憲児、武田潔、斉藤綾子編、フィルムアート社、1998年

*note.43：ジョン・バージャー『イメージ：視覚とメディア』伊藤俊治訳、筑摩書房（ちくま学芸文庫）、2013年

多かったと語られており、ジョン・バージャーが『イメージ』で扱っていたのもこの種の問題でした*note.43。しかし『テイク・オン・ミー』は女性がイケメンの男性に欲望を向ける物語ですし、マドンナも女性主体です。欲望に対して批判的視点を持たないという議論は、PVを含むポピュラー文化に対するメジャーな批判のひとつですが、欲望の世界の方向性が、あくまでも商品の中とはいえ、A-haやマドンナでは反転されています。これは、ダグラス・サークの異性愛メロドラマがトッド・ヘインズによって、同性愛コミュニティで受容されるものに変容したこととと共通しています。時代を経るに従って、昔に比べてセクシスト的な表現はポピュラー文化でも許容されなくなってきました。そういう変化を促してきたのもまた、マドンナのような存在かもしれません。欲望の世界をより直接的に扱うことによって、その風向きを少し変える作用を、いくつかの卓越した作品は持っているのです。

PVはあくまで音楽の宣伝としての映像なので、それ自体が持つ欲望の世界を直接的に批判する視点はなかなかないわけですが、こうした作用を通じて欲望に多様な方向性を与え、歴史に残るものを示しているのではないかと思います。

/ Lecture.4 / 第4回 /

ホビー/遊戯性

「ガジェット」が文化の意味をくつがえす

アート/エンターテインメントという対立軸は、ハイカルチャーとポピュラー文化の識別に用いられることが多いですが、現在では擬似的な対立になりつつあります。第4回ではここに「ホビー」という軸を加えた考察を試みていきます。ホビーの領野は芸術の言説と折り合いが良いとは言いがたいのですが、人類にとっての遊戯活動の役割を考えると、文化論において不可欠の要素です。消費社会における「ガジェット」の「遊戯性」も、ホビーとの関連が重要です。デジタルゲームの発展に伴い、物語や視覚性についての捉え直しも進展中であり、例えばこうした背景のもとで『機動戦士ガンダム』から派生したプラモデルや3DCGゲームなどの魅力を考えることができます。

Lecture.4_1

ホビーの領野

ホビー／ゲームへの着目

私が以前から興味を持ち考えてきたテーマとして、ゲームがあります。事実上はビデオゲーム、TVゲーム、デジタルゲームと言ってもよいのですが、ここ3、40年ぐらいの視覚文化において、ゲームはまさに急速な速度で勃興して、ひとつの文化的領域を獲得したジャンルです。

1978年、私が幼稚園生の頃に「スペースインベーダー」*fig.01がブームになりました。駄菓子屋さんの隅っこに置いてある「スペースインベーダー」や、それ以前からあったブロック崩しで大人や中高生が遊んでいるのを横から眺めている、私はそういう子どもでした（小学生になってから実際にアーケードゲームで遊びはじめた頃には、既にそのブームは終息していましたが）。

日本におけるデジタルゲーム史は、一定の規模の産業としてみると事実上「スペースイン

*fig.01：『スペースインベーダー』テーブル型筐体 © TAITO CORPORATION 1978 ALL RIGHTS RESERVED.

*note.01：現在ではオタク文化についての基本書も増えており、以下に挙げるのはその一部です。現在カタカナ表記で定着している「オタク」とは区別される80年代の「おたく」を

ベーダー」から始まったと言われています。私はファミコン以前にあったデジタルゲームを少し経験しており、ギリギリ子ども時代からその歴史に並走してきたという感があります。私が文化的な事象に興味を持ったのもこの経験がきっかけといってよく、ゲーム好きから始まって、哲学も、文学も、美術作品も面白いと、他の分野にも興味を持ってきたという経緯があります。人によって文化的なものに関心を持つ経路は様々だと思いますが、私自身は、プロト・ゲームカルチャーに触れたことがきっかけで、つまり日本でデジタルゲームが勃興する時期の激動を通じて文化に興味を持った部分があるというわけです。

これまで既存の芸術やエンターテインメント作品へのいくつかのアプローチを扱ってきたわけですが、ゲームに関しては特殊な位置づけがあります。

オタク文化論が扱う特殊性とゲーム文化の特殊性は、重なりつつも少しずれています。オタク文化に関するプロパーな研究はたくさんあるので、それほど立ち入ることはせずに、ホビーという領域とデジタルゲームの関係を、ひとつの問題系として捉えることから、オタク文化について光を当てていきたいと思います*note.01。ここでゲームだけでなく、ホビーという言葉をあえて出したのには理由があります。芸術、美学の分野では「趣味判断」という問題があります。ここでいう趣味とはテイストの問題であり、趣味がいいというのはいわばテイスティングの達人としてのソムリエ、すなわち味をよく知っているということになりま

重視する、大塚英志『「おたく」の精神史』（講談社（講談社現代新書）、２００４年）。ファンコミュニティの視点から「オタク」を語り影響力をもった、岡田斗司夫『オタク学入門』（新潮社（新潮ＯＨ！文庫）、２０００年）。モダン以降の後期近代ないしは「ポストモダン」の消費社会におけるキャラクターの位置付けに関して、東浩紀『動物化するポストモダン』（講談社（講談社現代新書）、２００１年）。世界中で人気を集めたセーラームーンなどの「戦う少女」に焦点を合わせた、斎藤環『戦闘美少女の精神分析』（筑摩書房（ちくま文庫）、２００６年）。アメリカで刊行され、日米双方の視点からオタク文化を検討した論集である、宮台真司監修『オタク的想像力のリミット：〈歴史・空間・交流〉から問う』（辻泉、岡部大介、伊藤瑞子編、筑摩書房、２０１４年）。また、オタクなどの日本ポピュラー文化の特殊性を強調するさいの問題点については、河野至恩『世界の読者に伝えるということ』（講談社（講談社現代新書）、２０１４年）。

す。日本語の「趣味」は、こうしたテイストだけでなく、例えば履歴書の趣味欄を考えると分かるように、読書・スポーツ、個人的なレクリエーション活動などを指します。これはどちらかといえば「ホビー」の分野です。この「ホビー」という分野は、芸術の言説でも扱われてきましたが、まだまだ考える余地が残っています。特にアートとエンターテインメントについての既存の研究に関して、別の角度から光を当てる論点になるのではないかという仮説を提示したいと思います。

アート/エンターテインメントの対立軸という擬似問題

私自身は個人的には、エンターテインメント分野とされるポピュラー文化の生産物に関して、文学、映画、美術といった芸術作品を読むのとそう変わらない分析スタイルをできるだけ維持したいと考えています。しかし、もちろんそこには差異があるとも考えています。それでは両者の差異と共通性についてどう考えたら良いでしょうか？

私の考えでは、アート/エンターテインメントの対立軸というテーマは、厳密に考えると19世紀以降のモダニズム、いわゆるモダニティの時代には、既にある程度定義されていたと思います。アートとエンターテインメントというと、芸術か娯楽かという感じで、ハイカルチャーとポピュラー文化、または階級、性差、人種差とも結びつく、ハイ&ロー、上流階級の文化と民衆文化の差として露骨な意味合いで語られることもありました。高い/低いという比喩を常に伴いながら、この差異を維持しようとするものや、また既存の特権性を解体する志向性をもつものなど、いろいろな文化論が生まれました。現在でもこの軸は機能していますが、私はこの対立は多くの場合擬似問題ではないかと考えています。なぜなら、あらゆる文化生産物が、アート/エンターテインメントという両極面をもつと考えれば、対立されてきたものがある程度整理できるのではないかと思うからです。

シンプルに言えば、芸術における娯楽的な側面はいくらでも見つかります。芸術は作家が苦労して名作を制作するという産みの苦しみで語られますが、一方で当然ながら、たとえ難解にみえる作品経験であっても、そこには娯楽の要素が含まれています。今では、芸術論に関して言うと、美術、芸術における理論のポジションは相当低下していて、むしろ快楽、楽しみ(Pleasure、Fun)が前面に出てきているので、こうした事情は広く知られるようになっています[*note.02]。

他方でエンターテインメントに関するシリアスな読解は当然可能です。例えば第2回では『BTTF』三部作をシリアスに分析することで、ノスタルジアの歴史性について考えることができました。このように、エンタメにシリアスさを見いだすことは容易です。第3回で

*note.02：90年代以降、冷戦以降のコレクションでは、サーチコレクションの「センセーション」展をひとつの転換点として、アートの娯楽性が当たり前のものとして主張されています。こうした動向のすべてを肯定するわけではありませんが、こうしたテーゼが一定のインパクトを持った理由としては、芸術と娯楽が排他的なカテゴリーではないということが指摘できます。

扱ったダグラス・サークのメロドラマは、主婦から涙を搾り取るだけではなく、シリアスな企図を含んでおり、アメリカ社会に対する批評の示唆であったり、感情移入をあえてずらしていくという20世紀演劇の基本的な認識が出ているという事実がはっきりしています。つまり、アートの中に快楽〈エンタメ〉を見つけることは簡単だし、エンタメにおいても、芸術的な経験〈アート〉は可能だと考えられます。ハイ&ローの問いも含めて、そうした性質はあらゆる分野の中で再構成されているのではないかと思います。

ホビーという分野を扱う難しさ

エンターテインメントは既に芸術の言説に入り込んでいるわけです。たとえばマンガという分野は既に芸術的なものとして、文化として扱われているといえます。

しかし、これから私が扱いたいと考えているホビーは、芸術との折り合いが悪い分野を非常にたくさん含んでいると考えられます。

これは大学というアカデミックな場でどんな分野が研究対象となっているかを考えるとわかりやすいのですが、マンガを教える学部は既に日本にも定着していますが、プラモデルを大学で教えるということは、現時点では、ほぼありえないように思います。2013年には大阪芸術大学でフィギュア制作を扱う「キャラクター造形学科フィギュアアーツコース」が創設され話題を呼びました。しかしプラモデルの設計ならともかく、既存のプラモデルの作り方を教え、巧く作れたら卒業できるという学部・学科は今なお依然、想像しにくいわけです。

鉄道マニアもそうです。鉄道マニアの活動そのものが芸術活動とみなされることはありません。他にも釣りや料理などのホビー、また囲碁、将棋、チェスのようなアナログゲームについても同様のことがいえ、それらをプレイしたり論評したりすること自体が大学の論文や作品制作と同等と見なせるかというと、それは困難なわけです*note.03。

芸術家マルセル・デュシャンはチェスのプロブレム（詰将棋のチェス版）などを作る技量でも知られていますが、チェスマスターだからといってチェスを競技すること自体が芸術とみなされることは、現在のところありません。将棋の棋士である羽生善治の洞察力に優れた匠の世界、または料理人の卓越した技術、それらを「芸術的だ」と語ることはあっても、それ自体を芸術の領野で捉えようという試みはあまり見当たりません。既に芸術から独立したひとつの世界を作り上げているからです。

先ほど大学の言説との関係について話をしましたが、実はこの問題の一部は個別の学問に委ねられていると言えるでしょう。釣りが好きな人は恐らく水産学部に進学するでしょうし、メカ、乗り物に興味のある人は機械工学の分野に赴くのではないでしょうか。

*note.03：ただしチェスゲームというテーマ自体は芸術における重要な主題です。ルイス・キャロルの小説には、彼自身が数学者、論理学者であったことから、ゲーム的な要素がたくさん入っています。

ホビーのマニアが同時にその分野のエンジニアリングの専門家であることは珍しくありません。こうして考えるとスポーツの例外的な位置が際立つかもしれません。ときに国威発揚とも結びつくオリンピックのようなイベントに関わる一方、様々な競技が新たに誕生し、プロフェッショナル／アマチュアという対についても考えさせられる対象です。またスポーツ科学の発達が、さほどスポーツをしない人々の健康増進にも役立つなど、ホビーと学問の関係を考える上で重要な分野になっています。

ホビーの分類

ここで考えたいホビーの参考になる書店として、東京の書泉を挙げてみましょう。

書泉は「趣味人専用」を謳い、神保町と秋葉原に店舗を持つ、ホビー分野の書籍を集めた専門書店です。ウェブサイトを見てみると、本のカテゴリー分けは「鉄道・バス」「アイドル・グラビア」「コミック・ラノベ」「プロレス・格闘技」「精神世界」「数学」「コンピューター」「資格・ビジネス」「アウトドア」「ボードゲーム」「ミリタリー」「車・バイク」「スポーツ」「一般書」とされています*note.04。書泉の領野の広げ方は、まさにホビーそのものの広がりに近いと言えるでしょう。こうした分野は、文化・芸術の言説とは少しずれた場所に、豊かな

*note.04：２０１４年６月１日現在、URL: http://www.shosen.co.jp

領野として存在しています。そしてオタク文化をホビーの分野と隣接したものとして考える必要があるでしょう。すなわちホビーで求められるのは実践的な活動であり、アート・エンターテイメントからはややずれるわけです。

視覚文化論は、作品批評を含めた文化論であり、哲学や芸術論に隣接した分野となっています。結果的にアート・エンタメとホビーとの壁は暗黙裡に仮定されていて、はっきりと述べない人が多いように思います。しかし私自身はゲーム育ちだったこともあり、この問題が長らく気になっていたのです*note.05。

ホビーの領野が人文・芸術系の文化論で扱いにくい理由はいくつかあります。極めてダイレクトに関わるのが、精神世界やUFO体験といったスピリチュアルなテーマです。こうしたものを文化として面白がることはなかなか難しく、ときに実際のカルト宗教と隣接します。例えば日本では初期はサブカル的に楽しまれていたカルト宗教、オウム真理教は、批判者を殺害したり実際にテロ事件を起こしたりしてしまいました。この事件が示すように、サブカルと精神世界の接近が悲惨な結果をもたらしたこともあり、昨今では扱いの難しいところがあります。ただし、UFOや陰謀論を扱った芸術作品はたくさんあります。「歴史改変SF」と呼ばれる作品が典型的です。小説では、アメリカのSF作家フィリップ・K・ディックの『高い城の男』(1962)は第二次大戦において枢軸国が勝利し

*note.05：社会学は比較的容易にこの問題を扱うことができます。例えば「文化の社会学」という形であれば、様々なホビーの実践を、人間の社会活動という点から掘り下げていくことができるためです。

た世界をシリアスに描くものです。また、20世紀文学の巨匠トマス・ピンチョンの『重力の虹』(1973)では、ナチスのV2ロケットの発射トリガーが、ある男の性的な欲望と連動しているという、陰謀論を巧みにプロットに取り入れたシナリオです。映画でも、スピルバーグの『未知との遭遇』(1977)はUFO到来の物語です。人によってはオカルトに対して妥協的であるとして嫌われがちな領野ではあります。オカルトはフィクション作品に委ねられることで、ワンクッション置かれる側面もあるので、いわゆる「ビリーバー」(信者)の問題と切り離したモチーフとして考察されることが多いように思います。

または武道、格闘技の世界です。格闘技はもちろんスポーツなのですが、一部は精神鍛錬を含んだり、興業の要素もあったりします。このため、例えば「ボクシングはスポーツで、プロレスはスポーツではない」といった形で区別を設ける人もいますが、こうした境界線は社会の変化に応じて可変的です。今挙げた以外にもおそらくは様々な困難があるために、芸術の言説において、ホビーの領野を直接的に扱うことは難しいのではないでしょうか。特にオカルト・陰謀論・軍事・格闘技といった分野は、ハードルが非常に高くなります*note.06。

ホビーと軍事主義/国家主義

*note.06：ホビーでも、工芸品、装飾品、おもちゃは例外的に芸術工芸として扱われてきました。近代初期の万国博覧会でも工芸品でした。開国初期、1850~60年代の日本の輸出品のひとつに漆器があり、小文字の「japan」は漆塗りを指しました。そうしたプロダクツを芸術の言説で扱うことは、それほど困難がないと考えられています。装飾文様も工芸分野に属します。おもちゃに関しては、哲学者のヴァルター・ベンヤミン(1892-1940)が関心を抱いていました。

アーティストや職人達は古代以来、王侯貴族や宗教的な権力者をパトロンとして、彼らの庇護のもと活動してきました。近代以降、芸術という活動がそうした権力やセレモニーから自立していく時に、国家主義から距離を置くべきだという戒めが常に問われ続けています。ナチズムと芸術の関係はその典型です。

しかし、ホビー分野には、むしろ「国家主義に飲み込まれても問題がない」と考えられている、むしろその方が豊かになると考えられている分野があります。例えば、碑文や古銭などのコレクションがそうです。貨幣が貨幣として価値を持つのは、君主の権力の刻印としての象徴だからです。また、お札は芸術にしてはならないという了解があり、それを侵犯すると時に犯罪行為とされます*note.07。それらの印刷技術は版画にも通じていますし、お金のデザインは芸術の分野でも扱われます。ただし「古銭集め」のような活動自体を芸術の領域内のものとみなすことは困難で、コレクターの私的な領域とされるのではないでしょうか。実は芸術のコレクションもコレクターの意識の上では、切手・古銭コレクターと差がないのかもしれませんが、しかし「芸術にはこれらとは違う価値がある」という了解が、芸術の言説においては重要だとみなされています。

鉄道趣味にも同様の性質があります。私も小学生の頃は鉄道趣味だったのですが、日本の鉄道趣味ではJR（旧国営鉄道）と私鉄とでは、マニアの熱心さが違っている傾向にある

*note.07：日本では赤瀬川原平の千円札裁判が例に挙がります。

ように感じられました。要するに鉄道とは、近代における国家プロジェクトの最たるものです。私は地下鉄やその他都市交通の短い路線が好きだったのですが、趣味の主流は長距離列車と、そして各地方への旅と結びついた車窓風景への関心であることに気付いた記憶があります。私の印象論という面も否めませんが、日本の鉄道趣味においてはやはり、旧国鉄路線に対する独自の思い入れがみられます*note.08。また、万博とともに広まったツーリズムとも関係しています。近代においては、鉄道の敷設は産業の発展をもたらす国家の威信と直接結びついていました。特に第二次世界大戦までは、鉄道は非常に生々しい国家権力の表象でもありました（戦前の日本の例をひとつ挙げると「満州鉄道」が象徴的な存在です）ので、鉄道趣味に思い入れを持つと、国家主義から距離をとることは難しく、むしろ「国にもっと鉄道を敷設してほしい」という願望にダイレクトに結びつきます。

ミリタリー趣味も同様です。ナチズムやスターリニズムといった、前衛芸術の弾圧で知られる全体主義国家体制は、その一方でミリタリー趣味の観点からみるとユニークな兵器を多数開発しました。特に軍事国家においては、国家への抵抗と軍事趣味は両立不可能で、ミリタリーマニアはこうした国家プロジェクトの推進や「暴走」に関心をもつ傾向があるわけです。このため国家への抵抗を根本に持つタイプの芸術好きから見ると、ミリタリーというものは非常にクリティカルかつ容認しがたい欲望として捉えられるでしょう。しかし

*note.08：アメリカでは全ての鉄道が民営なので状況が異なりますし、もちろん一般化には慎重さを要します。

実際のところ、ホビーとしてのミリタリー趣味は、全体主義国家では成立しません。軍事が「ホビー」ではなく端的な日常生活になるからです。なので大半の趣味人は「ホビーとしての軍事」の危うい位置付けを理解しつつ、安易な政治化からは距離を置いています。とはいえやはり、軍備を廃絶しようとする平和主義とは完全に相反する志向性をもつことになります。

車・船・飛行機といった乗り物は、事故を引き起こしたり環境を汚染する側面をもつものの、生活における利便性の方が目につくためか、存在自体が疑義の対象になることはそれほどありません。けれどもこれらの乗り物が軍事用途に向けて突き詰められていく時には、「兵器」としての機能性が際立ち、独自の「美」すら有するわけですが、終局的には殺戮を目的としており、テクノロジーの諸問題を先鋭的な形で示すことになります。テクノロジーと人間との様々な緊張関係が、兵器のフォルムに現れているともいえるでしょう。

鉄道や軍事においては、近代国家と産業との関係がかなりダイレクトに現れる傾向をもち、産業から派生してきたホビー趣味であるといえます。かりに狭義の国家主義から距離を持ち得たとしても、今度は軍産（学）複合体（軍事と産業界、そして学問が密接に結びついた状態）の存在によってインフラが直に支えられていることもあり、これらを芸術の言説で直接扱うにはハードルが高いわけです。

さきにオカルトについて少し触れましたが、陰謀論・オカルト・疑似科学といった、非科学性のダイレクトな表象になりがちなホビーも「芸術」としては扱いにくいといえます。特に疑似科学には、日本でもクリティカルな例があります。日本映画にJホラージャンルを生み出した『リング』（1998）という映画*note.09の元になった千里眼事件は、旧東京帝国大学の心理学者だった福来友吉らが超能力実験を積極的に行なった結果、オカルティズムに接近したとして学問性が疑われ追放された事件です。日本では近代以降、天理教をはじめとする新宗教がいくつも生まれ、それに伴って超常現象的なものが新たな宗教を生み出したり、世間や学者が関心を示したりすることはありました。これは20世紀初頭だけではなく、60〜70年代のニューエイジの時代のように、断続的な接近がみられます。しかしたいていの場合、サイエンスがこの手の問題に直接踏み入れると学問が死ぬという一線は引かれており、千里眼事件はその典型だと思います。

疑似科学という厄介な分野は、ホビーとしては有力であれ（サイエンスの装いをしながら）当然サイエンスにならないところで発展していく独自の分野です。ホビーの一部にはこのようなものが含まれています。ポピュラー文化のエンターテイメントの何割かは、この種の非科学的なものがもつ、逸話としての面白さに依っています*note.10。

*note.09：原作小説は鈴木光司『リング』（角川書店、1991年）ですが、今ではノスタルジアの対象となりました。「ブラウン管TVから這い出る貞子」のイメージは映画版のものです。

*note.10：前世占いといったものは典型ですが、血液型性格診断もサイエンスとしては疑わしいものの、日本では今なお普及しています（現代の心理学では血液型と性格の相関は否定されています。例えば、小塩真司『性格を科学する心理学のはなし――血液型性格判断に別れを告げよう』（新曜社、2011年）など）。怪談や説話といったものも、多くの部分が非科学や疑似科学に接近します。ただし、幽霊・妖怪といった表象は、むしろ民話やキャラクター文化との関係で扱われます。幽霊や妖怪を心から信じるビリーバーはオカルティズムに踏み入ってしまうのですが、たぬきが化ける民話や、妖怪の愉快な世界を楽しんだり、それにまつわる文化を味わうことは、そうしたものとは異なる位置付けになります。

このように、国家主義との関係と、科学に接近できないいかがわしさ、この二側面が、ホビーを芸術・文化としてシリアスに扱う際の困難を呼び起こしていると考えられます。

ひとつ、UFOという言説への興味深いアプローチがあるので紹介します。トマス・ピンチョンの研究者である木原善彦『UFOとポストモダン』（2006）*note.11は、アメリカにおけるUFOにまつわるオカルトとイマジネーションをテーマにユニークな文化論を展開しており、映画や文学にどのようにそのオカルト的な想像力が反映されているのかを述べています。UFOが目撃されるという状況は、アメリカでは核兵器の開発以降、軍事機密の封鎖が激しくなった後、多数発生しました。『メン・イン・ブラック』（1997）やロズウェル事件に見られる想像力は、真相としては冷戦期の軍事機密にあたる内容がUFOとして目撃され、処理されたものでした。ホビーはこのように、フィクションを介在させたエンターテインメントに回収すれば容易にイマジネーションの問題に包摂できるのですが、芸術としては安易に玩ぶことがためらわれる領野になっているわけです*note.12。

木原善彦の研究も、UFO経験として扱えば、陰謀論に立ち入ることなく文化論において扱うことができますが、UFOそのものに対する考察は、作品分析とは異なる扱いを要するわけです*note.13。

*note.11：木原善彦『UFOとポストモダン』平凡社（平凡社新書）、2006年

*note.12：例えば哲学者でもアメリカの心理学者の祖であるウィリアム・ジェイムズは1902年の『宗教的経験の諸相（上・下）』（桝田啓三郎訳、岩波書店（岩波文庫）、1969－70年）で、神秘主義やオカルト現象を宗教経験の一種として、キリスト教などの啓示宗教とある意味並列的に扱っています。アメリカにはクリスチャン・サイエンスと呼ばれるオカルト的なセラピーの運動がたくさんあります。そうした運動をそもそも宗教とはみなさないという知識人が今なお多いことを考えると、ジェイムズの分析スタイルはユニークなものだと思います。

*note.13：しかし、時に妄想や陰謀論が巨大な体系をつくることはあります。フロイトの『シュレーバー回想録』（ダーニエール・パウル・シュレーバー『シュレーバー回想録――ある神経病者の手記』平凡社（平凡社ライブラリー）、

ホビーにおける批評的アプローチ

今でこそ、映画、マンガ、アニメを文化研究、作品として大学で扱うことは可能になってきましたが、映画はともかくマンガ・アニメに対しては依然として抵抗が根強いです。思うに、かつて映画、マンガ、アニメの研究は、現在「ホビーとしての釣りを美術大学で研究する」と聞いた時に感じる違和感に近い抵抗を伴っていたのではないでしょうか。一方で、マンガ・アニメの作り手やファンの一部には、逆に学問にそれらを取り入れられたくないという自負があったと思います。ポピュラー文化を批評的に扱う時は、この種の緊張関係は常に考えなければなりません。マンガやアニメといった領野は、美術・音楽・演劇といった分野に比べてよりホビーとしての面が目につくため、今なお完全には芸術の言説との関係がスムーズではありません。

芸術分野と学問の接点についてもうひとつ述べると、今日ではどのジャンルでも主要なアーティストの何割かは大学で教鞭をとり、後進を育成しています。こうした状況はバウハウス以降の20世紀の芸術のあり方とともに加速し、現在でも続いています。その状況をよしとしないアーティストもいますが、おおむね芸術の言説と芸術活動は並走していますし、作品を批評の吟味にかけることこそが芸術の条件であるという了解が成り立って

2002年)が有名です。シュレーバーは19世紀の統合失調症の人物です。司法の世界で高い地位に上り詰めた人物が妄想に苦しめられたのですが、非常に聡明だったため、完璧な妄想体系を作ってしまったのです。女性化して神と性行為を行うといった、彼にとっては屈辱的な妄想、もしくは当時のドイツにみられたのユダヤ人差別を如実に表わす妄想などが体系化されていました。しかしながら彼は精神疾患を持ちながら法律闘争を勝ち抜いていきました。このような体系化されたオカルティズムを一歩退いた立場から症例として研究する可能性はあるでしょう。例えば、熊谷哲哉『言語と狂気——シュレーバーと世紀転換期ドイツ』(水声社、2014年)などのように。これはオカルティズムや陰謀論などを文化として扱うさいのひとつのモデルケースかもしれません。

います。一方で、ホビー分野には批評は必要ないとされ、むしろ妙な権威づけになるのではないかという疑念が根強くあります。とくに「商品」として成立している場合、批判が産業の邪魔になりうるという懸念が製作サイドから寄せられることもあり、この問題に関して均衡点が今なお探られ続けている状況です。私自身は、安易な権威主義にならないよう注意を払いながら、文化批評的なアプローチを常にしていきたいと考える立場です。

ただし、ホビー系の趣味分野の活動にとって、批評的な言説が無関係と考えるのは短絡的です。オカルトや陰謀論にしても、全く信じていない人が面白がって楽しんでいる側面があります。これは社会学において、諧謔的かつアイロニカルな没入と呼ばれる状態です*note.14。つまり価値基準にある程度同意してはいるが、同時に一定の距離を保ちつつ熱狂しているという状態です。文学や映画はUFOをイマジネーションとして扱ってきたと言いましたが、実は趣味のファンコミュニティ自体が、そのような距離を持って受容している面があります。

ですから私は、ホビーは批評的分析には結びつきにくいと言いましたが、一方でファンコミュニティにおいては距離感を持った分析的態度、批評的アプローチがたとえ明示されなくても存在すると考えています。しかし、ホビー分野におけるファンコミュニティの距離の意識は当然芸術のそれとははずれています。この齟齬は安易に埋めてはならないと思いますが、

*note.14：現代日本社会における「アイロニカルな没入」を伴うコミュニケーションのスタイルについては、例えば北田暁大『嗤う日本の「ナショナリズム」』（日本放送出版協会、２００５年）や大澤真幸『不可能性の時代』（岩波書店、２００８年）などで記述されています。

とはいえ、こうした分断状況を捉え直しながら考え続けていきたいというのが私の問いであり、本講義を導く動機にもなっています。

領域の分断をどう考えるか

第1回でも触れたサブカルチャーという言葉がありますが、いわゆる日本における「サブカル」は半ば人文・芸術的な趣味の領野をなしているわけです。ホビーもそこに重なってはいます。しかし実際にはフィギュア集めでも微妙に差異があり、例えばアニメキャラクターのフィギュアならオタクですが、アメコミのアクションフィギュアであればサブカルチャー、おしゃれなインテリアとして扱われうるといったように、曖昧に位置づけられている面があります。

かつて「オタクvs.サブカル」という対比をめぐる話題がありました[*note.15]。これはおおむねコミュニケーションの問題とされ、「オタクはコミュニケーション能力を欠き、ファッションに対する配慮がなく、異性との関わりが乏しい」という蔑視の視線です。「おたく」という言葉が発生した時期はこうした見方が大勢を占めました。一方のサブカルチャーはアンダーグラウンド文化の文脈もありつつ、都市のデザイナー、アーティスト、実験映画の作り手といった

*note.15：『ユリイカ』2005年8月増刊号「総特集＝オタクvsサブカル！ 1991→2005ポップカルチャー全史」

人、及びそのファンで構成されていると考えられています。しかし、実際には担い手も趣味人も重なっています。現実問題としてヴィレッジヴァンガードと書泉の客層は重なっている場合もあれば、相反する場合もあるでしょう。

ただし、この観点は社会学の立場で扱うと擬似問題になります。どの分野においても人間がある文化的活動をしていて、かつコミュニティを作り、コミュニケーションを行っている。ファンダムの状況だけを見れば、アート、エンタメ、ホビーというのは、きわめて人工的な区切りにほかなりません。

しかし、作品の文化的生産物の分析を主眼とする視覚文化論においては、大きな魚を釣る経験と、芸術の経験は異なると考えられます。これは第1回で述べた「レギュレーション」の違いを重視する考え方です。ただ、実際には釣りがアートプロジェクトに取り入れられる可能性は大いにあります。リクリット・ティラバーニャのカレーパーティーのように、レクリエーションをアートにした事例は既に多々あります*note.16。ですから、この議論は少し分断を強調しすぎているかもしれません。ただ釣りの世界というのは、あくまでもアートとは独立した形で保たれ続けるでしょう。ホビーの世界には独特の自律性があります。個々のホビー領野をどのように考察していくのかについては、現時点ではそこに重要な問題領域が存在することを指摘するにとどめたいと思います。この問いを掘り下

*note.16：タイ人の現代アーティスト、リクリット・ティラバーニャ（1961－）は、美術館の観客にタイカレーをサービスするといった、環境や観客との関係性を重視するリレーショナルアートの第一人者として知られています。

げていくことは私自身にとっても今後の課題なのですが、ここには文化的生産物に属する、様々な「作品」（さしあたりこの総称を用います）分析に関する重要なチャレンジがあると考えられます。

＼Lecture.4_2／

ゲームと遊戯性――「デジタルゲーム」の位置づけ

遊戯と人間文化

今まではホビーという軸について述べてきましたが、冒頭でも語ったように、この節ではゲームと遊戯性について説明していきます。

遊戯とは「Play」と「Game」を併せ持つ言葉です。英語の「Play」は、フランス語で「Jeu」、ドイツ語では「Spiel」と語義が少しずつずれているのですが、遊戯性はこれらの語を包括した領域を指し、芸術の概念にも直接関わってきます*note.17。「Game」は元の語彙としては、英語では狩りの獲物を指しましたが、「あるシステマティックなルールを持った遊びの対象」のこ

*note.17：例えば井上明人「遊びとゲームをめぐる試論―たとえば、にらめっこはコンピュータ・ゲームになるだろうか―」(http://www.critiqueofgames.net/data/vol.13_inoueakito.pdf 2014年6月1日現在)など。以下のホイジンガやカイヨワについての私の説明はおおまかな紹介にとどまります。カイヨワ四分類についての井上明人の整理も参照してください(http://www.critiqueofgames.net/data/index.php?%A5%AB%A5%A4%A5%E8%A5%EF、2014年6月1日現在)

とです。例えばチェスという「Game」を、人（Player）が「Play」するという関係ですね。

遊戯論は芸術の言説では、むしろ伝統的な人間文化の特徴とされています。そして、ここ半世紀の新たな文化として、デジタルゲーム、ビデオゲームが登場します。日本では70年代の「スペースインベーダー」以来、アメリカでは60年代後半以来の文化としてあります。今ではデジタルゲームが主流となったことで、かつての伝統的なボードゲームをアナログゲーム、非電源ゲームと呼ぶほどにそのインパクトは強いものでした。デジタルゲームが発展を遂げたことで、ボードゲームの方も変わってきています。例えばドイツ語圏ではボードゲームが非常に盛んですが、その複雑な進展には、デジタルゲームとの相互作用を無視できないと思います。ですから、現代のゲーム文化には、デジタルでないゲームも含めて、デジタルゲーム以降の広がりを考える必要があります。先に紹介した「ホビー」が芸術の言説から距離をとっているのとは異なり、ゲームは現在急速に芸術論に入り込みつつあります *note.18。もちろん安易な混交には慎重になる必要がありますが、デジタルゲームは最早、芸術の言説との豊かな関係を既に築き始めていると言ってよいのです。そうしたデジタルゲームの領域を考える際、改めて古典的に存在してきた遊戯論との関係を考える必要があります。

*note.18：例えば、日本記号学会編『ゲーム化する世界：コンピュータゲームの記号論』（新曜社、2013年）という本が出ており、すでに日本でも多くの研究者が登場しています。もちろん、研究者によって立場は様々で、私のように芸術論との相互作用に関心をもつ人もいれば、あくまでも芸術とは切り離された「ホビー」分野に属するものとして考察を進める人もいます。

魔法円と遊びの分類

オランダの歴史家で『中世の秋』(1919)で有名なヨハン・ホイジンガ(1872-1945)は「ホモ・ルーデンス(Homo Ludens)」、つまり「遊ぶ人」として人間を定義しました*note.19。「ルーデンス」はラテン語で遊戯という意味です。人間の定義は「ホモ・サピエンス=知恵を持つ人」や「ホモ・ファベル=道具を使う人」など様々あるのですが、ホイジンガは遊戯活動を営むものとして人間を定義したわけです。これは人類学的な問いを含みます。ホイジンガ自身はヨーロッパ中世史の研究者ですが、彼は時代を超えて人間の文化的活動を遊戯、遊びという観点から考えようと提起しました。

ホイジンガの理論として「魔法円 Magic Circle」があります。例えば子ども数人が道端で遊んでいる時、そこには見えない円、遊びの空間というものがあり、その中で遊戯活動をしているという考え方です。「魔法円」のポイントは、参加者が「遊戯ということを意識しながらも没頭している」ことです。例えば鬼ごっこに夢中になっていても、子どもたちのお腹が空いて遊びをやめようと考えた瞬間「魔法円」は解けてしまいます。よく言われる「青少年は現実と虚構の区別がつかない」といった戯画化された議論がありますが、ここでいう「魔法円」は遊んでいる瞬間にだけ存在するエフェメラルな(一時的な)ものです。ホイジ

*note.19:ヨハン・ホイジンガ『中世の秋〈I〉〈II〉』(堀越孝一訳、中央公論新社(中公クラシックス)、2001年)、『ホモ・ルーデンス』(高橋英夫訳、中央公論新社(中公文庫)、1973年)

ンガはこうした観点から遊びに対して包括的にアプローチしています。

もうひとつ有名な本に、フランスの人類学者、社会学者ロジェ・カイヨワ（1913-78）の『遊びと人間』（1958）[note.20]があります。以上の2冊が古典的な遊戯論の本だと言えるでしょう。ロジェ・カイヨワはシュルレアリスムとも接点を持っていた人です。シュルレアリスムは人間の芸術活動を人類学的に掘り下げる性質を持っていました。ですからピカソがアフリカの仮面に注目したように、非西洋の文化活動に注目するアプローチと、人間の文化活動を人類学的、社会学的に考える眼差しは一致しています。

カイヨワは遊戯を「アゴーン、ミミクリー、アレア、イリンクス」の4つに分類したことで知られています。面白い点は、芸術の言説ではホビーが捉えにくいと説明しましたが、カイヨワの定義においてはその関係が逆に展開されていることです。

アゴーン（闘技）は、スポーツのようにルールと勝ち負けがはっきりしている遊びです。ミミクリー（模倣）は、モノマネ遊びの世界です。芸術活動のかなりの部分は、このミミクリーに入ります。肖像画は人の肖像を真似て描くことですし、演劇は身振りを使って動物や他の人間を真似ることとです。芸術論において重要なミメーシス（模倣、表象、上演）の概念もここに含まれます。アレア（運）は、さいころゲームを典型とする、偶然に委ねるタイプの遊びです。哲学者が遊戯を強調する時は、この運、偶然性の要素を強調することが多いです。

[note.20]：ロジェ・カイヨワ『遊びと人間』多田道太郎、塚崎幹夫訳、講談社（講談社学術文庫）、1990年

アインシュタインが量子力学を否定したがっていた時に発言した「神はサイコロを振らない」が有名です。世界の創造がどれぐらい偶然的なのかという、宇宙論の根本的な問いにも絡んできます。イリンクス（眩暈）は、カイヨワ自身はある意味批判的でもあるのですが、宗教的なイニシエーションにも関わります。例えばお香を焚いたり、麻薬を摂取したりすることで、変性意識状態になることを指します。ドラッグの摂取によって知覚を変容させることなどです*note.21。カイヨワはシンプルに、子どもがぐるぐると回る遊びや、お酒に酔う経験を例に挙げています。気持ち悪いけれど楽しいといった状態です。映画でもこうしたイリンクスの経験はよく描かれます。トリュフォーの『大人は判ってくれない』（1959）では、少年が学校をサボって遊園地で回転アトラクションに興じ、眩暈を起こすシーンがあります。ここではイリンクスの経験が視覚的に表されています*note.22。さらに拡張した意味として、映画、小説などの名作に没頭した後に感じられる離人感、日常に戻るのに時間がかかるような感覚もイリンクスに近いと思われます。

ごっこ遊びとは「信じる」ことである

芸術の誕生に「ごっこ遊び」が潜むという洞察は、様々な美学者、美術史学者によって

*note.21：ディストピア小説家オルダス・ハクスリーの『知覚の扉』（オルダス・ハクスリー『知覚の扉』河村錠一郎訳、平凡社（平凡社ライブラリー）、1995年）をバイブルとする60年代のサイケデリックカルチャーはイリンクスを核とする代表的な文化です。

*note.22：これはカイヨワの言っていることではありませんが、映画の起源であるゾートロープ（回転のぞき絵）を彷彿とさせ、映像の経験そのものにおいても、イリンクスは根源的な性質であるように私には感じられます。

言及されています。エルンスト・ゴンブリッチの『棒馬考』（1951）というエッセイがあります*note.23 *fig.02。子どもは棒にまたがることで、お馬さんごっこをします。その時、棒は馬に見立てられています。この活動は遊びであり、ミメーシスの起源でもあります。芸術活動の楽しみ、面白さ、虚構の発生について大きな洞察を与えていると考えられています。

ごっこ遊びという知見は現代の美学理論でもよく言われています。ケンダル・ウォルトン（1939-）という人の説を挙げます*note.24。フィクションというのは、小説を代表とする物語の虚構と見なされやすいのですが、ウォルトンはフィクションを「ごっこ遊び Make-Believe」というより広い文脈に置き直しています。ピカソが自転車のサドルとハンドルを用いて牛を表した（しかもこれはアフリカの仮面のようにも見えます）*fig.03 時、「人が座るための近代産業の産物」という目的用途を転換して、牛の頭を表現しているのです。目的から逸脱させる仕様、自転車のサドルとハンドルを牛の仮面だと「Make-Believe＝信じさせる」ことを、表象芸術の基礎として定義しています。「信じる」という活動が根本に据えられているのがポイントです。そのように間接化すれば、疑わしい信念であっても観察の対象になるのです*note.25。

芸術作品の中には、私たちが容認しがたい信念を含む作品もありますが、それは「他人の信念」を媒介にすることで、間接化させられていると考えられます。ホビーマニアはオ

*note.23：E・H・ゴンブリッチ『棒馬考――イメージの読解』二見史郎、横山勝彦、谷川渥訳、勁草書房、増補完訳版、1994年

*fig.02：E.H.Gombrich, MEDITATIONS ON A HOBBY HORSE, PHAIDON, 1985

*note.24：ウォルトン説の概要は清塚邦彦『フィクションの哲学』（勁草書房、2009年）で説明されています。

カルトや国家主義に常に熱狂しているのかというとそうではなく、大抵の場合「ごっこ遊び」的な間接性が関与していると考えます。そういう意味では遊戯論の射程はホビーも芸術も包摂できるため、非常に広いのです。

哲学における遊戯の問題

もうひとつ、この問いを哲学で結びつけるとどうなるでしょうか。

遊戯活動を近代哲学の根本に据えている哲学者は何人かいます。現象学者のオイゲン・フィンク（1905-75）は、ドイツ観念論のヘーゲル、フッサール、ニーチェ、ハイデガーといった巨匠の研究で知られますが、この人自身の独自の哲学は遊戯論にあったと言われ、遊びという観点から人間の存在の本質を探究しています*note.26。

ジル・ドゥルーズ（1925-95）もフィンクなどを引用しながら遊戯活動について触れています。ドゥルーズが遊戯について最も触れているのは『意味の論理学』（1969）*note.27です。同書では、言葉のゲームの世界を描いたルイス・キャロルと、残酷演劇と身体の叫びをもたらしたアントナン・アルトーの2人が主に扱われています。『不思議の国のアリス』『鏡の国のアリス』で知られるルイス・キャロルはナンセンス詩人として有名です。『鏡の国のアリス』

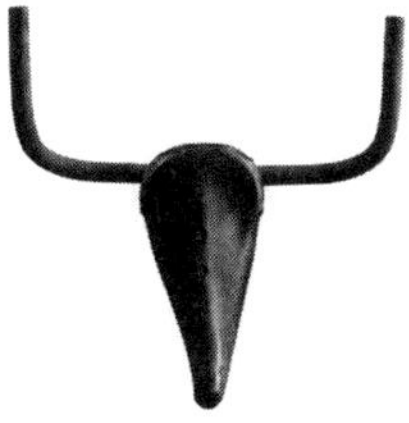

*fig.03：パブロ・ピカソ《雄牛の頭》、自転車のサドルとハンドル、ピカソ美術館、パリ、1942年

*note.25：note.12で、ウィリアム・ジェイムズの『宗教的経験の諸相』について紹介しましたが、彼はオカルトを信じている人の「信じる」という心の働きそのものを研究していました。

*note.26：オイゲン・フィンク『遊び――世界の象徴として』千田義光訳、せりか書房、1985年

*note.27：ジル・ドゥルーズ『意味の論理学〈上〉〈下〉』小泉義之訳、河出書房新社（河出文庫）、2007年

は、アリスがチェスのポーンからクイーンになっていくという、チェスを題材とした作品です。同書の「理念的なゲームについて」という章では、『不思議の国のアリス』のコーカス・レースについて語られています。コーカス・レースとは、ぐるぐると円を描いて回る競争のことで、アリス達が興じる終わりのない、勝ち負けもないゲームです。これはゲーム状況、遊戯性を理念的に示しています。

さらにドゥルーズは、フランスの詩人ステファヌ・マラルメ（1842-98）の最晩年の有名な詩『骰子一擲』（1897）にも言及しています*note.28。マラルメは「さいころを一振りしたからといって、偶然が廃絶されることは決して起きないだろう（Un coup de dés jamais n'abolira le hasard）」というテーゼを述べています。さいころを振らないと目は分かりませんが、一振りすれば目は決まります。イカサマなしのちゃんとしたサイコロであれば、さらに振っていくと出る目の分布は6分の1に近づいていきます。つまり偶然と確率論の世界を分けて考えれば、さいころを振り続ければ次に出る目の傾向性はしだいに安定していくとも考えられる。しかしマラルメは、そこにもう一度偶然性を持ち込もうとしたのです。あくまでも一度一度の試行には偶然があるということでしょう。マラルメは元々ヘーゲルの影響もあり「全ては必然である」という理念を追求して『イジチュール』（1867-70）のような詩を書くなど、偶然を否定しようとしたのですが、最晩年には偶然性を肯定するようになります*note.29。それが

*note.28：『骰子一擲』の翻訳は筑摩書房の全集（『マラルメ全集〈1〉』（2010年））などがありますが、興味深い校訂版として、以下の大型本があります。ステファヌ・マラルメ、フランソワーズ・モレル『賽の一振りは断じて偶然を廃することはないだろう――フランソワーズ・モレルによる出版と考察』（柏倉康夫訳、行路社、2009年）。

*note.29：20世紀のコンセプチュアルアーティスト、マルセル・ブロータース（1924-76年）も、文学と造形芸術の接点において、マラルメのように偶然性を肯定する詩的なヴィジョンを生み出しました。

『骰子一擲』で、この詩では活字の大きさやフォントを変えた言葉が星座のように散りばめられており、詩人や美術作家にも大きな影響を与えました。マラルメの作品世界においては必然性と偶然性が同時に結びついています。いわば全ての必然をがちがちに固めた上で出てくる偶然性を考えているのです。これをドゥルーズは「理念的ゲーム」と言っています。

これまで挙げたような、理念的なゲーム性、勝ちも負けもないぐるぐる回る世界と近いかもしれない世界を、遊戯、ゲームは持っています。こうした哲学的な観点から、遊戯は人間の全活動を包括する文化論を作りうる可能性を私は考えていて、非常に惹かれています。そして、デジタルゲーム産業が過渡期を迎えている現代の状況において、ゲームというこうした射程の長い文化が、改めてまとめ直されているのです[*note.30]。

戦後のコンピュータシミュレーションの射程

ここで、デジタルゲーム[*note.31]の教科書的な概説書として、ケイティ・サレン、エリック・ジマーマン『ルールズ・オブ・プレイ　ゲームデザインの基礎（上・下）』[*note.32]を挙げておきます。同書では、4つのユニット「キーコンセプト、ルール、プレイ、カルチャー」を順に定義して、人類史的な射程、哲学的な射程を踏まえてゲームを説明しています。同書での「ルール」はチェス

*note.30：『デジタルゲームの教科書　知っておくべきゲーム業界最新トレンド』（デジタルゲームの教科書制作委員会著、ソフトバンククリエイティブ、2010年）は、人工知能研究、産業論、文化論など様々な観点から日本のデジタルゲームの事情をまとめた本です。

*note.31：アメリカではビデオゲーム、日本ではコンピュータゲームなど用語は様々ですが、本講義では総合的な呼称はデジタルゲームで統一しています。

*note.32：ケイティ・サレン、エリック・ジマーマン『ルールズ・オブ・プレイ　ゲームデザインの基礎（上・下）』山本貴光訳、ソフトバンククリエイティブ、2011年

ゲームなどのルールを含みますが、もっと広い意味でも検討されています。例えばゲームによくあるムービーシーンは、かつては映画の借り物として批判されることも多かったのですが、現在ではゲーム固有の要素として認識されています。そうした映画的なものとの接点も含めて、広がりが定義されています*note.33。日本では美少女ゲームと結びつきの深いノベルゲームは、しばしば「紙芝居」だと揶揄されます。しかし私はノベルゲームも当然ゲームだと考えています。介入する余地があまりない、コンピュータによって上演される独自の組み上げられたルールの世界で展開されることで、一見ただの読書経験に近いように思われるノベルゲームのシナリオも、読書とは異なり、ゲームとして扱いうるのです*note.34。

そのような広がりを持つゲーム文化について、何が言えるかを考えたいのですが、ここで先述の通り、芸術の言説が直接包摂しにくいとされていたホビーと国家主義とのダイレクトな関係という点を、デジタルゲームに関して述べておきたいと思います。

デジタルゲームは、第二次世界大戦後のアメリカの軍産複合体の中から生まれ、しかもそこから逸脱していった文化です。大戦中、アメリカは弾道計算や爆発地点の計算といった膨大な処理のためにコンピュータを開発していました。大戦中に開発され、戦後完成したENIAC（1946）*fig.04という超巨大コンピュータがあります。これはまさに軍事技術の産物としての、日本では例えば『鉄腕アトム』に出てくるコンピュータのイメージです。

*note.33：ムービーシーンは、英語では「カットシーン」と呼ばれ『ファイナルファンタジー』シリーズ、『メタルギアソリッド』シリーズに見られる、ステージのつなぎとなる映像のことです。第3回のPVに見てきた視覚性の一部も、かなりの部分をムービーシーンの遊戯性から定義することで、別の光をあてられるように思います。

*note.34：サイコホラーや社会派ミステリ風のシナリオを備えた『ひぐらしのなく頃に』シリーズはその典型でしょう。選択肢が存在しない「ノベル」として、実際に小説として「ノベライズ」しましたが、やはりコンピュータ上でプレイするときにもっとも臨場感に溢れるような演出がなされていました。

しかし、ビデオゲームの世界は、ここから即座に自立していきます。ミリタリー趣味は主として兵器そのものへの欲望から成り立っていて、ピカソのようにサドルを牛の頭に見立てる遊びが許されていないのに対して、軍事技術そのものであるようなコンピュータから逸脱して、デジタルゲームが登場するわけです。現在のコンピュータは純軍事的なものというよりは、そこからかなりずれていて、デジタルゲームについてもそのような二重性が指摘できます*note.35。

例えば『スペースウォー！』（1962）*fig.05という世界初のシューティングゲームがあります。MITの学生が宇宙開発コンピュータ「PDP-1」というマシンを使用して作ったゲームで、現在フリーで今でも遊ぶことができます。このマシンは実際には核ミサイル開発用のものでした。50～60年代は冷戦下で大陸間弾道ミサイルが開発されており、その一方で同時に人工衛星の開発、有人宇宙飛行といった宇宙開発も行われていました。そこに「宇宙戦争」を題材としたゲームが生まれたわけです。このゲームはドーム状の画面の中央に重力点があって、重力や慣性力のパラメータをコントロールして旋回しながら敵にミサイルを撃つというものです。ディスプレーを宇宙空間に見立てたフライトシミュレーターのようなものですが、『スペースウォー！』は当然ながら宇宙戦争のシミュレーションではなく、ゲームです。それは、誰も宇宙戦争をしたことがなく、シミュレートは不可能だからです。とはいえ、当時のアメリカは実際に核ミサイルを飛ばし合う宇宙戦争をも想定していた側面があるの

*fig.04：プログラミングされるENIAC

*note.35：ただし現在でも当然ながら関係は途切れていません。インターネットのようなテクノロジーも軍事技術の民事転換品だと言われることがありますし、GPSの技術は監視にも転用でき、コントロール社会を促進している可能性があります。

で、死のテクノロジー、ミリタリー趣味の一部から逸脱したものだと言えるでしょう。『テニス・フォー・ツー』(1958)など、様々なゲームが生まれました。ポイントはコントローラーでのオペレーションがディスプレー上に反応を起こして、さらにそれに対してレスポンスを返すといった形で、間接化された形で視覚的表象が現れることです。ルールに支配されている領域が宇宙船のイメージといった表象像として現れ、プレイヤーがその像を操作することで相互作用していく、それによってインタラクティヴにゲームプレイが成り立っていくという状況から、ビデオゲームの世界はどんどん発展していきました。

ここでは既に軍産複合体からの大幅な逸脱が生じています。軍産複合体の内部のエンジニアや学生が余暇に作っていたようなゲームが、次第に大きなシェアを占めるようになり、文化として成熟していったわけです。

70年代ファンタジーブームがゲームにもたらしたもの

アメリカの70年代は、60年代カウンターカルチャーに続いた脱政治化の時代とも言えます。1969年の月到達とともに宇宙開発競争が一段落したことで、SFをひたすら未来として表象するだけではなく、古代中世的なものも未来として扱えるのではないかと

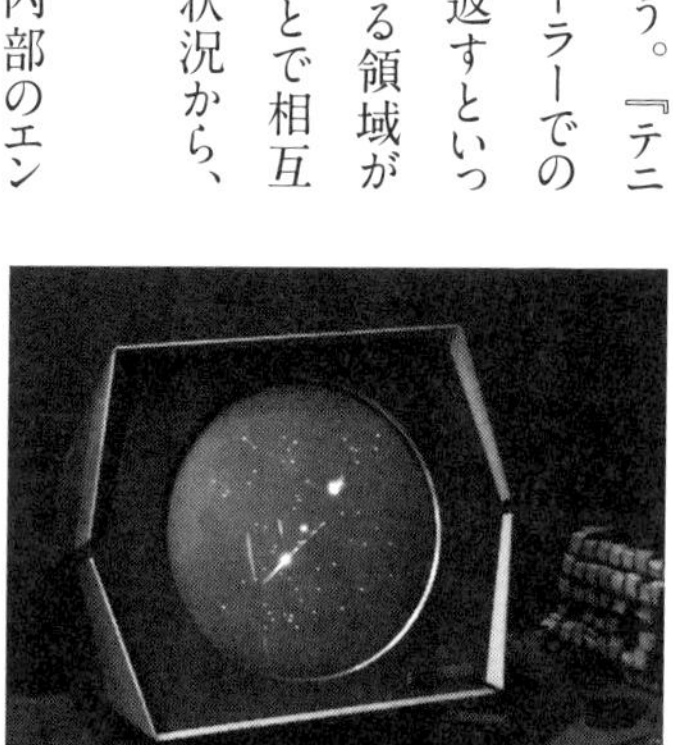

*fig.05:PDP-1で稼働する『スペースウォー!』
引用元:http://www.flickr.com/photos/24226200@N00/364960084/

発想したのが『スター・ウォーズ』でした。『BTTF』も同様に80年代アメリカで、この手のカルチャーすらレトロスペクティヴに取り込んでいると見ることができます。

70年代のアメリカでは、トールキンの『指輪物語』（1954-55）への関心を端緒としてファンタジーブームが起こりました。『ダンジョンズ・アンド・ドラゴンズ（D&D）』（1974）というテーブルトークRPG（ゲームマスターとプレイヤーで卓上でルールを用いて話し合いながら遊ぶゲーム）、アナログのボードゲーム的なRPGが流行します。ルールブックがあり、サイコロを振ってダメージ計算をしながらモンスターと戦う類のものです。現在私たちがRPGと呼ぶジャンルは、元々TRPGに端を発します。ゲームマスターを自動化して遊ぼうという目的から、コンピュータRPGが生まれていくことになりました。

なぜMITの人がSFやファンタジーが好きだったかと言えば、ある種のジャンル小説を好む技術者コミュニティが存在していたからです。SF、ファンタジー、ミステリーといったジャンル小説は、人間の運命やドラマを描くことが主眼とされるいわゆるメインストリーム文学とは異なり、ガジェットが重視される分野です。つまり不思議なガジェットとしての動物や社会制度、またはホビット、エルフ、ドワーフといった種族、世界設定という舞台装置そのものへの関心、密室トリックといったものがその例として挙げられます*note.36。

その意味では、さきほど挙げたホビーをイマジネーションに取り込んだフィクションがSF、

*note.36：近代ミステリーは、前近代であれば村落共同体などの人間関係の中で起きていたような犯罪が、都市への人口集中によって、見知らぬ人同士の殺人、盗難といった事件に変容していった時代に生まれ、そこに挑むのがシャーロック・ホームズのような探偵でした。ミステリーというジャンル自体が産業化されたジャンル小説としての性質を持ちます。

ファンタジーといった分野で、それにコンピュータやTRPGといったものが結びついてできたのがデジタルゲームのカルチャーといえます。そこからアクションゲーム、アドベンチャーゲーム、RPGといった、ファンタジーの虚構世界を対象としたゲームも生まれました。

こうした文化は60年代のカウンターカルチャー、ロックやサイケデリック文化から見ると、脱政治化と見られた面がありました。人によってはSFやファンタジーへの没頭を、シリアスな社会的関心からの逃避的な活動と見なすこともあり、実際に逃避文学として機能している面もありました。その反面、現実とは異なる完全な異世界を構築するハイファンタジーというジャンルは、逃避的なファンタジーとは異なる性質を持ちました。トールキンの『指輪物語』がまさにそうです。トールキンは中世研究者だったので、中世世界とある程度類比的な「中つ国」を緻密な設定とともに構築した一方、同時代の社会に対しては批判的で、時には懐古的かつ保守的な側面が指摘されます。（その後こうした側面はRPGプレイヤーによってどんどん変形されていくのですが）。その一方で、ジェンダー意識を強く持つアーシュラ・ル＝グウィンの『ゲド戦記』（1968-2001）は中世的な女性蔑視の社会を再構築して、それを脱するような試みを行なっています。これらの作品は、ファンタジーという分野において自律した世界を作り上げることで、イマジネーションの構造そのものを作り替えています。ですからSFを含めた広義のファンタジー文学を一概に逃避文学とは言えないと思います。

むしろ想像力そのものの作り変えは、人々の未来の行動図式を先取りする、あるいは変容するという要素を持ちます。例えば映画においても『BTTF』で黒人市長が誕生していたように、ドラマ『24』でもオバマ以前にアフリカ系の大統領が描かれていました（なお大統領役のデニス・ヘイスバートは、第3回で扱ったトッド・ヘインズ『エデンより彼方に』でも庭師レイモンドを演じています）。アメリカでは今なお差別が根強く残る一方、その克服に向けて前進していくダイナミズムが文化としての強みとなっていますが、まさに想像力が現実を先取りしていた例と言えるでしょう。

こうした意味での虚構と現実の組み替えは、「棒馬考」のごっこ遊びのような遊戯性の展開として理解できます。マジックサークルにいる子どもたちの頭では、区別と没入の意識が同時に展開されています。子どもたちは基本的には「車道に行ったら危ない」といった日常的な社会意識を維持したまま遊びを行ないますし、ゲーム内の要請は「お腹が空いた」といった現実の要請と当然のように並立できます。

日本のデジタルゲームとその成熟

デジタルゲームの歴史において日本の地位は今では相当低下しましたが、それでも大きなポジションを占めています。その転機となったのが1978年の『スペースインベーダー』ブームです*fig.06。『スペースインベーダー』は70年代のSFファンタジー小説ブームから派生した宇宙人モチーフを使っています（具体的には『スターウォーズ』や『未知との遭遇』などですね）。『スペースインベーダー』は一見ユーモラスな画面ですが、ある意味では残酷なゲームです。砲台があってトーチカで弾を避けながら全ての宇宙人を殲滅しなくてはなりません。しかしこれは殺人ではありません。宇宙人との抗争が光の明滅の表象によって間接化され、何かプチプチを潰すような活動に入れ替わっています。軍事から直接生み出されてきたゲーム文化は、こうした形で間接化し、成熟してきたわけです*note.37。

変容し続けてきたデジタルゲームは、今日かなりの成熟を見せています。英語圏では『シムズ』シリーズ、日本だと『どうぶつの森』シリーズにその性質を見ることができます。これらはキャラクターが画面の中でただ暮らし続けるシミュレーションゲームですが、アリスのコーカス・レース的な、勝ち負けもない世界です。コンプリート要素もありますが、多くの人にとってはいつやめても構わないゲームであり、ドゥルーズが指摘したような「理念的なゲーム」という性質を強く帯びる一方、ソーシャルな要素すなわち「他のプレイヤーとの関わり」も組み込んでいます。

『どうぶつの森』はシミュレーションのようでいて、現実の世界とはずれがありますし、いく

*note.37：近年ではゾンビが政治や軍事のモチーフを間接化する手段としてよく用いられているように思います。『ワールド・ウォーZ』はその一例です。

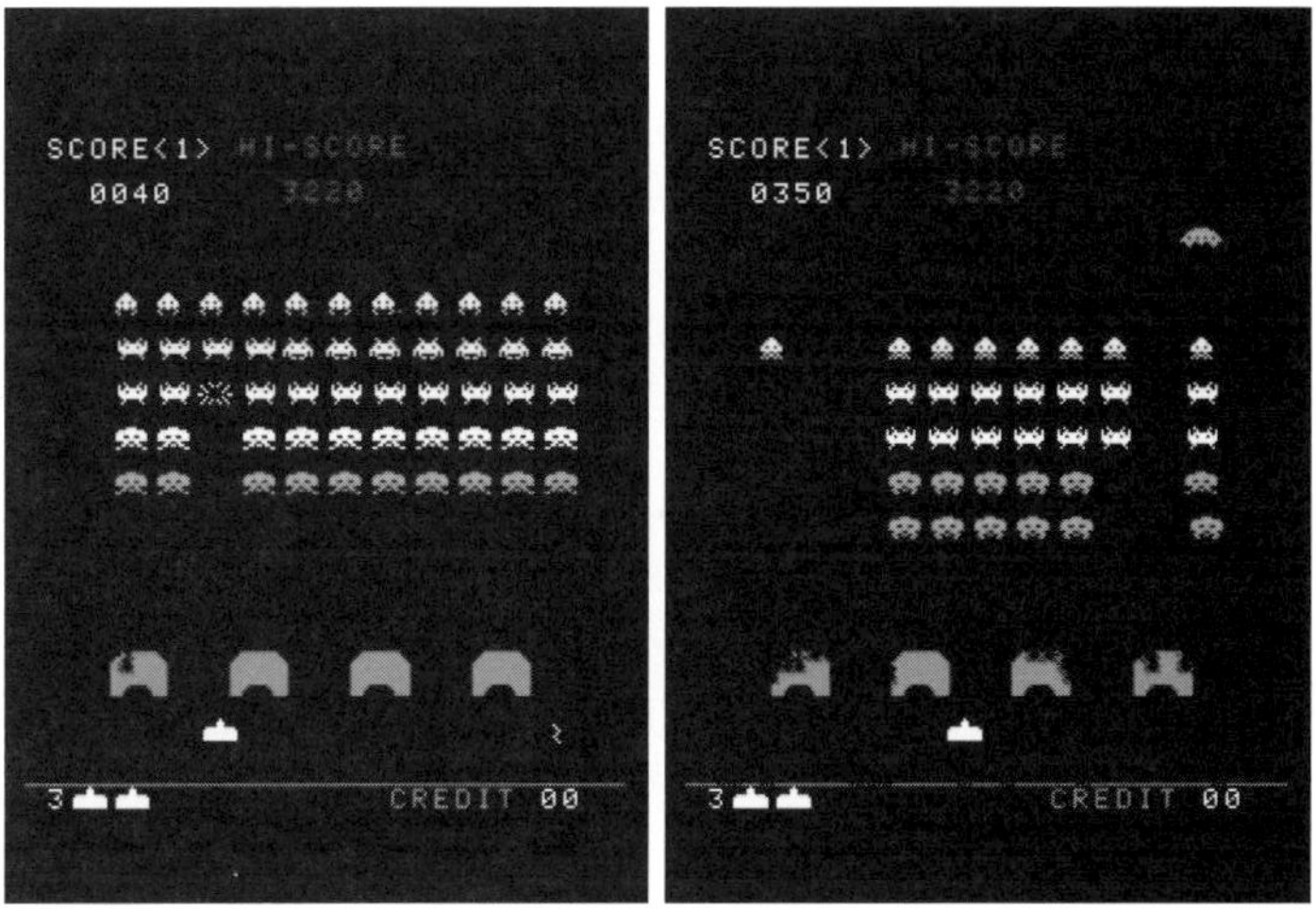

*fig.06:

『スペースインベーダー』プレイ画面

つかのキャラクターが「ゆるキャラ」的な人気を帯びるなど独特の展開を見せています。このように、遊戯を通じて現れてきたデジタルゲームは、軍事テクノロジーからどんどん離陸していったわけです。

一方で、ゲームと軍事テクノロジーとの関係が完全に切れたかといえば、そうではありません。例えばFPS（ファーストパーソン・シューティング）で最も有名な『Call of Duty』シリーズ*fig.07は、第二次大戦ものとして始まっています。『4』で現代戦が題材にされ、冷戦以降のアメリカの特殊部隊と中東のテロリストの戦いが展開され、世界の警察官としてのアメリカに感情移入するゲームになっています。しかし注目すべきなのは、しだいに「ゾンビモード」が取り入れられたり、近未来ものに移行している点です。第二次大戦シミュレーターに近かったシリーズが、現代戦を経過して虚構化していく。このように、イマジネーションが徐々にずれていく傾向は無視できないものです（『Call of Duty』はあくまでもアメリカの軍事的想像力がベースになった作品ですが、対戦がメインのゲームなので、テロリスト側としてプレイする魅力もあります）。

『アサシンクリード』シリーズ*fig.08にも同じことが言えます。これは中世のアラブの暗殺団に入った主人公を操作するゲームです。この暗殺団は当然ながら、00年代にモンスター化された「イスラム圏のテロリスト」の象徴です。基本的なトーンは、アメリカの中東世界に対する古典的なオリエンタリズム、おおまかには王族が多数の女性を侍らせつつ恣意的

*fig.07：『Call of Duty』アクティビジョン、PC版、2004年

*fig.08：『アサシンクリードIII』ユービーアイソフト、PlayStation3版、2012年

に権力を行使しているという、誇張され大いに誤りを含んだイメージです。欧米人が非欧米人を植民統治していくことで野蛮を文明化するという、典型的なオリエンタリズムの眼差しの現代版といえます。しかしエキゾチシズムを駆動しながらもアラブの暗殺団の歴史を描くことで、当然のようにアラブ側に感情移入するプレイヤーも多数現れます。アクションヒーロー物において、正義と悪の関係には常に多義性が発生しますが、その状況自体をプレイの対象にするのが、近年のデジタルゲームの特徴ではないかと思われます。

デジタルゲームには、当初から戦争と経済シミュレーションが多かったという特徴があります(大抵のRPGにも資金を稼ぐという要素があり、これも含まれるでしょう)。元々コンピュータ、電子計算機が生まれた背景は物理的・経済的シミュレーションが主でした。戦争と経済のシミュレーションがコンピュータの主要な活動のひとつであり、当然のことながらデジタルゲームも戦争と経済を適度に抽象化したシミュレーションに富んでいます。ただし戦争や経済がダイレクトに入ってくるのは、さきに一部のホビーについて述べたように国家主義と産業の関係につながっています。近代国家と産業から生まれ、芸術の言説では扱いにくかったホビーのほぼ全てが、シミュレーションを介してゲームの世界に送り込まれているわけです。そのシミュレーションの精度に応じて様々なゲームが生まれています。ボタンを押すことだけで精密なスイングを再現するゴルフゲームや、「マリオ」シリーズのジャンプで、レバーを反対に引くと実際の人間の跳躍とは違う動きができるといった、人間の身体性とは異なる独特の操作感、操作キャラクターの身体性が得られます。プレイ経験がそのまま人間の身体性とは違う形のシミュレーションされた独自の運動性、独自のルールに支配された世界を定義していくわけです。

Lecture.4_3

ロボットアニメの諸相とガジェットの想像力

ヤマト、ガンダム、エヴァ

近代における産業と国家の生々しい結びつき、そして軍事国家が芸術を弾圧するような状況下で生まれやすかったので、芸術家は軍事に対して敵対的であったり、両義的な感情を抱く人も多いわけです。逆にミリタリー趣味を持つ人には、リベラルな系譜にあるアートを敵視する人も少なくないだろうと思われます（それ以外のオタク分野のファンの中にも、恐らく芸術文化に全く興味がなく、ホビーとエンタメがあればアートは不要だという人も一定数いると思います）。ここではミリタリーというホビー分野をめぐって一種の敵対性が生まれています。アニメにおいても同様の趣味の人は多いのですが、詳細にみるとここにもゲームの場合と似た独自の展開があると思います。

オタク文化との関わりで特権的に語られてきた3つのアニメがあります。『宇宙戦艦ヤマト』(1974-75)、『機動戦士ガンダム』(1979-80)、『新世紀エヴァンゲリオン』(1995-96)です。これら三大アニメの共通点として、ミリタリー趣味と結びつき、かつそこを逸脱する要素を含むことで広範な関心を集めたことが挙げられます。さらにここには『鉄人28号』や『マジンガーZ』以来のロボットアニメへの関心が大きな役割を演じていました。

一方で、今世紀に入ってからのアニメの世界では、「ロボットもの」の求心力は下がっているように思います。もちろん三大アニメのシリーズ作品を除いても、『コードギアス 反逆のルルーシュ』(2006-8)や『マクロスF』(2008)のように比較的ヒットしたロボットアニメもあります。さらに規模の小さい形であれば、例えば2012〜13年の『ガールズ&パンツァー』は10年代の「萌えミリタリー」アニメとしてヒットを収めています。これは美少女キャラクターに対する「萌え」文化とミリタリーモチーフを結びつけた作品です*note.38。メカと美少女という組み合わせに関しては『ヤマト』『ガンダム』『エヴァ』の欲望を継続しているといえます。『ガールズ&パンツァー』にみられる「萌えミリタリー」という文化は、2008年にアニメ化された『ストライクウィッチーズ』から、2013年以降流行しているブラウザゲーム『艦隊

*note.38：『ガールズ&パンツァー』は、部活もののフォーマットで姉妹対決を描くなど、ミリタリー趣味の範囲を超えていく要素を散りばめた佳作ですが、「聖地巡礼アニメ」として大洗の震災復興と結びついたこと、日本社会における自衛隊のプレゼンスが増した時期にあたることなど、このジャンルを考える上でクリティカルな論点をもつアニメだと思います。

これくしょん』まで、コンスタントに途絶えていませんが、『ヤマト』『ガンダム』『エヴァ』レベルのヒットに追いつくシリーズが新たに生まれるかというと分からない状況です。

私は『ヤマト』『ガンダム』『エヴァ』は、純アニメ的な観点のみでヒットした作品ではないと考えています。日本のアニメーションの伝統としては、宮崎駿、高畑勲を代表とする東映動画の流れがあります。「日本のディズニー」を目指してアニメの動きの世界を追求し、さらに児童文学やファンタジーの流れを受け継いでいたこの系譜は、より正統派として扱われやすいと思います。

一方で『ヤマト』『ガンダム』『エヴァ』といったロボットアニメには、しばしばいびつな願望充足ガジェット、まさにホビーへの関心が肥大化した形で表れているとみなされます。これは、先述したアメリカにおけるファンタジー小説と『スター・ウォーズ』の関係の日本版といえます。このロボットアニメとガジェットの関係について、特に『ガンダム』とガンプラの話題を中心に紐解いていきたいと思います。

日本ロボットアニメの憧れと欲望を切り開いた『ヤマト』

『ヤマト』は、日本において青年層のアニメファンを生み出したアニメブームの嚆矢となった作品です。ジャンルとしては仮想戦記に近く、宇宙を旅し、地球の危機を救う物語です。

仮想戦記とは、歴史の「if」をSF的に表現した「歴史改変SF」から派生したジャンルと言えます。歴史改変SFとしてはフィリップ・K・ディックの『高い城の男』や半村良『戦国自衛隊』(1971)が挙げられますが、他方、典型的な仮想戦記は、90年代に中高年男性を中心に受けた願望充足的な作品群です。身も蓋もない言い方をしてしまえば、多くは第二次世界大戦における大日本帝国の失敗をやり直して鬱憤を晴らすというジャンルで、いくつかの例外的な作品をのぞけば、消費財としてのエンタメ小説でした。もとはSF作家だった荒巻義雄の『紺碧の艦隊』(1990-96)、『旭日の艦隊』(1992-97)シリーズが最もヒットしています。またこのジャンルからうまれた有名な「怪作」として、志茂田景樹『戦国の長嶋巨人軍』(1995)が知られます。長嶋茂雄率いる巨人軍が戦国時代にタイムスリップして大活躍するという荒唐無稽さによって、このジャンルにつきまとう政治的な諸問題を突き抜けたものになっています。

『ヤマト』はこうした典型的な仮想戦記と「よく似ているが違う」という絶妙さがヒットの一因です。もちろん「よく似ている」ために、批判する人も数多くいました。人類を滅亡から救うために「宇宙戦艦」となったヤマトが宇宙の彼方へ旅立つ物語です。戦艦大和にルーツを持つガジェットを大活躍させることには、仮想戦記に見られる願望充足の側面もたっぷりとありました。しかし人間同士の戦争は起きておらず、人類そのものが滅亡の危機に瀕して敵の宇宙人と戦っているという設定です。敵の宇宙人国家ガミラス帝国は、ナチス的な性質を持っています。ナチスを倒すという第二次大戦の大義名分を保つことで、大東亜共栄圏の夢を燃やすという願望充足からは一応距離を置いています。

同時に『ヤマト』には一般向けのエンターテインメントとして通用する仕掛けもありました。ひとつには、恋愛ドラマの全面化があります。そしてもうひとつは、宇宙へのロマンを強く打ち出したことです。

宇宙へのロマンには兵器や軍事に関する意味をずらす作用があります（例えば、大陸間弾道ミサイルの開発に関して直接的に支持する人は少ないでしょうが、同じ核兵器開発の副産物である月到達には賛同者がかなり多くなるはずです）。戦艦大和のロマンは、月到着のロマンと似ているように思われます。第二次大戦時にアメリカに比べれば資源も技術も劣っていた日本が、国家予算を圧迫しながら造り上げた世界最大の戦艦が大和でした。これはまさに全体主義国家の徒花であって、芸術文化、国民生活を犠牲にして作り上げられたものです。そこに独特のロマンが宿るのがミリタリー文化の厄介なところです。しかし『ヤマト』はそうしたミリタリー的な憧れを宇宙開発のイメージやラブロマンスとうまく結びつけることで、問題を回避しています。このため、願望充足の産物ではあるのですが、それを超えた仕方でヒットを収めました。実際に『ヤマト』も第二次大戦中の軍艦、空母、駆逐艦といったプラモデルを作るようなファンの関心を集めました。しかし『ヤマト』にみられる表現は、必ずしも戦艦の再現性に優れているわけではありません。たとえばオープニング映像の冒頭で迫ってくる戦艦ヤマトは仰角で誇張されたスケール感が印象的です。モデリングされたメカを精密に動かすというより、超改造されたメカと宇宙兵器が最も輝くアングルで描かれています。つまり再現性よりもガジェット性、フェティッシュに主眼があるのです。

ガジェットと枠組みにおいて架空戦記的なテーマが濃厚だった『ヤマト』は、当時の文学・美術好きにはあまり支持されませんでした。子どもじみていると言われたり、軍国主義復活の懸念がされたりしていました。一方で、大半のファンにとって、実は軍事や願望充足にはそれほど関心がありませんでした。私も子どもの頃、周囲にファンがいましたが、あまり第二次大戦と結びつけた人はいなかった記憶があります（このような分裂は、昨今の萌えミリタリーでも反復されています）。

特撮映画と『エヴァ』の関わり

もうひとつのポイントとして、特に『エヴァ』に濃厚な特撮映画との関わりもあります。

『ゴジラ』（1954）以来、特撮映画やアニメに対するオタクの眼差しは高度に発達してきました。『ゴジラ』『ウルトラマン』（1966-67）を製作した円谷プロダクションは、戦時中には『ハワイ・マレー沖海戦』（1942）という、真珠湾攻撃プロパガンダ映画を作っていました。実際には破滅への一歩に他ならなかった太平洋戦争緒戦の大勝利を描き、しかも映画が公開された1942年末には日本は既にミッドウェー海戦で負けているという皮肉な状況でしたが、この映画は現在、特撮の質の高さによってプロパガンダとは別のところで評価を受けています。1954年の『ゴジラ』でも、『ハワイ・マレー沖海戦』の技術を発展させた、同時代的にみるとかなり高品質な特撮技術が用いられています。いわゆる怪獣物で、オキシジェン・デストロイヤーという超兵器でゴジラを倒すのですが、背景は非常にシリアスで、第五福竜丸事件を題材に、原水爆批判という社会的メッセージも込められています。この『ゴジラ』との関係で特撮の伝統は評価されてきました。これは『ウルトラマン』シリーズにも花開く伝統です。

日本の特撮には独特の美学がありました。それは着ぐるみ（スーツ）による演技です。ウルトラマンもゴジラも、スーツアクターと呼ばれる俳優が着ぐるみを着て演じるものでした。ところがアメリカでは『ゴジラ』の元ネタのひとつである『キングコング』（1933）は人形のモーションを用いていました。アメリカの特撮はフルCG化が早かったのですが、日本では着ぐるみによる描写がファンに愛好されたがために、フルCG化に乗り遅れた可能性があると思います。

特撮とロボットアニメの結びつきを最も示すのは『エヴァ』です。『エヴァ』の監督の庵野秀明は『ウルトラマン』シリーズの特撮に傾倒していました。学生時代に庵野が監督・出演した同人特撮映画で『帰ってきたウルトラマン』(1971-72)のパロディがあり、庵野本人がウルトラマンを演じていました。

『エヴァ』は、人類の希望である有機的なロボット「エヴァンゲリオン」が、宇宙からやってくる怪獣(使徒)を迎え撃つ戦いを描く作品です。その戦闘シーンは『ウルトラマン』のオマージュに満ちています。エヴァンゲリオンは、四足歩行のような人間にはない動きも盛り込まれているとはいえ、基本的には「着ぐるみを着た人間」のように描写されます。エヴァンゲリオンの登場シーンの顔の映し方や、あえてローアングルから撮ることでスケール感を出す特撮特有のカメラワークなどもよく似ています。それらは『ウルトラマン』の特撮で得られたカメラワークの再現であり、実写特撮をあたかもアニメでシミュレートするかのような、一種バッドテイストめいた面白さすらみられるかもしれません。

『エヴァ』は着ぐるみの特撮のシミュレーションという意味では、ロボット的なフェティッシュというより『ウルトラマン』に源流を持つ作品です。

ガンプラによって新たな想像力を与えられた『ガンダム』

『ガンダム』は『スター・ウォーズ』的なメカの意匠を取り入れつつ、『ヤマト』にみられる第二次大戦オマージュの物語を、人間対人間の戦いとして掘り下げました。

物語の軸は、主人公アムロ・レイが所属する地球連邦軍と、その敵対勢力であるジオン公国との戦いです。第二次大戦でいえば前者が連合軍で、後者が枢軸国の比喩になっています。

『ガンダム』の世界で人類はスペースコロニーに進出していますが、地球の人類は、ジオン公国のようなスペース・コロニーに住む人類を差別していました。地球連邦から独立を企てるジオン公国は一見、植民地化への正当な抵抗のようにも見えますが、実際には正義とはいえない全体主義国家です。『ガンダム』では『ヤマト』のように正義と悪が固定してはおらず、両陣営について光と影を巧みに活写しています。『ガンダム』は『ヤマト』がなければ生まれなかったでしょうし、スタッフも重なっています。

『ガンダム』監督の富野由悠季は手塚治虫原作のアニメ『海のトリトン』(1972)の監督からキャリアをスタートしています。東映のディズニーアニメを目指す系譜ではなく、マンガ原作による大量のアニメ製作をこなし続けるという日本アニメの伝統から現れました。『ヤマト』『ガンダム』『エヴァ』という3つのアニメは劇場版オリジナルアニメーションがヒットを飛ばした点や、非常に大規模なファンコミュニティが盛り上がったことでも共通しています。アメリカでいう『スター・ウォーズ』『スター・トレック』のファンに近いコミュニティをアニメにおいて生み出しました。

一方で『ガンダム』において男性ファンコミュニティが主導していたのは、ガジェット的な欲望でした。男性のガジェット好きの欲望はプラモデル、いわゆる「ガンプラ」に向かいました。私自身の小学生時代も、ほぼゲームとガンプラで構成されていたといってよいです。

『ガンダム』はプラモデルがアニメから自立した人気を得て、しかも全く別の文化を生み出した点において特筆すべき作品です。ロボットアニメとミリタリーの関係性で言えば、『ヤマト』は旧日本軍の戦艦大和への関心という点で、ミリタリーに直結した性質が否めない作品でした。一方の『エヴァ』は『ヤマト』『ガンダム』への憧れを織り込みつつ、『ウルトラマン』という特撮作品を始めとする90年代までのオタク文化の集大成で構成された作品です。そして両者の真ん中にある『ガンダム』がもたらしたものとして、私は「ガンプラ」というホビーの世界の確立に注目したいのです。

『ガンダム』放送終了後の1980年にバンダイが発売を開始したガンプラは、初期はそれほど精密なプラモデルではありませんでした。人型のロボットのプラモデルは、船、戦車、飛行機といった現実の機械工学に支えられたモチーフとは異なり、実物の構造を参照することができません（他方で「スケールモデル」と呼ばれる、実際の戦艦や自動車などを精密に縮小したプラモデルがあります）。初期のガンプラは例えば足首のパーツが動かなかったりするような、どちらかというと人形に近いものでした。

ところがこのガンプラ人気が非常に沸騰して、『ガンダム』がTVで再放送されている間、本編以上にガンプラが人気を集める状況が生まれました。私自身、ブームの直撃世代なので、駄菓子屋に入荷される平均価格300~500円ぐらいの「1／144スケールモデル」のガンプラを子ども同士で奪い合っていたのをよく覚えています。あまりにも人気が出たために、マイナーなメカが次々と模型化されていき、技術的にも洗練されていきました。

そして現在、プラモデルの世界ではガンプラは特異な進化を遂げました。80年代のガンプラは頭が大きく、動きもカクカクとしてぎこちないものでしたが、現代のガンプラは当時とは隔絶したものになり、メカでも人形でもない独特のボディを実現しています。塗り分けのパーツがほぼ完璧に揃い、本来アニメでしかとれない二次元的なポーズをとることができるよう、関節部分のパーツを細かく分割して処理しています。アニメの世界を再現するためのガンプラの進化は、今日のキャラクターフィギュアの精密化にも貢献しています。ホビーとアニメの結びつきにおいて、ガンプラは面白いモデルを成していると思っています。

その中では「モビルスーツバリエーション」シリーズなどの、本編に登場しない言わば二次創作的なガンプラも登場しました。また、子ども向けのSDガンダムという世界も生まれました *note.39。SDガンダムは頭身を縮めてデフォルメしたもので、喋って動くガンダムたちが人格を持ち、三国志や戦国時代の世界などで物語を繰り広げています。

ガンプラも当初は戦艦や兵器に関するミリタリー的な人気を当て込んで作られていました。実際に『ガンダム』のアニメには、『ヤマト』を参照した「ムサイ」という戦艦（戦艦武蔵になぞらえたネーミングでしょう）があり、他にもドイツ軍や米軍の戦艦を模した宇宙戦艦も登場します。しかし、人型を模した兵器「モビルスーツ」のガジェットがキャラクターとして自立していくことで、ストーリー上はシリアスな戦争を描いていた『ガンダム』が、SDガンダムのようなデフォルメされたメカが動いたり喋ったりするといった方向性にも展開していきました。同時に、アニメのポーズを再現するといったプレイバリューの追求によって、現在でもバンダイのガンプラは極端に突出した技術を持っています *note.40 *fig.09。

先述の通り、ロボットアニメには元々は仮想戦記的な、日本に都合のいい歴史をやり直すというモデルが多いわけですが、『ガンダム』は、初代の地球連邦軍とジオン公国軍の戦いを模した戦いが常にベースになっています。世界統一政府は常に腐敗していて、反乱軍は鎮圧されるといった構図がとられます（シリーズを重ねるごとに様々な国が登場して、世界情勢が錯綜してい

*note.39：アニメーターの佐藤元がガンダムなどのロボットをデフォルメキャラクター化してマンガを描いていたことに端を発し、子供向けのSDガンダムという世界が生まれました。最初のガンプラブームと同時期に流行していた「キン肉マン消しゴム」のように、消しゴム人形に展開していく際、頭を大きくして頭身を縮めた方が見栄えがよいので、デフォルメに特化したという点もあります。

*note.40：例えばもうひとつの優れたプラモデルメーカーであるタミヤは、戦車を始めとする実在のメカのプラモデルに関してはバンダイの追随を許しませんが、ガンプラに比べると、あくまでも伝統的な、再現としての模型という範囲を逸脱していません。ディテールの再現など、あくまで実物に送り返されるタイプのスケールモデルであって、ガンプラのように動かして遊ぶ「プレイバリュー」は想定されていません。実際の戦車を見に出かけるといったミリタリー趣味の延長上にあります。

*fig.09:

バンダイミュージアム「ホビーミュージアム」のガンプラ展示風景
(C)創通・サンライズ/写真協力:バンダイミュージアム

きます）*note.41。

『ヤマト』は黎明期のアニメ雑誌の盛り上がりにも貢献した作品でしたが、それほどブームは長持ちしませんでした。他方『ガンダム』の場合は、ガンプラがガンダム人気を長年支えた立役者として大きな存在を占めていると考えています。近年の『ガンダムビルドファイターズ』（2013）のような、ガンプラを用いたバトルを主題にしたアニメ作品は、そうした状況を主題にしています。

*note.41：この構図は、図らずも現代の「米軍対テロリスト」的な世界を先取りしているのではないかと思われます。

デジタルゲームと『ガンダム』

『ガンダム』の想像力をミリタリー的なものからずらしてきたものとして、ガジェットとしてのガンプラだけでなく、近年ではそこにデジタルゲームが加わっています。

日本のアニメの伝統として、コミック文化に由来する、手描きのデフォルメされたキャラクター描写の魅力について、ファンの熱い眼差しがありました。手描きの動画の魅力は長い間、CGとは相容れないものとされてきました。しかし近年ではその関係が新たな総合を迎えつつあります。その隠れた「変数」のようなものとして、ガンプラに見られるような、二次元的な極端なポーズを三次元で再現するような試みがあり、そこにガンダムのゲームも関わっていると思うのです。

ガンダムのゲーム展開も3DCGの洗練によって変化してきました。ガンダムのゲームにはシミュレーションゲームの系譜と対戦格闘ゲームの系譜がありました。シミュレーションゲームの系譜は『機動戦士ガンダム ギレンの野望』シリーズに代表されます。これは戦国時代を題材とする『信長の野望』と同じように『ガンダム』の戦争をシミュレートするゲームです。日本において、第二次大戦物のゲームは一定の人気はあるのですが、政治的な生々しさを含みやすいためもあって、戦国時代や三国志を題材にした作品が最も人気があります。ガンダムに関してはそうした歴史的事実との関係はありませんから、シミュレーションゲームを作りやすかったのです。

もうひとつ、格闘ゲーム『機動戦士ガンダムvs.』シリーズも重要です。これは初期は『ストリートファイターII』を作っていたカプコンが監修していたゲームです。一般にキャラクターゲームは宣伝目的もあり短い開発期間でリリースされることが多いので、面白いものに仕上がることが少ないのですが、『連邦VSジオン』(2001)を始めとする『vs.』シリーズはかなり緻密な格闘ゲームになっています。

格闘ゲームのブームは90年代に築き上げられ、『ストリートファイターII』シリーズにはじまり、90年代末にはかなりの成熟を見せました。高難度化などもあり、00年代はやや下火になり新規プレイヤーがあまり増えない状況がありました（2008年の『ストリートファイターⅣ』でブームが本格的に復活しています）が、実際のところ、格闘ゲームの00年代のブームを繋いでいたタイトルのひとつは『機動戦士ガンダムvs.』シリーズで、アニメを見たことのないプレイヤーも惹き付けました。それぞれのモビルスーツの長所短所を生かした戦略要素が構築されているゲームです。私の仮説では『vs.』シリーズは日本のアニメーションにおけるロボットのCG表現がアニメファンに受け入れられていく過程で重要な役割を果たしたと考えています。CG同士の格闘の展開によって、「手描きでないと感情移入できない」という抵抗が大幅に減ったためです。

もうひとつ挙げなくてはならないのは『スーパーロボット大戦』シリーズでしょう。これは様々なロボットアニメのロボが戦い合うクロスオーバーもののRPG風シミュレーションゲームです。昔のロボットアニメからロボを総出演させ、必殺技などのカットインムービーを洗練させつつ、原作再現であったり番外編だったりするようなシナリオをシリーズごとに繰り返している作品です[note.42]。

私の感触としては、ロボットアニメはアニメそのものとして生命力が長いというより、プラモデルやゲームのジャンルとして、ファンは高齢化しつつも、一定の人気が維持されていたのだと見ています。

[note.42]：アメリカにもアクション・ヒーローのクロスオーバー作品の豊かな伝統があります。例えば「マーベル・ヒーロー」のキャプテン・アメリカとアイアンマンが戦い合う『シビル・ウォー』は、アメリカでは大文字表記で南北戦争を指し示す「内戦」状況を描いたシリーズです。

まとめると、『ヤマト』は大日本帝国の徒花である戦艦大和を宇宙で暴れさせる願望充足、『エヴァ』は特撮という形でのガジェットの世界があり、それらに挟まれる『ガンダム』は『ヤマト』を受け継ぎつつ、複雑な展開、プラモデルやゲームを通じてガジェットの人気があるという見立てです。この3つのアニメはいずれも、アニメーションの世界を超えて、ホビーという領野のイマジネーションが大幅に介在しています。そして、それがファンコミュニティへの求心力に作用していると思います。

ポストモダン以降のロボットアニメの様相

最後に言うならば、現在でもロボットアニメは作られ続けていますが、それほど成功例は多くありません。ただ特徴として現在のロボットアニメは男女両方のファンを狙おうとする傾向にあり、このため異性愛とは異なる図式の人間関係が誇張されて描かれます(『コードギアス』もその図式でヒットしました)。

ロボットアニメは軍事を扱うので、男性を中心としたファンが形成されますが、一方で『ヤマト』『ガンダム』『エヴァ』の3つの作品は、ミリタリーと女性キャラクターの魅力だけではなく、男性キャラクターの魅力によって女性ファンも多数獲得していた点で、ミリタリー趣味の主流からずれていったと考えています。第3回で扱ったメロドラマ映画という異性愛的なコンテンツも、例えばトッド・ヘインズのようなセクシャルマイノリティによって読み替えられましたが、それと似た性質の現象が、『ヤマト』『ガンダム』『エヴァ』の女性ファンにも発生していました。特に『ガンダム』シリーズは、現在では美男子同士の同性愛的な友情（ボーイズラブ）がもたらす人気を一定程度前提としているといってよいでしょう*note.43。

もうひとつ『超時空要塞マクロス』（1982-83）に始まる『マクロス』シリーズも特筆すべきでしょう。戦闘機を人型ロボットに変形させるというギミックを用いたため、マジンガーZのラインを残したガンダムと比べると、当初からデザインに独特の洗練がみられ、日本国外でも注目された作品です。特に興味深いのが、戦闘機がロボットに変形する途中の中間形態、ガウォーク形態（戦闘機に手足が生えている状態）の発明です。また『ヤマト』には抽象的な「愛の力」で戦争を止めるという設定がありましたが、『マクロス』シリーズは、何故かアイドルの歌の力で敵を倒すという設定が軸になっています。宇宙戦争中にアイドル歌手のリン・ミンメイの巨大ライブ映像を流したり、男女のキスシーンなどを映しだすと、軍国主義下で娯楽文化を抑圧されてきた敵軍がパニックを来し、戦闘に勝利できるという荒唐無稽な設定です。

軍事、ミリタリー文化にはしばしば娯楽趣味を抑圧するイメージが伴いますが、ミリタ

*note.43：『ガンダム』で最も人気を博したのは、ジオン公国のシャア・アズナブルというキャラクターです。女性ファンには、シャアとジオン公国の王子ガルマの関係性がBL的に読み取られることで人気を博しました。シャアのシャワーシーンはその象徴です。一般にロボットアニメは男性ファンのミリタリーやガジェットへの関心を主軸に作られますが、実際には常に女性ファンによる読み替えが発生していました。

リー文化の産物である『マクロス』の最終兵器は娯楽であり、エンターテインメントで軍国主義を倒すという世界を描きました。ミリタリー趣味を推し進めると娯楽や芸術を抑圧するのではないかという懸念を奇妙な形でひっくり返しています。とはいえ言ってみれば『マクロス』はメカと美少女を最も臆面もなく並列しただけとみることもできます。しかし、『BTTF』シリーズが描いていたような80年代のポストモダンな歴史感覚をロボットアニメにおいて最も典型的に表現しているのが『マクロス』だと思うのです。『ヤマト』『ガンダム』『エヴァ』の影に隠れていた『マクロス』シリーズは、私の見立てでは、実は現代のロボットアニメにおいて息の長いイマジネーションの世界を確立していると言えるかもしれません。

ちなみに『マクロス』はアイドルものでもあるのですが、現代のボーカロイドの世界やアイドルアニメの興隆には、80年代アイドルと、作品としてのアイドル物の系譜があります。アニメでは『魔法のプリンセス ミンキーモモ』(1982-83)『魔法の天使クリィミーマミ』(1983-84)『マクロス』といった作品がありますし、『あまちゃん』では80年代アイドルの世界を現在のAKBや地元アイドルの存在に結びつけています。ただ、これらは「萌えミリタリー」の系譜に直接には結びついていません。『ストライクウィッチーズ』や『ガールズ&パンツァー』および『艦隊これくしょん』の世界は、もう少しニッチな欲望に由来しているといえます。『艦隊これくしょん』では少女と戦艦のパーツが合体したキャラクター「艦娘」が存在しますが、これは「MS少女」を参照して造形されています。「MS少女」とは明貴美加というメカデザイナー・イラストレーターが80年代末期に描いていた、ガンダムのモビルスーツと少女が合体したイラストです。かなりニッチな世界ですが、明貴は『ガンダム』シリーズのメカデザインも手がけており、『機動戦士ガンダムZZ』(1986-87)などではモビルスーツをデザインしています。他にも『武装神姫』のデザインなども行っており、現在では「艦娘」的なイマジネーションの先駆者とみることができます。

このようにアニメとホビーの世界は、ミリタリーがひとつの軸として存在しつつも、実際には軍事趣味とは関係のない方向への逸脱を見せています。それは機械の模倣(シミュレーション)では実現不可能な二次元的なデフォルメやアクションへの志向に現れていますし、同時に女性キャラクターの活躍のさせ方に現れているとも言えます。

ビデオゲームとロボットアニメを安易にパラレルに論じることはできませんが、少なくとも、両者は軍産複合体的な世界から逸れていくことで、別の可能性を生み出したということです。軍事技術特有の魅力から、殺人兵器としてのいまわしさを消去することはできませんが、恐らくはこの種の作品とメカとの関係性には、ホビーの生み出す未来への可能性を見ることができるでしょう。

/ Lecture.5 / 第5回 /

メディエーション／ファンコミュニティ

「速度と時間」を複数化して考える

メディア論にみられる典型的なパターンは「新旧交代」についての楽観論と懐疑論の交錯であり、そこから「一世代前のメディアに対するノスタルジア」が不可避的に生じています。こうした状況を「媒介性《メディエーション》」の多様なあり方から捉え、イメージ論を更新していく試みを紹介します。ネットの普及とともに到来した「動画の時代」の新しさが一段落した現在、視覚文化と向き合う際の「加速と減速」という二元論的なモデルの限界も明らかになってきました。アニメ、3DCG、ネット上の「ファンコミュニティ」といった様々な事象を、複数の速度、複数の歴史が同時に現れる場として分析することが、これからの視覚文化を捉える際に求められるでしょう。

Lecture.5_1

メディア、メディウム、メディエーション

「新しいメディア」をめぐる議論

本講義は「メディエーション／ファンコミュニティ」としています。メディエーション（mediation）とは「媒介すること、媒介性」を意味する言葉です。「メディア」「メディウム」という語と関連しています。いわゆる「メディア（media）」とは社会学やメディア論で使われる言葉です。一方で、ドイツ語の「メディウム（Medium）」は哲学の文脈では「媒介」という意味ですが、美術においても、絵の具や石といった作品の制作素材、そして「絵画」や「映画」などの表現形式を指すメディウム論が存在します*note.01。

メディエーションの対となる語として「無媒介であること、直接性」という意味の「イミディアシー（immediacy）」という言葉があります。ここではメディエーションを「メディア」「メディウ

*note.01：現代アートでは「ポストメディウム論」が注目されています。美術批評家のロザリンド・クラウスは「ポストメディウム・コンディション」という概念を用いて、現代におけるメディウム論を述べました。モダニズムが絵画なら平面性、彫刻なら立体性という視覚芸術の媒体性を定義したのに対して、現代アートにおいては、メディウムそのものを個々の作品が問い直していく契機を持つとしています。Rosalind E. Krauss, *A Voyage on the North Sea: Art in the Age of the Post-Medium Condition*, Thames & Hudson, 1999『表象』第8号（表象文化論学会、月曜社、（2014年）も「ポストメディウム映像のゆくえ」をテーマとしています。

ム」の総称として考えていますが、さらに「一見イミディアシー＝無媒介の状態にみえても、別の意味では媒介されている」という一種の「汎媒介論」としての意味合いを意図しています。こうした考え方は「すべてはコミュニケーションである」「すべては接続されている」という意味合いを帯びやすい上、近年ではそうした接続のイメージに対抗する議論も出てきています*note.02。ですが私は、いわゆる直接的な無媒介を一旦媒介にもたらした上で、その上で出てくる切断について議論したいと思ってるので、そうした意味で「メディエーション」という言葉を取り上げていると考えていただけると幸いです。

*note.02：近年では千葉雅也による ドゥルーズ論『動きすぎてはいけない』（河出書房新社、2013年）で「接続過剰に対してあえて切断することが必要である」と述べられています。

テクノオプティミズムとオールドメディアノスタルジアの対立

さて、まずはメディア論でしばしば現れる基本的な議論のパターンを抽出してみます。新しいメディアが出てくる時には、常に「過度の期待」と「オールドメディア派」が発生します。前者は例えば「電子書籍によって紙の本は衰退するだろう」という意見です。これは一般には、技術者を始めとするテクノオプティミズムにみられる見解です。彼らは新しい技術に注目し盛り上げていくことで、資金を獲得して技術を進めていくという意図を明確に持っています。第2回では、アメリカにおける発明家の系譜について取り上げましたが、イノベーションの進展においては、そこに投資が関与する限り市場との関係が欠かせません。特定の方向性に多くの人が関心を持ち、市場が生まれることでテクノロジーも一気に進展します。

このように、テクノオプティミズムには、投資を期待して過度な楽観論を煽っている側面があり、それに対して、テクノロジーが必ずしもよいものではないとする懐疑的なオールドメディア派が現れます。これまでたとえ新しいと言われたものでも、数年から十数年でレガシー化した例は枚挙に暇もありません（MOメディアが代表例でしょう）。彼らは時には最新のテクノロジーをあえて使わないという選択をします。一般に教養・文化との関係で言うならば、古典的な教養を重んじる人は比較的懐疑派に立つことが多いです。

期待派と懐疑派の対立が起きる現象について、私はこの2つがセットで現れる状況を考えたいと思います。私自身、期待と懐疑の両方を常に持つようにしています。

現代では大体のデータはデジタル化されていますが、デジタルデータをどの媒体に保存するか、エンコード（コード化、暗号化）されたデータをどうデコード（解読）していくかが重要になってきます。すなわち、データをどのような画面や再生環境で見るべきか、保存の形式は何がよいのか。そのような問題は、情報がデジタルデータとなった後にむしろ問われる問いです[note.03]。

新しいメディアについての期待派と懐疑派の対立は、メディア論において常に繰り返されて

[note.03]：2014年時点で行方が分からないメディアとして、光学メディアがあります。CD、DVD、Blu-rayといったものです。CDはレコードに代わるメディアとして80年代から活躍してきましたが、現在では高々7、800MBのデータに過ぎないことが誰の目にも明らかであって、また音楽産業のあり方とともに「CDを売る」ことの必要性や意味が変容しています。また保存性の点でも、既に初期の光学メディアで読めなくなっているものがあるという報告がなされており、映像メディアに関してもCDと同じことが言えます。

きました。50〜60年代にはマーシャル・マクルーハンのメディア論『グーテンベルクの銀河系――活字人間の形成』(1962)*note.04が著されました。マクルーハンは印刷術の登場を例として、人間の拡張、感覚器官のありようがメディアに応じて変化すると述べています。マクルーハン以外には、ウォルター・J・オング『声の文化と文字の文化』(1982)*note.05があります。口語=オラリティの文化と、文章=リテラシーの文化の関係を考える本です。ここから次のようなことが言えると思います。活字文化が広まる以前、中世のヨーロッパ社会では教会が市の中心であって、読み書きの能力はもっぱら聖職者に委ねられていました。一般の教徒は聖職者の演説を聴くことで初めて聖書の内容を知ることができたわけです。グーテンベルクの活版印刷によって民衆も文字を読むことで教養に関わっていくという変容が起きました。印刷物としての聖書の普及と、ドイツにおけるプロテスタント、ルターのカトリックに関する異議申立てには、一定の関係があるといわれています。カトリックにおいては、ミサという一種のメディアスペクタクルであるようなイベント、オルガンが鳴り響き、ステンドグラスの光が降り注ぐ中で聖職者の言葉を聴くことが信徒にとって重要な宗教経験でした。しかしプロテスタントのもとでは、各自が読み書きを身につけた上で印刷された聖書を読むことで、ミサに参加しなくても、宗教経験が可能になります。さらに書物の「黙読」によって、文字の文化が声の文化から切り離されるようになる、ということです。

*note.04：マーシャル・マクルーハン『グーテンベルクの銀河系――活字人間の形成』森常治訳、みすず書房、1986年。マクルーハンは英文学研究者でもありました。彼の全体像を扱った著作として、門林岳史『ホワッチャドゥーイン、マーシャル・マクルーハン？――感性論的メディア論』(エヌティティ出版、2009年)があります。

*note.05：ウォルター・J・オング『声の文化と文字の文化』林正寛、糟谷啓介、桜井直文訳、藤原書店、1991年

マクルーハンやオングはこうした議論を踏まえつつ、ラジオやTVの普及によってもう一度変容が起きたのではないかと述べています。つまり、声の文化から文字の文化に変容してきたメディアの歴史が、TV、ラジオといった視聴覚メディアの影響力が増していることで、もう一度新たな声の文化が広まるのではないかという主張です。こうした見方が20世紀後半には出てきたわけです。

マクルーハンの議論に関しては、しばしば現在では既に古いのではないかと言われます。その一例がTVをめぐる考察です。マクルーハンは「TVはクールなメディアだ」と述べました。当時TVは映画に比べて粗い映像しか送ることができず、マクルーハンはその粗さゆえの「クールさ」の可能性について議論していたわけです。当然ながら現在ではTVはかなり高精度になっていますこのように過去の技術的条件に基いているために、現代では通用しない、もしくは相対化できるのではないかという意見があります。しかし、ここで取り上げたいのは哲学やメディア論の見方とは別の話で、文化的なメディアの接し方に関する議論です。

新しいメディアが出ると、ひとつ前のメディアがノスタルジアの対象になるという現象が起きます。そして常に新しいメディアは「冷たい」と呼ばれ、古いメディアが「温かい」と呼称されます。大雑把に言うと「よそよそしさ」と「親しみやすさ」です。マクルーハンが述べた「クール」(こちらは情報の粗密度の話なので、いわゆる人間味のあるなしではありません)とは全く異なる話なので、混乱は避けたいところですが、電子書籍の場合は、電子書籍が「冷たい」、紙のメディアは「温かい」と言われますが、そもそも活版印刷が出た時には、紙の文字は「冷たい」、人の声で聴く方が「温かい」と言われていたわけです。これには世代交代も関係しているでしょう。若い時に親しんだメディアが血肉となっているために、ニューメディアに対して「新しいものは嫌だ」と抵抗が生まれるのはよくあることです。語る論者自身の年齢が関係する可能性が捨てきれません。

さらに卑近な例として、眼鏡を考えてみます。私は高校生になってから眼鏡をかけだしたのですが、「お前は文明がなくなったらどうするんだ」と同級生に軽口を言われたことがあります。眼鏡はどの程度人間の生身といえるのでしょうか？　よくアニメやマンガの眼鏡キャラクターについて「眼鏡が本体」というスラングがありますが、これはあながち冗談ではないと思われます。今日では眼鏡だけでなく、コンタクトレンズ、レーシック手術という方法もあります。そもそも人間の感覚器官の補助装置として使われるような道具は様々あり、補聴器や義手、義足といったものも同様です。

メディア論でよく言われることとして、義肢、義足、義手などの補綴物を指す「プロステーシス」という言葉があります。眼鏡もプロステーシスのひとつです。「眼鏡に頼らなくてはならない人間は脆弱である」という意見はあるでしょう。確かに眼鏡なしで済ませられるなら、それに越したことはないわけです。しかし人間にとってプロステーシスの力を借りる必要があることを、ハンディキャップとみなすべきか否かという問題があります。これを障碍や差別とは別の側面から考えると、プロステーシスを用いない無媒介性を支持するのか、人工的な媒介性を必要とするのか、という問題です。眼鏡に慣れ親しんでいる人は、眼鏡の人工性を許容しなくては生きていけません。しかし、眼鏡を使わないという無媒介性、ナチュラル性を志向する人が、他の面で人工性を主張している可能性は充分にあります。何がナチュラルで、何が人工的か。何が必要で、何が余分なのか。この問題は、その人が慣れ親しんだメディアによって変わってくるのではないかというのが私の持論です。

マクルーハンは感覚器官の比率（ratio）が、時代によって変わってくると議論をしています。これを時代ごとの人間の性質ではなく、個々の人がどのメディアに対してどの比率で接しているのか、という、日常生活におけるメディア接触と感覚器官の関係について考えれば、有用な問題を提起していると思います。「よそよそしいプロステーシス」「一昔前のメディアが暖かいとみなされる」といった諸問題を、比率の配分から考えることができるからです。

さらに、ここで現れるノスタルジアの問題をもう一度考えておきましょう。『BTTF』については、デロリアンという80年代の面白カーがタイムマシンでした。今ではCGを使わない特殊撮影を「温かみがある」と言う人がいますが、当時においては最新テクノロジーの特撮で作られており、軽々しいという批判が当然ありました。

これは、新しいテクノロジーに対してオールドメディア派が懐疑している「いずれ古くなる」という否定的な見方に「いずれ古くなることでノスタルジアが生じる」という積極的な面を見いだせることを示しているように思われます。その典型として、宮崎駿作品における温かみのある機械が挙げられるでしょう。歯車で動かす機械や、スチームパンク（蒸気機関をベースにしたSF）の世界観に近い複葉機やプロペラ機（レシプロ機）など、レバーをガチャガチャといじることで操る機械たちは、しばしば温かみがあると評されます。

また、デジタルゲームで非常に顕著なものとして、今でいうレトロゲーム、ファミコン世代のゲーム表現に「8bit」（エイトビット）という呼称を与え、当時の表現をノスタルジックなものとして受け止める風潮が浸透しています。音楽でも「チップチューン」という呼び方で、ローファイのシンセサウンドが同様の懐かしいものとして受容されています。『スーパーマリオ』シリーズや、『ロックマン』シリーズに見るように、全てのメディアがデジタル化したからこそ「初期の粗いデジタル表現」がノスタルジックなものとして扱われることが増えているわけです。

ドット絵というのはグラフィック技術のひとつで、デザイナーはドットを用いてグラフィックを作っていました。現在では３Dモデルを用いるのが主流です。「３Dは冷たくてドット絵は温かい」という言い方をするオールドゲーマーも少なくありません。しかし、単純にそのように言ってよいでしょうか。こうした現象は、あらゆる一世代前のメディアについて常に生じています*note.06。

「ニュース」への関心とメディエーション

いかにメディアが更新されても、それを使う人間はくだらないことしかやっていないのではないか、という懐疑論があります。例えば現在、Twitter、LINE、Facebookその他のSNSは急速に発展していますが、「SNS疲れ」と言われる、反応しなくてはいけないという強迫観念、コミュニケーションの網の目に対する疲労はよく指摘されています。人間はいくら最新のテクノロジーを得ても、やっていることは人間関係の問題に過ぎないという言われ方は非常にありがちです。

そもそも人間の「ニュース」への関心は、一般には政治経済を始めとする社会的な大きな出来事への人間の関心という意味でも捉えられますが、一方では芸能ニュース、犯罪、ネット炎上などの様々な噂にみられるような、人間社会のスキャンダラスで醜い側面への関心という二面性で捉えられます。ケネス・アンガーが『ハリウッド・バビロン』で露呈させたスター、セレブリティに対するゴシップ的な関心にはそうした否定的な側面が現れています。した

*note.06：3Dに対しても、ローポリゴン、つまり3DCG初期の、現在から見るとカクカクした3D表現（ニンテンドー64『スーパーマリオ64』や、初代プレイステーション『ファイナルファンタジーⅦ』のような作品）は、当時は過渡期の表現であって残らないと言われましたが、現在ではノスタルジックに捉えられています。近年の作品『マインクラフト』でもローポリゴンの表現がみられます。また、例えばゲームキャラクターが活躍するディズニー映画『シュガー・ラッシュ』（2012）は、80年代のゲームのキャラクターのドット表現や90年代ゲームのローポリゴン表現を「古びた懐かしいもの」の記号として登場させ、時代のギャップを巧みに扱っています。

がって新しいメディアはつねにゴシップに使われてしまう恐れがあります。しかしこうした関心そのものを疑うとなると、人類文明の重要な部分をなすコミュニケーションや、ひいてはメディエーションもまた否定しなければならなくなると私は考えます。

ジャーナリストのミッチェル・スティーヴィンスによる『ドラムから衛星まで ニュースの歴史』(1990)*note.07という本があります。同書では、村社会、または前近代的とされる民族において、噂の伝播速度が非常に早いということが書かれています。

人類学の調査については、例えば人類学者がある民族を訪問したところ、彼が到着するまでにその噂が村じゅうに知れ渡っていたとか、普段は文明化された暮らしをしている民族が、人類学者の期待に応えるために訪問時には野蛮にみえる祭でもてなしをしたといった事例があり、単純に観察者と観察対象の非対称性をみるだけでは不十分であることが知られています。特に噂の伝達速度は相当早く、のろしのような方法も用いられます。つまり現代でいう電波、無線、インターネットなどがなくても、人間は自分の移動速度よりもはるかに早く情報を伝達してきたわけです。また、村社会では噂が筒抜けであるという定説はよく知られています。日本でも数百人、数千人単位のコミュニティだと、細かい人間関係の情報が共有されていることは珍しくありません。例えばTVドラマの『あまちゃん』は東北の田舎が舞台になっていますが、「誰と誰が昔付き合っていた」といった私

*note.07：ミッチェル・スティーヴィンス『ドラムから衛星まで ニュースの歴史』笹井常三、引野剛司訳、心交社、1990年

生活のスキャンダラスな情報が飛び交っている反面、噂を知られようがどうでもいい、致命的ではないという状況が同時に描かれていました。

対面コミュニケーションには、イミディアシー、無媒介性を見いだすよりは、むしろ媒介性の契機が多分に含まれていると考えた方がよいと私は思います。例えば、メール、LINE、電話などでこじれた関係が、会うことで解消することがあるのはなぜかと言えば、対面コミュニケーションでは身振り、感情的ニュアンスがより豊かに伝わるからです。それを「無媒介だからだ」と考えるよりは、情動表現などを伝えるような「媒介性が多様である」と考えた方がよいのではないでしょうか。これは情報社会に対する疑義についても言えることです。情報だけでは駄目で実物の方がすばらしいという物言いは多々あります。しかし実物とは何であるかを考えると、情報が複雑かつ多様に高度化されたメディアだという言い方もできます。コミュニケーションを時に切断することも、メディエーションのコントロールという側面から考えることができます。

要するにメディア論で扱われる類のメディアとは、LINEにおけるスタンプ(キャラクターのイラストで送信者の意思・感情を代替する機能)のように、取りうる表現手段がある程度限定されているもの、すなわち広い意味での媒介性の中から特定の媒介性を切り出して、専らその情報をピックアップするものとして捉えられます。

視覚メディアという考え方は、感覚器官を単位とした捉えかたです。例えば動画と音で構成される映像の場合、人によっては触覚が消える、嗅覚、味覚がないという主張もあります（音声は鼓膜を震わせるので、実は触覚性もあるのですが）。とはいえ一般に五感と言われる感覚は、内臓感覚を始めとしてさらに分節化することが可能です。なので厳密には「視覚メディア」という言い方は、実際にはかなり細かい人間の感覚器官の分節化の中で、そのいくつかをピックアップすることで現れてくるものです。

ジャック・デリダ（1930-2004）は、エクリチュール（文字、ライティング）の哲学で知られています*note.08。「より無媒介的な音声が善で、文字というメディアが文明の悪である」という二分法は哲学を含む様々な分野で提起されてきたのですが、デリダは音声にも一種の痕跡性を見ることで、「音声は直接的である」というステレオタイプな意見に対して、声よりも媒介的であるとされた文字の痕跡性の特徴が、声にも入り込んでいるという議論です*note.09。ベルナール・スティグレール（1952-）という哲学者はデリダの議論を受けつつ、現代のイメージその他についての媒介性の議論をより発展させています*note.10。

やや概略的なまとめではありますが、無媒介とされてきたものを媒介性の契機として見るという思考を出発点とすることが、現代の視覚文化を考える上ではシンプルながら有効な出発点になるのはないかと私は考えています。

*note.08：G・スピヴァヴ『デリダ論』（田尻芳樹訳、平凡社（平凡社ライブラリー）、2005年）は、英訳版『グラマトロジーについて』の序文として書かれたものの邦訳ですが、概説として今なお示唆的です。

*note.09：ジャック・デリダ『声と現象』（林好雄訳、筑摩書房（ちくま学芸文庫）、2005年）では例えば、フッサールの現象学が「自分が語るのを聞く」という「内面の声」の無媒介性を前提としているものの、こうした場面でつねに「文字の痕跡性」を見出すことができることを示しています。

*note.10：ベルナール・スティグレール『技術と時間（全3巻）』石田英敬監修、西兼志訳、法政大学出版局、2009-13年

イメージの位置

これまでの議論を踏まえて、視覚文化における視覚イメージについて考えてみます。「イメージ」という言葉自体、視覚イメージとして捉えられることが多いですが、イメージは本来、像という意味です。

言語学者のソシュールには「聴覚像（image acoustique）」という言葉があります。ソシュールは記号の二面性をシニフィアン・シニフィエと区別したことで知られますが、それは元々は「概念（concept）＝シニフィエ」と「聴覚像＝シニフィアン」という対比でした。つまり「犬」という単語があった時に、犬という文字像を「聴覚像＝シニフィアン」と呼んで、4本足でワンと鳴くといった内容を「概念＝シニフィエ」と呼びました。つまり、イメージだからといって視覚的とは限らないわけです。

今までの講義で「シミュラークル」（ボードリヤール）、「スペクタクル」（ギー・ドゥボール）という概念に触れました。現在のメディアの観点から言うと、どちらも実はひとつ前のメディアについての言葉だと思われます。ボードリヤールが考えたのはＴＶの社会、写真の複製メディアの社会です。モデルとなったメディアはアンディ・ウォーホルのシルクスクリーンです。写真メディアと版画によるマリリン・モンローのイメージの複製は、デジタルメディア以前においては「反復される死のイメージ」などと呼ばれたのですが、現代の目で見ると、シルクスクリーンの版画には人の手が加わった痕跡がありますし、印刷のムラをわざと使ってモンローの顔を毀損するといった表現には、情動性、感情表現を読み込むことができます。現在のデジタルメディアの複製では起きないような痕跡、ムラを伴っているのです。シミュラークルという言葉は「オリジナルもコピーもない状態」と定義されていました。しかし、その代表とされる作品を今見ると、人の手の加わった温かみのある表現にさえ見えてくるのです。

映画作家でもあったドゥボールが述べた「スペクタクルの社会」も、メディアスペクタクルとしては、TV・ラジオを前提としています。ラジオというメディアは、特に20〜40年代には悪名高いものでした。ヒトラーがラジオを国民に配って国営放送を流し続けたように、プロパガンダのメディアとして大いに貢献していたからです。スペクタクルには人々を「動員」するようなメディアの性質と関係があります。これも、写真とメディア、TVとラジオといったメディアが想定されていたイメージ論でした[*note.11]。

さらに、コンピュータがデジタルメディアの中でどう位置していたかという議論に関して、マルクス主義的な社会批評としてのイメージ論を紹介しておくと、ひとつは思想家フレドリック・ジェイムソン(1934-)の「ポストモダニティにおけるイメージの変容」(1995)[*note.12]です。

*note.11：ドゥボール自身は実験的な映画を作ることでTV的な映像やハリウッド的な映画に対して対抗できると考えていました。

*note.12：フレドリック・ジェイムソン「ポストモダニティにおけるイメージの変容」『カルチュラル・ターン』合庭惇、秦邦生、河野真太郎訳、作品社、2006年

この論文は現代においてイメージの地位がどう変わったかを議論しています。もうひとつ、ジャック・ランシエール『イメージの運命』*note.13も有名で、ボードリヤールやギー・ドゥボールのようなシミュラークル論、スペクタクル論のさらに後のフェーズを考えようとしています。ジェイムソンの主著のひとつとして未邦訳の『ポストモダニズム』(1984)*note.14という本があって、そこではビデオが主題的に論じられています。TVが誕生した当初は、生放送であるか、映画を粗い解像度で再放送するメディアとして考えられていたのですが、ビデオ機器の登場で、番組を録画できたり、PVを何度も見ることができたりするようになりました。50年代に既に普及していたTVは、80〜90年代になるとビデオの文化になります。ジェイムソンのポストモダニズム論は、TVとビデオを分け、そこに亀裂を見る議論でした*note.15。

今日のメディアをめぐる議論の展開

以上のようなメディアをめぐる議論が現在どうなったかという点について、イメージ人類学と認知科学によるアプローチを紹介しておきます。

ひとつはイメージ人類学で、先史時代からの人類とイメージの関わりについて芸術論を拡張して扱っています。イメージ人類学は、考古学的な観点から、今日の事象について論

*note.13：ジャック・ランシエール『イメージの運命』堀潤之訳、平凡社、2010年

*note.14：Fredric Jameson, *Post-modernism, or, the Cultural Logic of Late Capitalism*, Verso, 1991

*note.15：アートの世界でも「ヴィデオアート」(こちらでは「ヴィデオ」表記が定着しています)が現れ、現代アートにおける映像作品の増加をもたらしました。フィルムとは異なり「現像」のプロセスがいらないこと、フィードバック回路や監視カメラへの着目などが特筆されます。現在のデジタル化された環境からみると、過渡期的な表現形態にみえるところもありますが、20世紀後半の美術を考える上で重要な媒体です。ロザリンド・クラウス「ヴィデオ——ナルシシズムの美

を拡張していくことが特徴です。例えば日本ではデヴィッド・ルイス=ウィリアムズの『洞窟のなかの心』(2002)[*note.16]が有名です。同書のアプローチはイメージ人類学だけでなく、認知科学とも結びつくのですが、人間の芸術の起源にある洞窟壁画とは何なのかを検討しています。また、古典的にはアンドレ・ルロワ=グーラン『身ぶりと言葉』(1964)[*note.17]という洞窟壁画分析に基づく文明論があります[*note.18]。

またドイツの美術史家ハンス・ベルティングの著作『イメージの人類学——ピクチャー、メディウム、ボディ』(2000)[*note.19]は、芸術の時代以前におけるイメージの歴史について、メディエーションの観点から述べています。イメージの類似と現前をテーマに、例えば「人の顔は他の人と類似していると同時に、イコン(像)、プレゼンス(現前)でもある」という観点から論じています。

もうひとつ、認知科学的な方向性があります。簡単に言うと脳科学とも結びつくような心理学的研究です。例えば「ゲーム脳」を始め「◯◯脳」という表現があります。これは脳科学と結びつくかたちで認知科学が発展したために現れ、濫用されるようになった言葉です。認知科学の発展は大きな知の変容をもたらしています。20世紀中頃は言語学、記号学が人間研究における中心になりうると考えられていました。しかし現在では、言語や記号は人間の認知機能の一部しかカバーしないとされています。

ここで紹介したいジェームズ・J・ギブソン(1904-79)のアフォーダンス理論[*note.20]は、認

学」(石岡良治訳、「ヴィデオを待ちながら 映像、60年代から今日へ」展カタログ、東京国立近代美術館、2009年)。また通史としては次の本が重要です。クリス・メイ=アンドリュース『ヴィデオ・アートの歴史——その形式と機能の変遷』(伊奈新祐訳、三元社、2013年)、イヴォンヌ・シュピールマン『ヴィデオ——再帰的メディアの美学』(海老根剛監訳、柳橋大輔、遠藤浩介訳、三元社、2011年)。

*note.16: デヴィッド・ルイス・ウィリアムズ『洞窟のなかの心』港千尋訳、講談社、2012年

*note.17: アンドレ・ルロワ=グーラン『身ぶりと言葉』荒木亨訳、筑摩書房、2012年

知科学プロパーとは少しずれますが、環境を前にした生体（人間や動物）の認知機能からイメージを捉え直しています。

私たちは椅子を見た時に「座れそうだ」と思います。なぜそう判断できるかというと、椅子が特定の環境において「座れる」という機能を担っており、私たちがそれを読み取るからです。こうした事態を動詞〝afford〟に基づき「アフォーダンス」と呼ぶわけです。私たちは視覚的イメージを媒介に「椅子がある→椅子は座れるものだ→私は椅子に座れる」と順番に推論しているのではなく、環境の中に物があると、まずそのアフォーダンスを読み取るというわけです。つまり情報についてのイメージは、視覚像をベースにしたものというより、環境の中で人間がどう振る舞うかという観点から捉え直せるのです。これは、視覚イメージ偏重だった研究を環境中心のアプローチに変えていったということでもあります。

ギブソンの議論を私なりに展開してみましょう。ある環境に椅子があった時には、椅子以外の情報を捨象する形でぱっとピックアップしていると考えるのです。実際人間は情報を脳に取り込むというより、環境において有用な情報以外を背景に沈める捨象モデルで認知しているのだといえます。これは第1回で論じた情報過多の時代において、情報が多すぎると「興味のないものは見えない」という議論にも結びつきます。例えば部屋が汚い人は、その汚さを認知していません。普段関心のあるものしか認知していないから、部屋が

*note.18：ジャック・デリダの主著のひとつ『グラマトロジーについて』（足立和浩訳、現代思潮新社、1976年）もルロワ＝グーランの書評から展開しており、人類の誕生以来、文字や記録を残していくということが、どのように人間の心とメディアに作用してきたかについて検討されています。

*note.19：ハンス・ベルティング『イメージ人類学』仲間裕子訳、平凡社、2014年（刊行予定）、Hans Belting, *An Anthropology of Images: Picture, Medium, Body*, Thomas Dunlap, Princeton Univ Pr, 2011

*note.20：ジェームズ・J・ギブソン『生態学的視覚論——ヒトの知覚世界を探る』古崎敬、古崎愛子、辻敬一郎、村瀬旻訳、サイエンス社、1986年

汚くても平気なのです。人々が関心の外に沈めているものの多さをよく示しています。このように認知科学は、人間のイメージの把握や出力に関して様々な知見をもたらしています。

これらのアプローチは相補的なものですが、イメージ人類学が考古学的な研究を巻き込む形で現れている一方、認知科学は現在に焦点を合わせていますが、いずれも、現在のイメージ研究に関するフロンティアではないかと思います。

「ニューメディア」としてのデジタルメディア

そして私は、デジタルメディアの登場によってこのような研究が加速したのではないか、という仮説も持っています。メディア理論家のレフ・マノヴィッチ（1960-）による『ニューメディアの言語』（2001）*fig.01を紹介することでこの議論を閉じたいと思います。

マノヴィッチが扱うのはコンピュータを始めとするデジタルメディアなのですが、彼は意識的に「ニューメディア」と名づけています。端的に言うと、デジタルかアナログかという相違はそれほど重要ではないのではないか、という興味深い観点をマノヴィッチは浮かび上がらせています。

それではオールドメディアは何かというと、映画です。この本ではロシア・アヴァンギャルド

*fig.01：レフ・マノヴィッチ『ニューメディアの言語——デジタル時代のアート、デザイン、映画』堀潤之訳、みすず書房、2013年

の映画作家、ジガ・ヴェルトフの『カメラを持った男』(1929)を表紙に使っています。彼はロシア・アヴァンギャルドの映画にかなりの程度ニューメディアの特徴(マルチメディア性、インタラクティビティなど)が見いだせると述べています。つまり、ニューメディアは決して新しいものではなく、映画という「オールドメディア」の特徴から捉えられる面がたくさんあるのです。しかし同時に、ヴェルトフ映画がある種「ニューメディア」としての性質をもつことは、コンピュータの誕生以後明らかになってきたという事実もあります。デジタルメディアの可能性を浮かび上がらせるために、映画との比較を通じて細かく説明していく本といえます。結果としてマノヴィッチは、ニューメディアの特徴を「インターフェース」「オペレーション」「フォーム」というキーワードで捉えました。特に「フォーム」に関しては、データベースとナビゲーションという言い方をしています。つまりデータベースの中をナビゲートしていく、電子の海で船を漕ぐという比喩ができると思います*note.21。90年代のデジタルメディアの議論が中心ではありますが、だからこそ今日では古典として多くの議論をまとめています。あらゆるメディアが出る度に出てくるような過度の期待と懐疑、及びひとつ前の時代に出てくるノスタルジアに関しても触れている好著です。もし現在のデジタル化以後の視覚メディアに関して研究するのであれば、マノヴィッチの本からマクルーハンなどに遡った方が見通しがよいと思われます。

マノヴィッチはユニークな経歴で、1960年ソ連時代のモスクワ生まれです。冷戦でなぜ

*note.21：90年代から存在するインターネットエクスプローラ、ネットスケープ、ネットサーフィンといった名称は、いずれも広大なところへと漕ぎ出すイメージを伴うように思われます。

ソ連が崩壊に追い込まれたかというと、共産主義の計画経済は重工業には一定程度適していたのですが、情報産業に適応できなかったからではないかという指摘があります。マノヴィッチはソヴィエトではプログラミングを十分には学ぶことができず（紙上でプログラミングをしたエピソードを本人が語っています）、80年代、冷戦期にアメリカに渡って、ポストモダニズムの時代のアメリカで育ちました。そうした経験から、ロシア社会とアメリカ社会をバランスのとれた形で比較しながらメディアを論じています。ヴェルトフにおいて約束された共産主義の夢の多くは水泡に帰しましたが、その成果の多くはニューメディアに受け継がれています。マノヴィッチの距離を置いた論じ方は、新しいメディアをめぐる議論自体を考える上でも役に立つのではないかと思っています。

ここで、マノヴィッチが取り上げているメディアアートについても簡単に紹介しておきましょう。90年代にはCD-ROMを使ったメディアアートがコンピュータアートとして存在しました。現在ではOSなどの再生環境が変わってしまったために最適な状態では再生できなくなっているものも多く、過渡期の仇花とみなされることもあります。

『ラ・ジュテ』（1962）などで知られる映画作家クリス・マルケルはメディアアートに注目し、《インメモリー》（1997）というCD-ROMアートの作品を制作しています。また、マイケル・スノウというカナダの実験映画の巨匠にも《デジタル・スノウ》（2002）というDVD-

ROM作品があります。画面をクリックするとスノウの実験映像がインタラクティヴに再生される作品です。スノウの作品はジル・ドゥルーズの『シネマ』（1983、85）*note.22でも「知覚イメージ」の作家として言及されていますが、スノウが「情報」の作家でもあることが示唆できるように思います。

マノヴィッチの『ニューメディアの言語』では、デジタルアートの徒花と言われることの多いCD-ROMアートの議論が目につきますが、この部分は十数年隔てた今ではすでに一世代前のものとなってしまっています。このようにニューメディア論というのは、ひとつ前のメディアの議論がどんどん先送りされていく性質を持ちます。けれども、だからといって「たいしたことがないものを過剰に持ち上げた」というシニカルな見方をしてしまうことは、既に検討した「テクノオプティミズム派の期待vs.オールドメディア派の懐古」の罠に陥ることになるでしょう。けれども、マルケルやスノウなどの試みを、「すぐに古びてしまったもの」とみなすことは正しくありません。もし問われているのが保存媒体である場合には、その解決も簡単かもしれません。たとえば現在では《インメモリー》も《デジタル・スノウ》もウェブで見ることができます*note.23。書物をはじめとした、過去の文化的生産物の「復刻」の試みは、これまで述べてきたようなメディアの新旧問題を踏まえるならば、「古いものを取り戻す」というよりは「過去のものを新しい媒体で捉え直す」と考えたほうが正確だろうと思われます。

*note.22：ジル・ドゥルーズ『シネマ 1*運動イメージ』財津理、齋藤範訳、法政大学出版局（叢書・ウニベルシタス）、2008年、『シネマ 2*時間イメージ』宇野邦一、江澤健一郎、岡村民夫、石原陽一郎、大原理志訳、法政大学出版局（叢書・ウニベルシタス）、2006年

*note.23：クリス・マルケル《インメモリー》http://www.gorgomancy.net マイケル・スノウ《デジタル・スノウ》http://www.fondation-langlois.org/digital-snow/（2014年6月1日現在）

Lecture.5_2

「動画の時代」は何を変えたか

ムービーとムービング・イメージ

コンピュータ用語における「ムービー=Movie」は映画ではなく、動画のことです。インターネット上の動画は「ムービーファイル」と言われます。それとは別に「ムービング・イメージ=Moving Image」という言葉もあります。これは美術やメディアアート、映像論で、映画よりも広い意味で「動く映像」を指す語です。私の解釈では、動画という言葉には「Moving Image」と「Movie」のふたつの意味合いがあると考えると興味深いと思います。ムービーファイルというファイル形式を指すだけでなく、動く映像、ムービング・イメージという現在のイメージ論の問題にも結びつけてみたいのです。

デジタルメディアの発展及びネット上において私たちが非常に多くの視覚的イメージに触

れている現状について、もう少し身近に考えてみたいと思います。先ほどまでは哲学、アートの話が多かったのですが、ポピュラー文化とメディアの関係についてもある程度考えていきます。

私はインターネットの普及にふたつのフェーズを見たいと考えます。1995年の「Windows95」はインターネット元年をもたらしたと言われており、インターネットが非常に扱いやすくなり、その後、90年代後半にさらに普及していきました。初期のウェブサイトでは扱える情報量が少なかったため、90年代のウェブデザインは文字が中心でした。転送速度が遅すぎ、1枚の画像を読み込むのに何分もかかる状態でしたので、新聞のアナロジーとして、新聞のように文字をうまく配置するデザインがよく見られました。これはメディアが代わる度に言われることですが、新しいメディアが出てくると、過去のメディア形式を借りながら作られ、しかも同じ形をしていても既に独自性が現れるという状況が起こります。これは狭義のメディアに限らず、どんな表現でも同様です。美術においてはギリシャのパルテノン神殿で近い現象が起きています。石造建築の古典とされるパルテノン神殿は、実は木造建築を模して作っており、石造に特化した構造体ではありません。初期ウェブサイトが新聞のデザインを模していたのは、パルテノン神殿が木造建築を模していたのと同様の構図です。

現在の「動画の時代」は、00年代のブロードバンドの高速回線（ADSL、光回線）の普及によって、Youtubeやニコニコ動画が広まったことが大きく寄与しています。もはやYoutubeやニコニコ動画が新しいという時代はとうに過ぎ、20歳前後の人にとっては子どもの頃からあったメディアといってよいでしょう。携帯電話が「ガラケー」からスマートフォン（スマホ）に変化したことで大きな点は、動画を撮ってすぐに配信できるようになったことでしょう。現在では、スマホがあれば動画のアップロードや、Ustream、ニコニコ生放送といったブロードキャスティングが個々人に可能になりました。これは明らかにメディア史における大きな変化です。20世紀のラジオ・TVの時代においては、配信には放送局や資本が必要であって、個人が独立したメディアを持つことは容易ではありませんでした。誰でも配信可能な時代が、ようやく今世紀に訪れたのです。現在ではマイナーですが、アマチュア無線というホビーがあります。これは発信可能な無線通信機を個人が所持する趣味ですが、そもそもラジオは元々送信も受信も可能だったのです。しかし次第に放送局が送信したものを一般視聴者が受信するメディアに変わっていき、「マスメディア」として普及したわけです*note.24。ですから、ヒトラーのナチズムのようなプロパガンダの広まりは、TV・ラジオの一方的な受動性によるのではないか、他方で個々人が発信する時代になれば、そのバランスが変えられるのではないかという期待がかつてのメディア論にはありました。

*note.24：以上のような諸事情の系譜を掘り下げたラジオ史として、水越伸『メディアの生成』（同文舘出版、1993年）などがあります。

しかし実際に誰でも配信できる時代になって色々と自由になったかというとそうではなく、ある種のメディアプロパガンダが生まれたり、ブロードキャスティングによる新たなレイシズムが起きています。世の中が寛容になるばかりではないという状況が既に明らかになっているのですね。ここではいくつかの問題が重なりあっていて、国家のメディア・コントロールに関しては、2006年に設立されたウィキリークスでは匿名による機密告発が続いています。また、2012年にはアメリカ政府機関の元局員エドワード・スノーデンがアメリカの自国民や世界に対する個人情報収集に関して暴露し、実際にかなり多くのトラフィックを監視しているという事実が明らかになりました。アメリカだけでなく、中国でも半導体チップに情報送信のためのバックドアが仕込まれている疑惑が取り沙汰されたように、便利なメディア機器に関しても、国際政治が大きく作用しているわけです。安全のためと言いながらその実巧妙な管理がされているのではないかという疑念はずっとつきまとっています。

ここで重要なパラダイムとして「規律訓練から管理へ（ディシプリンからコントロールへ）」というフレーズがあります。ジル・ドゥルーズが『記号と事件』所収の「管理社会について」（1992）[note.25]という文章で述べた有名な言葉です。

具体的には、規律訓練というのは、ミシェル・フーコーが『監獄の誕生』（1975）[note.26]で挙げた、近代の学校や刑務所、軍隊や病院などで、体操（ラジオ体操も含む）や軍の訓練によっ

[note.25]：ジル・ドゥルーズ「管理社会について」『記号と事件──1972-1990年の対話』宮林寛訳、河出書房新社（河出文庫）、2007年

[note.26]：ミシェル・フーコー『監獄の誕生──監視と処罰』田村俶訳、新潮社、1977年

て、規律、タイムスケジュールを身体的に刷り込んでいくことです。これが現代では管理、コントロールに移っています。現代を特徴づけるのは監視カメラの遍在性です。どこに行っても監視カメラがあり、むしろその方が安全ではないかという議論です。それにより重大な犯罪行為が記録されて、凶悪犯が逮捕されるといった利点があり、概ね歓迎されているといえます。しかしこのことは、今日ではどこかの監視カメラに誰もが映っているということを意味します。規律訓練で行われていたのは、視線の道徳的な内面化、つまり「見られている」という意識を実際に見られているか否かに関係なく内面化することが目的とされていたのに対して、現代ではデバイスが至るところにあり、実際にカメラによって眼差されているわけで、視覚メディアの視覚性が過剰に、至るところにある状況です。近年では「可視化、見える化」という言葉が使われます。また、明るみにする、光を当てる、という言葉もあります。それらは見えなかったものを見えるようにするという基本的にはポジティブな意味ですが、とはいえそこには同時にメディア・コントロールという問題も貼り付いています。

誰でも配信可能という状況とメディアコントロールの状況は同時に出てきており、一面的にコントロールからの自由のみを強調することが正しいとは思いませんが、工業社会における規律訓練から情報社会における管理の問題へ決定的に移行したというのが、インターネット以来のメディアがもたらした事実です。「マスメディア」という言い方の「マス」は大衆、物量という意味ですが、「マス」のニュアンスが変わってきたわけです。

動画サイトの普及がもたらしたもの

動画の普及によって、受容者に何がもたらされたかというと、あらゆる人が動画のカットシーンについて、パターン認識の精度が上がったことではないでしょうか。かつての映像のパターン認識とは、特権的な専門家のものでした。例えば圧倒的に優れたパターン認識を示している古典的作品として、ジャン＝リュック・ゴダールの『映画史』（1988-98）というビデオ作品があります。これは色々な映画や映像からパターンを抽出してカット同士の関係を見せ、映画史を検討する作品で、公開当時は難解な映画と言われましたが、現代人が見ると、少なくとも画面上に現れる様々な形態の類似や対称性、物体の運動方向の操作といった仕方で様々なパターンが並べられているという点は、かなり理解しやすくなっているのではないかと思います。

20世紀末にはゴダールのような卓越した映像作家でないとできなかったパターンの抽出は、現代では、画像のちょっとした比較であれば誰でも行える時代になっています*note.27。Wikiサービスなどを用いたまとめサイトでは、イラストの盗作（トレース）を発見したり、アニ

*note.27：無論、ゴダールにしかできなかった達成も数多くあります。平倉圭『ゴダール的方法』（インスクリプト、2010年）は、動画の時代以後にゴダール作品を検討する上で興味深い書物です。

メ作品のパロディについて視覚的なパターンが検証されています。ヒートアップした「炎上」などの負の側面には注意が必要ですが、『映画史』が映画に対して果たした役割が、ネットの集合知によってある程度は日常的なものになったと言えるでしょう。その反面、過剰な情報の中で洗練されていくパターン認識とは単純刺激であって、麻痺をもたらすのではないかという議論もあります。PVに対する批判でも言われることですが、性と暴力に代表されるショッキングなイメージを織り込んで人の気を引こうとする過剰性に関しては批判が根強くあります。幾度となくサブリミナル*note.28に関して陰謀論が広がったように、PVには、過剰に刺激的な視覚を求める面も確かにあると思います。

私は『映画史』のように、単純刺激、麻痺の世界に一度入り込みつつも、そこから新たなイメージを形成して、いわば成果を掴み取ってくることが重要だと考えています。ゴダールの作品も、シリアスでありながらも、ある種露悪的な、きわどいイメージを多数扱っています。イメージの氾濫をどう捉えるか、そして麻痺していくことはよいのか、悪いのかは、一概に述べることは難しいですが、パターン認識の精度を上げた上で考察を続けていくことが必要でしょう*note.29。

もうひとつには、マスメディアの求心性の解体によるTVや新聞の位置づけの変化です。新聞の啓蒙機能が低下したことと、TVが大衆の欲望を代表するという了解が減ってい

*note.28：「識閾下」を意味する言葉で、無意識的に商品購入に人々を誘導したりするのではないかという不安がここから生じました。坂元章編『サブリミナル効果の科学──無意識の世界では何が起こっているか』（学文社、1999年）は、この問題について心理学から取り組んだものです。

*note.29：例えば私自身もそうなのですが、インターネットにはグロテスクな画像が多く散乱していますが、一定数見慣れていくと、それにあまりぎょっとしなくなります。

ることは明らかでしょう。これは人によるでしょうが、2014年3月のTV番組『笑っていいとも！』の終了が象徴的と言われつつもそれほどの衝撃がなかったのは、TVの時代がもっと前に終わっていたからという言い方が成り立ちます。TVタレント、パーソナリティの重要性がひたすら減衰しているわけではなく、むしろその役割は動画サイトによって分散されているといえます。ただ、TVの求心性は解体しているけれども、完全に消えたわけではなく、それでもやはり独自の地位は残っています。過渡期的な状況だということですね。過去のメディアでレガシー化したものは全てが滅びたわけではなく、一部は存続しています。ラジオという文化は存続が危ういとされながらも、ある種の親密性を得られるとして、熱心なファンを獲得しうるメディアになっています。もはやナチスのようなプロパガンダではなく、特定のジャンルで生き延びているわけです。ポケベルのように滅びるオールドメディアもあれば、ラジオのように機能と位置づけを変えつつ残り続けるメディアもあります。TVの役割も新しい形で再定義されていくでしょう。

その意味では、00年代後半からのYoutubeやニコニコ動画のインパクトも、思いのほかささやかなものなのかもしれません。それは、人間にとってメディアの意味が一気に置きかわるほど激しい変化というよりは、人類のニュースへの関心をアシストする技術的な役割に注目した方がよいことを示しています（もちろん、変化の大小と重要性とは相反しません）。

デジタル化以降のアニメーション

第4回では、軍事テクノロジーの問題が、ホビーという分野のアートへの収まりの悪さの典型であることを議論した上で、ロボットアニメにおいて軍事テクノロジーとホビーの関係がどのように現れているか、特にガンプラという独特のホビーを通じて見てきました。これは、ポピュラー文化の中でもアニメとゲームに関して顕著な特徴だと思います。

本講義でマンガの話が少ないのはある程度意識的なことです。日本のアニメ文化はコミック文化の延長として成立しているので、マンガに由来する特徴が色々あるのはもちろんです。しかしメディアとガジェットの話をするためには、むしろゲームやホビーとの関係からアニメを注視していきたかったという観点があります[note.30]。

その上で改めて、デジタル化以降のアニメーションの傾向を分析してみたいと思います。ひとつはデジタル化によって個々人が機材を簡単に使えるようになったことで、インディペンデントアニメーション映画のシーンが活性化しています。以前に比べれば圧倒的にハードルは下がり、スマートフォンだけでも映像編集は充分にできる時代になりました。それに伴ってアニメでもコマ撮り的な実写アニメーションについて門戸が広がりました。これはデジタル化の恩恵です[note.31]。

[note.30]：例えば雑誌『ユリイカ』やムック『文化時評アーカイブス』では、私はマンガ作品のモノグラフ的な分析やレビューも行なっています。

[note.31]：本講義では主題化できませんでしたが、見かけ上「手仕事」的なインディペンデントアニメーションにこそ、デジタル編集の意義が大きいという側面は重要です。

もうひとつは、ピクサー以降のフル3DCGによるアニメーション映画です。第2回で挙げた『ロジャーラビット』(1988)が非常にノスタルジックに見えるのは、ピクサー以前のCGなしのカートゥーンアニメーションに対する賛歌であり挽歌でもあるからでしょう。

1995年制作の『トイ・ストーリー』以降、フル3DCGアニメーションが世界的に浸透していきました。『トイ・ストーリー』が巧みだったのは、トイ=おもちゃをキャラクターとすることで、CGの悪い特徴と言われる「不気味の谷現象」*note.32を巧みに乗り越えることができたからです。おもちゃは基本的に表情が変わらないものですが、そうしたおもちゃならではの感情表現を活かすことで、感動的な物語になっているわけです。ウッディはカウボーイの人形、バズは宇宙飛行士の人形です。面白いのは、ウエスタンも宇宙飛行士SFも、制作時点よりも少し昔に流行したモチーフだということです。そういう意味では、おもちゃが保存されていたり打ち捨てられていたりすることで生じる時間差を、CGであるにもかかわらずうまく取り込んでいるといえます。つまり、CGであるにも拘わらず、あらかじめ近過去に対するノスタルジアを内包しているのです。

一方で日本のアニメーションは『トイ・ストーリー』以降のピクサー的な方向には進みませんでした。日本では90年代から00年代にかけては、まだまだ手描きのアニメーションが主流でした。1995年の『エヴァ』が代表的です。『エヴァ』は第4回で触れたように、ウルトラマ

*note.32：人間に類するロボット、CGキャラクターにおいて、リアリスティックな表現を目指すと、ある時点で人間にとって気味が悪く、否定的な感情を抱かせるという仮説。

ン対怪獣の着ぐるみによる特撮のカメラワークを手描きで作り直した作品といえます。

現在では、セル画と呼ばれるアニメーションの工程はほぼ消えて、手描きの工程はデジタル化されています。そこで現れた特徴は色彩の変化です。デジタル化される前のアニメーションでは、パレットの限界があり、独特の色使いが発達していました。『セーラームーン』の衣装のような、実際のファッションとは異なる色彩のコントラストを用いた、原色のペンキのような独特の色彩センスは、セル画の色数の限界に基いています。そのような制限から生み出された表現も多いのですが、現在のアニメーションにはこの制限がなくなり、色調が非常に多様化しながら、セルアニメーションに由来するスタイルが受け継がれています。

変わり続ける日本アニメ──実写に基づく背景と3DCGによるキャラクター

現在、日本アニメについて確実に言える2つの傾向があります。それは背景とキャラクターにおいてそれぞれ別の仕方で表れています。

まず、実写を元に背景美術を制作する流れです。現在多くのアニメにおいて、特定の実在の場所を撮影した写真をベースに背景美術を起こしています。これはマンガでもよくあることで、マンガでは既存の写真を背景に使うことで法律的なトラブルが多発した時代があり、その解決として、現在では作者やアシスタントが写真を撮ってきて背景画像に起こすことが増えました。取材写真を撮影してくることが、描画の工程に組み込まれているのです。

『ドラえもん』や『サザエさん』を見れば分かるように、かつてアニメの舞台となった町内は「家」「空地」「道」といった抽象化された風景でした。しかし現在のアニメでは多くの場面において、実在の街を舞台として、実際のロケーションを写真で撮って、それをベースに起こした背景画を用いています。ほとんどの場合デジタルによって精密な再現がされていますが、注意が必要なのは、このイメージを3Dの空間として起こしてはいないことです。人物と背景の遠近感を完璧に遠近法的な空間に沿って反映しているわけではありません。

ピクサー的なフル3DCGにおいては、背景・キャラクターを問わず、ひとつひとつの絵は空間内での整合的な位置が指定可能です。他方、「人物―背景」というレイヤー分離の仕組みは、デジタル以前の日本アニメの作り方にも即しています。つまり絵の枚数を減らす工夫として、背景は基本的に1枚の同じ絵にして、キャラクターを上のレイヤーに重ねることで、キャラクターが動いても逐一画面全てを描かずにすみます。

「背景―人物」というレイヤーシステムでは、セルアニメーションの状態が維持されているといえます*note.33。しかしデジタルによって精度の高い背景美術が実現しているため、町おこ

*note.33：もちろん、レイヤーシステムそのものは、日本アニメだけの特徴ではありませんが、セルの平面性を活かす独自のスタイルの洗練が、3D空間を逸脱していく傾向を強めたといえます。こうした日本アニメにおけるレイヤー化については、トーマス・ラマール『アニメ・マシーン――グローバル・メディアとしての日本アニメーション』（藤木秀朗、大晴美訳、名古屋大学出版会、2013年）また、「対談『アニメ・マシーン』から考える」（トマス・ラマール+石岡良治/門林岳史=司会、『表象07 アニメーションのマルチ・ユニヴァース』、表象文化論学会、月曜社、2013年）を参照。

しと関係する「聖地巡礼」という現象が起きています。アニメ『らき☆すた』（2007）の春日部市・鷲宮神社が有名ですが、古都・京都や奈良のような求心性は全くない埼玉県の神社が、アニメの放映の終了後も観光客が途切れない、ポストツーリズム的な需要が生まれたわけです*note.34。

日本のアニメ分野には手描きの職人美学があって、写真を写すというのは描線のトレース作業を含むので、場合によっては「写しているだけ」という批判を呼びかねないものでした。しかし今では背景についてはこのスタイルにしないとファンが物足りなく感じるほどです。実写をそのまま描くのではなく、絵に溶けこませるような工夫が施されています。例として『とある魔術の禁書目録』（2008–）で本来少し寂れた雰囲気の多摩ニュータウンから立川エリアが暴力的な学園都市に読み替えられるなど、舞台設定と土地の状態が題材に合うと、相乗効果を起こしうるのです。

ポイントは、パリなら凱旋門、東京なら東京タワーのようなシンボリックな都市の記号ではなく、もっと細かい、スタッフが足を運んで取材しないと分からないような場所が多く選ばれていることです*note.35。ネットのファンコミュニティがパターン認識の精度を高めていったために、背景美術から実際の風景が即座に探り当てられることが多いです。中にはスタッフが喧伝している場合や、地域があらかじめ協力している場合もありますが、ファンがパター

*note.34：山村高淑『アニメ・マンガで地域振興』東京法令出版、2011年

*note.35：私は京都アニメーション制作による水泳アニメ『Free!』（2013）の聖地巡礼に行きましたが、何の変哲もない住宅街やY字路といった風景も取材に基づいていることが分かります。

ン認識を総動員して見つけ出すという状況が形成されています。視覚性の過剰がもたらした興味深い現象です。

もうひとつは、人物モデルの3DCG化です。長らく3DCGに対して抵抗を示していた日本のアニメが変わりつつあります。動画の時代以降のアニメには、可能な部分は3Dモデルに置きかえていく傾向が少しずつ浸透し、いくつかの表現においては3DCGでも全く遜色のない作品が生まれています。最も洗練された表現は近年の『プリキュア』シリーズのエンディングの3Dキャラクターによるダンスです。現在では『ドラえもん』のスネ夫の髪型のように、二次元的なのっぺりとした、三次元化不可能な絵、いかにも絵でしか表現できない造形が、もはや何の混乱もなく立体化できています。

日本アニメにおける3DCGは、部分部分に細かいデフォルメが利いています。例えばマンガ原作のアニメ『NARUTO』のゲーム『ナルティメットストーム』シリーズの技モーションのように、普通の3Dモデルなら整合性のとれたモデルにするところを、わざと歪みを施して二次元的な表現に寄せていくという表現もあります*note.36。これは、ピクサー以降のアメリカのカートゥーンでは生まれない表現です。

また、日米のアニメーション表現の違いとして特に言われる「リップシンク（口パク）」の問題もここには関係しています。英語圏の表現ではリップシンクの顎の表現がアニメーション

*note.36：松井悠『デジタルゲームの技術 開発キーパーソンが語るゲーム産業の未来』（ソフトバンククリエイティブ、2011年）7章に、シリーズ二作目についての解説があります。

の精髄だとみなされています。それは、ディズニー映画のミッキーの口笛のように*note.37、トーキーアニメーションには口と声が合っていることが大切で、歌声のマジックというものに重きを置いているためです。ですから、3Dになっても骨格モデルを作り、顎や口を表情豊かに動かすわけです。他方日本のアニメーションではリップシンクの問題は必ずしも重視されていません。しかも口（顎骨）や鼻を小さく描くキャラクター造形が浸透しているため、口を豊かに動かす例はあまりありません。そんな中で『プリキュア』シリーズは、日本アニメ特有のキャラクター造形と3DCGをうまく融合させたひとつの典型だといえるでしょう。

また、日本の3DCGにおいてはアイドルの存在が大きいのも特筆すべきことです。00年代後半のAKB48の台頭から、アイドルが音楽産業において中心になってきた時期と、アニメにおいて歌とダンスの表現の洗練は時期が重なっているように思われます。3DCGにおいては、ロボットというガジェットよりもむしろ、ダンスをCGで表現することをめぐってフロンティアが切り開かれていきました。ゲーム・アニメで展開している『アイドルマスター』、『ラブライブ！』『アイカツ！』といった女性アイドルをテーマとした作品を中心に、こうした表現が展開されてきました。これらは日本のアニメの大きな特徴だと思います。

*note.37：細馬宏通『ミッキーはなぜ口笛を吹くのか：アニメーションの表現史』（新潮社（新潮選書）、2013年）は、広くアニメーション表現を考える上で重要です。

オタク文化とアニメの位置

現在ユースカルチャーにおけるアニメの位置は大きく変わってきています。日本の音楽産業でも、もはやヒットチャートの上位にアニメソングが来ることは珍しくなく、「音楽番組では演歌とアニメソングには注目しない」というかつての不文律が現在では通用しなくなくなりました*note.38。

80年代から90年代の日本では、ニューアカデミズムなども巻きこむ形で、現在のような「サブカル」領域が形成されていきました。私自身もかつてはサブカルの薫陶を受けたので、当時の状況はよく記憶しています。日本においてサブカルとは、アングラ文化からの名残を含むマイナー文化全般を指す言葉として受容され、マンガ、アニメ、オカルト、ストリートカルチャー、クラブカルチャーといった対象に知識人が越境的に言及することが流行しました。さらに、当時はサブカルの対極としてオタクの世界が措定され、オタクは保守的でドメスティックな趣味に過ぎず、閉じた世界で願望充足を追求していると揶揄されました。90年代ぐらいまでは、このような「サブカルvs.オタク」的な視点から、アニメやオタクに関しては、今見るとそれ自体「閉じた」言説が氾濫していました。

現在では「ドメスティック/インターナショナル」の定義が崩れたことで、以上のような見

*note.38：古くは80年代『キャッツアイ』『シティーハンター』のようなJ-POP調の主題歌が増え始めた頃から、アニメソング独特の童謡的な声質といったルールを離れ、文化的な地位も変化していったように思われます。

方は成立しなくなりました。かつては、オタクの世界はドメスティックに閉鎖しており、文化の国際基準を無視して日本のローカルに居直っているとする見方が、オタク批判の最たるものでした。しかし、今日のマンガ、アニメには世界中にファンがいることが可視化されています。同様にヴィジュアル系の音楽文化も、国内からは「アジア人が西洋文化に憧れているだけ」という批判が根強かったのですが、現在ではヨーロッパでもごく普通に受け入れられています。欧米の「オーセンティック」な知識を持っていた人たちが「ドメスティックなまがいもの」とみなしていたポピュラー文化も、今ではオーセンティックの基準自体が揺らいだこともあり、単純な美的基準では判断できなくなっています。さらにそうした変化とともに、サブカルとオタクには通底する部分も多いことがなし崩し的に露呈してきたわけです。

今日ではオタクに関与することでサブカルが卓越を失う時代ではなくなり、一方で、オタク側もサブカルを積極的に取り入れる時代となりました*note.39。もちろんその一方で、売れているメジャー作品を批判して自分のセンスを誇示するといった形で、「商業主義」との対比で自分のアイデンティティーを確立しようとする人もいます。ですから「サブカルvs.オタク」的な対立構造も完全にはなくなっているわけではありませんし、これからも残るでしょう。

*note.39：サブカルとオタクに共通する弱点として、固定ファンを獲得している場合に、表現が甘くても許容してしまう風潮があります。コンテンツやクリエイターが「信者」と言われてしまうような熱心なファンを獲得すると、その後の作品は質の高低を問わず一定の評価を受けてしまうのです。

3DCGの人工性のルーツ

かつての手描き一辺倒だった日本アニメの美学は現在変化し、多様化しつつあります。アニメ『アイドルマスター』(2011)は、原作のゲームでは3DCGによるダンスが独特の魅力を作り上げていましたが、アニメ版ではCGのダンスと全く同じ振り付けを、『エヴァンゲリオン』などに関わった旧ガイナックス系のスタッフが手描きでクオリティ高く仕上げていました。これは非常に高度な達成ですが、「CGのモーションキャラがオリジナル」なので、ある意味では倒錯的な事態が起きているともいえます。

背景は実写写真を元にした絵で、人物キャラクターは3DCGという近年のアニメは、奇妙な混淆物にみえるかもしれません。しかし、これは実はルネサンス以降の伝統的な西洋絵画と似ています。つまり、人体はデッサンに基づいて盛り上げるような立体感で描き(モデリング)、人物以外の風景は遠景・中景・近景とレイヤー化した箱庭のような空間性(遠近法)で描くわけです。多くの画家は、風景と人物の描き方が異なっています。ですが、例えばパオロ・ウッチェロ(1397-1475)やピエロ・デラ・フランチェスカ(1412-1492)のように風景と人物の描き方が一貫している画家の絵は、むしろフル3DCGのように見えてこないでしょうか*fig.02。

今日の3Dの映画は、『アバター』(2009)のように実際の役者を起用しながら、背景を含めてフル3DCGで製作された映画も多いです。しかし、背景と人物の合成や、そこにみられる人工性は日本文化だけでなく、古典ハリウッド映画でも同様でした。

CG以前のハリウッド映画には、絵と人物を平然と合成している作品が多々あります。それが最も顕著なのが、ヒッチコックです。スクリーン・プロセスという技法があり、たとえば車の運転シーンでは背景のスクリーンに車窓風景を映し、その手前で模型の車を動かす結果、現在の観客から見るとぎこちない合成にみえることが大半です。また、窓の外を眺めるシーンなどで、窓外の風景にマットペインティングと呼ばれる絵が用いられたりします。このように実写映画と言いつつも、絵を風景と主張していたハリウッド映画は当時たくさんありました。特にヒッチコックは、完璧な構図を実現するためには実物のリアリティにはこだわっていません。技術的に撮影可能な場合でも、映像の過剰なぶれを避けるために、あえて絵画との合成で撮っている場合もあります。西部劇の古典であるジョン・フォード監督の『駅馬車』(1939)でも、クライマックスの撃ち合いのシーンで、馬車を横から見たショットでは、雄大な風景と露骨な合成の組み合わせが出てきます。現代人からすれば完成度を妨げているように見えるかもしれませんが、この時代においては、むしろ理想の構図を

*fig.02：ピエロ・デラ・フランチェスカ《キリストの鞭打ち》テンペラ、マルケ美術館、ウルビーノ、1453-60年

ぶれずに撮る方が重要だったということですが、こうした演出はドキュメンタリー志向の人には批判もされます。

日本のアニメにも、CG以前から連綿と続く背景と人物の合成という人工性がありました。ですから、現代のアニメの背景美術や3DCGについても、同様に「まがいもの」に見えて興ざめする人もいると思います。ただ、現代のCGの人工性に、私はCGならではの表現を見いだすことができると考えています。『トイ・ストーリー』は、おもちゃ＝ガジェットの豊かな表情を描くことでCGによるキャラクターを確立し、長編アニメーションとしては初めて成功を収めました。またアニメではありませんが、『三丁目の夕日』の夕日が沈むラストシーンは、建設途中の東京タワーと風景をCGで表しています。CGだからこそ人工性の美しさを発揮し、ノスタルジアを生み出しています*note.40。

第2回の講義で、遠くの風景への憧憬の目線と、個別のもの（ガジェット）に閉じ込められた懐かしさの2つに触れましたが、『トイ・ストーリー』がガジェットのノスタルジアだとすれば、『三丁目の夕日』は風景のノスタルジアです。そうすると、CGで表現する際の方向性が異なってきます。『三丁目の夕日』のクリアで鮮やかすぎる夕焼けは、一度見れば誰でもCGだと見ぬくことができます。つまり『三丁目の夕日』で表現されているのは「誰も見たことのない風景」であって、つくりものです。私の議論では、ノスタルジアを喚起する装置が

*note.40：『ゴジラ』のようなかつての特撮映画やパニック映画では、怪獣が東京タワーなど都市のランドマークを破壊するシーンが象徴的に描かれましたが、これも関係しているのではないでしょうか。

現実に基づいている必要は全くありません。そして「背景は舞台装置であって、人物が演技すればよい」として人工性の肯定を示したのがヒッチコックであり、その系譜はハリウッド映画に連綿とあったのだと考えることができます。

ゲームが生み出してきたパラレルなリアリティライン

日本アニメやかつてのハリウッド映画に顕著な、背景と人物のレイヤーのマッチングの問題は、そのズレが露呈すると「ちゃち」なものになる危険があります。そこで「ちゃち」であることを了解しながら楽しめる人と、没入から覚める人に分かれます。

なぜ日本のアニメは3DCGに抵抗を示してきたのでしょうか。マンガやライトノベルの原作が実写映画化されることに抵抗を示す人が少なくないように（実写よりもアニメが好まれることが多いです）、メディアを横断する場合、要求されるリアリティの基準（リアリティライン）は原作によって異なっています。実写と同じく、CG表現もしばしばこの基準を逸脱するものとみなされてきました。

しかし既に見たように、ダンスのモーションを中心とした一部の3DCGでは抵抗が乗り越えられつつあります。それどころか、ダンス場面はCGで見たいという人も増えてきています。日常演技と「舞台の場面」では、求められるリアリティの水準を別のところに置くという手法が受け入れられてきたからです。私はそのバックボーンにゲームの影響が大きいと思います。

例えばアトラスのRPGゲーム『ペルソナ4』（2008）*fig.03は、3DCGのミニチュア的なデフォルメキャラクターによる人形劇・プレイヤー操作と、アニメ的な8頭身のキャラクターの立ち絵やカットイン演出という、ふたつのレイヤーの組み合わせによって成り立っています（3DCGのキャラクターの上にレイヤーを重ねる形で、同じキャラクターのアニメ的なイラストが挿入されていきます）。『Fallout3』のようなゲームは完全にリアリティ志向の3DCGで世界が構築されており、そこから見るとこの表現は稚拙に見えるかもしれません。しかしゲーム『ペルソナ4』は、3DCGによるモーションと、立ち絵やカットインによるディテールの表現という、リアリティのふたつの水準を並走させることによって、表現の幅を確保しているといえます。

『ペルソナ4』は、2011〜12年に岸誠二監督によってアニメ化されています。アニメ『ペルソナ4』は3DCGではなく通常のアニメ表現で描かれますが、カットインに代表される、ゲーム中の演出を忠実に再現したことが注目されます。アニメを完結した美学として考えると、（レイヤーを無理やり重ねたり分断させたりする性質のある）ゲーム的な演出を盛り込むのは「反則技」なのですが、しかしゲームの『ペルソナ4』のリアリティラインを持ち込んだという点で

*fig.03：「ペルソナ4」アトラス、PlayStation2、2008年

は成功していますし、実際に原作ファンの称賛を浴びました。もちろんアニメ表現として一貫した表現で作り通すことも可能だったでしょうが、原作ゲームの特徴的な表現を、アニメ表現に引っ張ってくることで、アニメでも複数のリアリティの水準を並走させきったのです。

これはアニメ『ジョジョの奇妙な冒険』の書き文字の演出も同様です。荒木飛呂彦によるマンガ『ジョジョ』では「バァーン」「メメタァ」といった、時に音では想像し難い独特な効果音が書き文字で表現されます。アニメ『ジョジョ』では、効果音を鳴らすと同時に、視覚的には原作の筆触まで再現した書き文字をエフェクトとして重ねる演出が生かされています[note.41]。

日本アニメにおける3DCGの浸透

3DCGは現在、日本文化に急速に浸透しつつあります。エンディングのダンスによって3DCGの発展に寄与した『プリキュア』シリーズでは、初代『ふたりはプリキュア』(2004)から部分的に3DCGが使用されていましたが、当初は全く馴染んでいると受け止められていませんでした。けれども、2009年の『フレッシュプリキュア!』のエンディングから技術を積み上げていき、現在に至ります。

*note.41：エフェクトに関していうなら、かつてはスピルバーグは光学効果に卓越していました。『未知との遭遇』では随所に巧みな光のエフェクトが用いられています。またかつての日本のセルアニメでは『タッチ』の夏の太陽が輝く場面のように、ライトを直接当てたかのような効果が多用されました。デジタル化に伴いこのようなエフェクトは減ったため、ある種のノスタルジアが生まれています。

『ペルソナ4』と同じ岸誠二監督による『蒼き鋼のアルペジオ－アルス・ノヴァ－』（2013）は一部を除き、キャラクターや背景の構造物も全編3DCGで作られました*fig.04 *note.42。特にメインキャラクターはかなり精巧なモデリングで、手描きのアニメに遜色のない細やかな表現ができていたと私は考えます。物語の中で「メンタルモデル」と定義される、艦船の意識体（アバター）としてのキャラクター設定のお陰もあって、3DCGの人工性が馴染んでいることもあるでしょう。1995年の『トイ・ストーリー』から20年近くが経って、ようやく日本のアニメファンにもフル3DCGによるアニメが抵抗なく受容されるようになったものと思われます。2013～14年に至り、これまでの3DCGにおけるアニメーション表現の試行錯誤の結果、ようやく3Dに対する抵抗を突破した感があります。

こうした日本アニメにおける3DCGの浸透は、ゲームの影響もありますが、直接的な関わりとしては、動画サイトの普及がもたらしたというのが私の仮説です。特に2008年以降のMikuMikuDance（MMD）の普及が挙げられるでしょう。フリーの3DCG制作ツールであるMMDは、簡単に言うなら、個人のインディペンデントな表現メディアとしてのCGモデルとして非常に便利なツールです。名称の元祖でもあるボーカロイド、初音ミクのPVを作るためのダンスに特化した制作ツールでしたが、非常に汎用性が高い上に容易に扱うことができ、今では小学生が3DCGを制作しているほどです。しかも、ファンの

*note.42：『蒼き鋼のアルペジオ－アルス・ノヴァ－』の制作会社サンジゲンは、セルルック（手描きのセルアニメーションの見かけをCGで実現する技術）による映像制作を数多く手がけるアニメーション制作会社です。セルルックは3DCGを画面になじませる役割を非常によく果たしています。

fig.04

TVアニメーション『蒼き鋼のアルペジオ －アルス・ノヴァ－』

手による、既存のキャラクターやその二次創作のモデルデータ、モーションが大量に生み出され、ダンス動画を中心に再生産されています。初音ミクについても「Lat式ミク」などの代表的なモデルが生み出されました。現在では、商業アニメにMMDを一部使用した事例として『gdgd妖精s』『てさぐれ！部活もの』のような作品も出てきています（『てさぐれ！部活もの』のエンディングでは声優のモーションのキャプチャーも使われています）。

平面の美学ではない見方で日本文化を考える

実は、セルアニメのような手描きの技術と3DCGの美学を起源にまで遡ると、いずれも連続写真というモデルに行き当たります。連続写真の起源はエドワード・マイブリッジ（1830-1904）とエティエンヌ＝ジュール・マレー（1830-1904）です。

マイブリッジは走る馬の連続撮影に成功し、脚の動きのメカニズムを明らかにしたことで有名です。裸体の男性、女性、子どもの様々な動きを連続写真に収めた『The Human Figure In Motion』（1901）、馬などの動物を中心とした『Animals In Motion』（1899）は、現在でもアニメーター必携の資料として書店で販売されています。マイブリッジは科学性を装いつつ、撮った写真はいずれも単純に生物の外形を追いかけ、記録するも

*note.43：マイブリッジは裸婦が歩く連続写真をポルノグラフィーとしての目的を兼ねて販売しようとしていました。現在の人体デッサン写真集と似た副次的な需要です。マルセル・デュシャンの《階段を降りる裸婦 No.2》（1912）は、連続写真に宿るメカニカルなものへの欲望を表しています。

のでした*note.43 *fig.05。しかしそのために、手描きのアニメーションに求められるような肉体の外形的な動きの把握について非常に貴重な資料を残しました。

一方のマレーは、マイブリッジよりも科学的な視点で連続写真に取り組んでいました。彼は自分の発明した写真銃を用いて、体操のような複雑な動作を含む人体の運動を1枚の中に連続で写し、科学的な運動の軌跡を残そうとしました。白い全身タイツのような衣服を着せた人間の身体の側面に直線を引き、それを撮ることで、連続写真にその線の軌跡だけが浮かび上がるようにした写真です。これは人間にセンサーを付けて動作を捕捉する、モーションキャプチャーの先駆けとも考えられます*note.44 *fig.06。

マイブリッジは人体の外形の動きを追うことで、アニメの原型となるような外形的な動きの把握に貢献しました。一方でマレーは人体の外形を重視せず、動作の構造そのものを追求しました。このためにアニメーターの手本にはなりませんでしたが、マレーはモーションキャプチャー、つまり3DCGのリアリティの軸となる、運動それ自体を追求しようとしたのです。

これは例えるなら、格闘ゲーム『ストリートファイター』シリーズと『バーチャファイター』シリーズの初期コンセプトの相違とも言えるでしょう。『バーチャファイターⅠ』は、3DCGで作られており、キャラクターの外形はローポリで一見出来が悪そうに見えますが、動きに

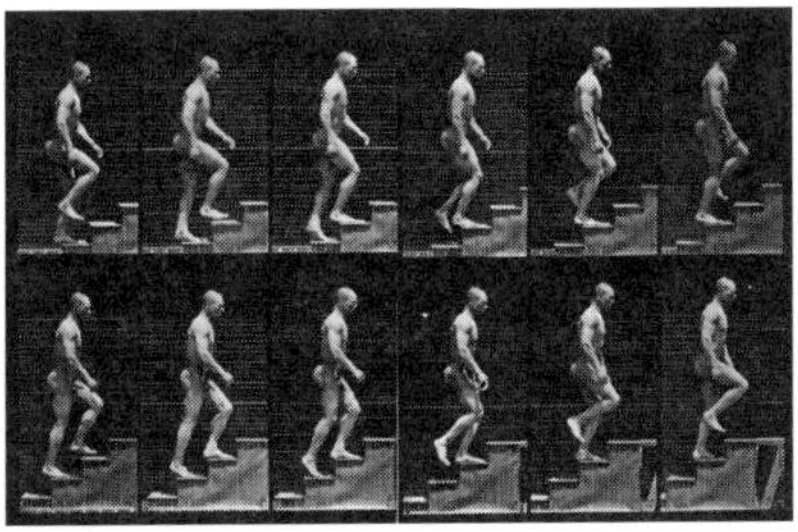

*fig.05：エドワード・マイブリッジの連続写真、19世紀末

*note.44：松浦寿輝『表象と倒錯——エティエンヌ=ジュール・マレー』（筑摩書房、2001年）では、マレーの「科学者」としての奇妙さについて扱われています。

モーションキャプチャーを使用し、非常にリアルです。『バーチャファイターⅡ』ではフレームレートは約60fps（1秒あたりのフレーム数）で、非常に滑らかに作られていました。一方で『ストリートファイターⅢ』はアニメ調の2D表現で非常に洗練された作品です。ドット絵によるデフォルメされたグラフィックの連続で動きが表現されています。モーションよりも外形の美しさを優先した結果だと言えるでしょう*note.45。

日本のアニメは長い間、マイブリッジや『ストⅢ』までの『ストリートファイター』シリーズのような美学で作られてきたわけです。そのためか、日本人は二次元、2Dを洗練させていて、3Dが苦手という議論が長らくされてきました。これは日本絵画論ともつながる理論として、日本文化は立体感よりも平面的で装飾的な表現を好むというアナロジーが用いられがちでした。

しかし3DCGが浸透しつつある現在、そのような雑なアナロジーは機能しなくなっているのかもしれません。『ストリートファイターⅣ』が3DCG表現になっていることもその兆候と言えそうです。その意味で「日本文化は平面の美学である」という既存の見かたに安住せず、さらに掘り下げていく視点が求められると思います。

動画に対する「遊戯的」な関与

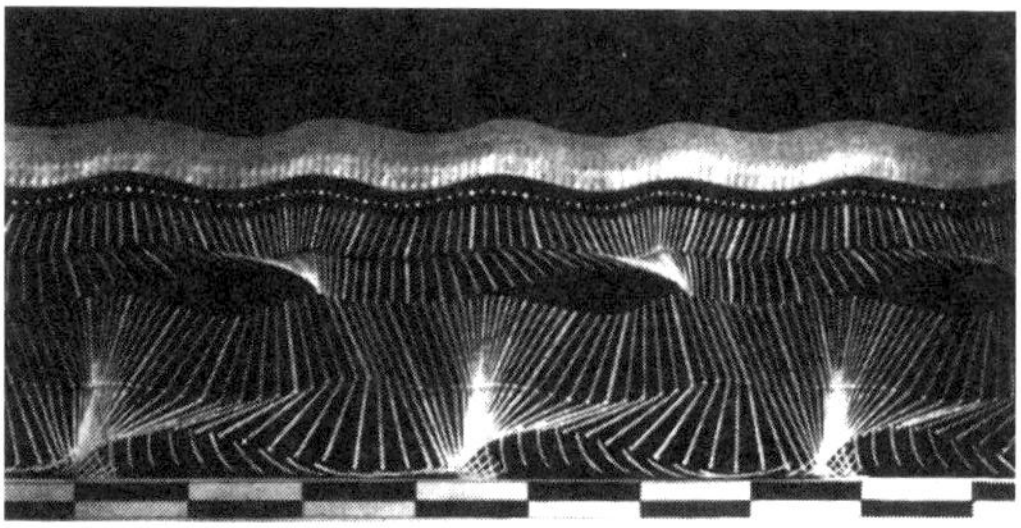

*fig.06：エティエンヌ＝ジュール・マレーの連続写真、19世紀末

今日のネットカルチャーの特徴として、アニメはもちろんのこと、視覚文化全体に遊戯的に関与していくことが当たり前になっています。ニコニコ動画のようなコメントが可視化されるインタラクティヴメディアでは、パターン認識の精度が上がったプラスの側面として、ファンコミュニティでの関与が可視的な状況になっています。

ネットカルチャーの「ポピュリズム」はすべてが悪しきものとは言い切れないと私は考えています。遊戯的な関与によって、即座のツッコミ、聖地巡礼の聖地の特定、情報を集合知的に分析する能力が非常に高くなっています。簡単に言うと、欠点を別の意味に読み替える作用が起きるからです。作品のクオリティの低い部分やノイズに関して、かつてのマニアはシニシズムによって、引いた視点で関与していました。しかし現代の動画文化では、高度なシニシズムやアイロニーを身につけなくても、それらをキッチュとして愛でる文化ができています。

もちろん、「ポピュリズム」の否定的な側面に触れないわけにはいきません。歌の歌詞に対する空耳のような幼稚にも見える反応や、エロス、暴力、差別といったポピュリズムの負の面を多々含み、瞬間的な受容態度が風評被害をもたらすという欠点があります。スケープゴート的な標的が現れた時に歯止めが効かない「ネット炎上」、メディアコントロールに

*note.45：なお、120fpsのゲームが実現された現在でも30fpsのゲームは少なくなく、フレームレートを落としてでもグラフィックを綺麗にするというアニメ的な志向は続いています。

煽られる面なども見逃せません。ただ、それは近代のイエロージャーナリズム、大衆メディア全てに備わる欠点でもあります。どの国でも戦時下には、実際の敵国や仮想敵国への憎悪をプロパガンダで煽りかきたてるといったメディアのマイナスの面が広範に見られます。

ただ、熱気のある関与を必要とする文化に対して、ファンコミュニティが思わぬ応答を与え、支援するということは起きています。初音ミクの着ぐるみから派生したキャラクター「ミクダヨー」はそのひとつです。

「ミクダヨー」は、ゲームのPRにあたってセガが制作したミクの着ぐるみが奇妙な造形であったことが始まりです。二次元キャラクターの立体化技術として、日本ではフィギュアの三次元表現が非常に洗練されています。しかし「ねんどろいど」フィギュアをベースに作られたデフォルメされたミクの着ぐるみは、その魅力をうまく再現することができず、やや気味の悪い、違和感のある造形になっていました。

これは普通であればファンに「失敗作」として葬り去られたかもしれませんが、その造形がファンに面白がられ「ミクダヨー」という名前が付けられた結果、セガ、クリプトン・フューチャー・メディア及びグッドスマイルカンパニーに商標登録され、公認のキャラクターになりました。これはファンコミュニティの力によって、単なる「微妙」「失敗」ではなく、派生キャラクターとして再評価された例といえます。古くから二次元キャラクターの立体化に関する失敗例はいくつかあり、時に「邪神像」と呼ばれていましたが、「ミクダヨー」の事例に見るように、ファンコミュニティの再発見によって、それがポジティブな仕方で回収可能になったということです*note.46。

*note.46：ただ、こうした感覚自体は以前からありました。日本の80年代のサブカルの感覚も、あらゆるポピュラー文化について出来の良し悪しにかかわらず広く面白がる態度を内面化することを目指していたと思われます。

Lecture.5_3

ファンコミュニティの再編、文化をめぐる速度と時間

作品もファンも並列化される時代

「動画の時代」は情報過多時代でもあり、歴史感覚の並列化に帰結します。例えば、現在なぜロックミュージックにおけるスタイルの根本的な更新が難しいかというと、定番のジャンルや曲が既にたくさん存在しており、過去の名作と同じ土俵に立たなくてはならないからです。TVのようなマスメディアなら新しいものだけをピックアップすればよいのですが、Youtubeのような動画サイトには既に圧倒的な過去の蓄積があるため（初期は違法アップロードも目立ちましたが、近年のミュージシャンの場合、積極的にPVやライブ映像をアップしています）、後続の作品

が決定的に新しいものとして自己を主張することが厳しくなる、という傾向があります。

00年代後半以来の動画サイトの文化は、直線的な歴史感覚を取り去ってあらゆる作品を横並びにした反面、全てが現在の表現として、同じフィールドで競う作品が増えているのです。もちろん、かつてのサブカルの感覚をはじめ、ポピュラー文化の感覚は世代によっていくらかはリセットされると思いますが、とはいえ、必ずしも新しいものばかりが市民権を得る時代でないことは確かです。しかし一方ではこのことにはメリットもあり、ファンコミュニティにおいて「当時の現場感覚が最高である」という優劣はどんどん崩れています。つまり古参のファンの昔話だけに価値がある時代ではなくなり、後続の人の感想によって書き換えられていく時代だということです。リアルタイムではあまり評価されなくても、後から再評価される機会が増えるというメリットも生じます。その場合、発表当時酷評していた人は、リアルタイムの経験が枷になって再評価に乗ることができなくなることがあります。リアルタイムでのコミュニティによる評判が阻害要因になりうるということです。

ファンコミュニティや定番の形成は、おおむね3～5年ごとにゆるやかに束ねられ、蓄積されていくものと考えられます。例えばニコニコ動画自体にも「2007～8年のニコニコ動画が最高だった」という「懐古厨」と呼ばれる層が既に形成されています。これはユースカルチャーの特徴と言えます。恐らく10代を中心とする文化は、学校に所属する数年間（高校なら3年間、大学なら4年間）程度をひとつの単位として、彼らが支持する作品群やコミュニティが形成されていくためだと思われます。そうしたダイナミズムは、10代の消費行動が重要になった50年代アメリカ以来、現在まで続いています。

ある時代に評価が低かったものが次の時代の定番になるということは多々ありますが、現代ではファンの受容の感覚も一気に可視的になる仕方で並列されています。本や口コミが主流だった時代に比べて、色々な評価にさらされる度合いが増しています。制作物が並列されるだけではなく、ファンコミュニティもまた並列にされ、さらされているのです。ウェブサービスでも、mixiや2ちゃんねるのように、参加者に独特の偏りを持ったネットコミュニティがありますが、そこにはそれぞれ別の時代感覚を持った集団が現れているように思います*note.47。ただし、全てが並列されるという表現は厳密には正しくなく、古いウェブサイトは消えてしまうことも非常に多いです（ネットアーカイブにも残らない場合が多々あります）。

以上のような状況が、現代における歴史感覚を考える上でのひとつの出発点になると思っています。歴史感覚と言う場合、遺物、遺跡といった物（物証）との関係性がまずあって、さらに古文書のような文字情報としての歴史資料も問われます。マイケル・スノウのDVD-ROMアートがウェブ上に残っているように、そうした歴史感覚を裏付けるための材料がいくつもの層に沈殿したり、まさに遺物として昔のものが紛れ込んでいるのです。このよ

*note.47：濱野智史『アーキテクチャの生態系——情報環境はいかに設計されてきたか』（エヌティティ出版、2008年）は、ウェブサービスの性質やそこで生まれるコミュニティの様々な差異について、それぞれの「アーキテクチャ」の違いという点から分析しています。

うな状況は『仮面ライダーディケイド』（2009）の設定にも似ています。私は『仮面ライダーディケイド』は過去の仮面ライダーをカードバトル化した作品とみなしており、現代のデータとガジェット（物と情報）の関係性を非常に的確に描写していると考えています*note.48。

文化も社会も高速化している

10年代半ばを迎えた現在、Youtubeやニコニコ動画が登場したインパクトは一巡して、文化的事象に関する総括、まとめのムードをもたらしています。音楽の議論としては、柴那典の『初音ミクはなぜ世界を変えたのか？』*note.49が、今日までの初音ミクに関するムーブメントについてまとめています。同名の美少女キャラクターによってパッケージングされたボーカロイドソフト初音ミクは、勃興期のニコニコ動画と強く結びつくことでひとつのムーブメントを生み出しました。ここには、現代のウェブで広がっている文化の特徴を見ることができますが、その特徴のひとつとして、本講義でまだ明確には定義しきれていなかったファンコミュニティの問題があります。

Youtubeの動画にコメントをつけるサイトとして始まった初期のニコニコ動画では、いわゆる映画やアニメの違法アップロード動画、法律的な許諾をクリアしていないタイプの投稿

*note.48：石岡良治「『仮面ライダーディケイド』、旅の途中」（『ユリイカ』2012年9月臨時増刊号）参照。平成ライダーと「ゼロ年代」文化の関係については、宇野常寛『ゼロ年代の想像力』（早川書房（ハヤカワ文庫）、2011年）、『リトル・ピープルの時代』（幻冬舎、2011年）が一貫したモデルを提示しています。他にもTVドラマをはじめとして、多様なカルチャーの分析が示唆に富みます。

*note.49：柴那典『初音ミクはなぜ世界を変えたのか？』太田出版、2014年。また、さやわか『一〇年代文化論』（講談社（星海社新書）、2014年）も、10年代前半のポピュラー文化を「残念」という語を手がかりにしてまとめています。

動画が時に目立っていました。しかし初音ミクの登場によって、ミクに自作曲、あるいはカバー曲を歌わせる形で、権利問題をクリアした上で、集合的な創造性のあり方が示されてきました[note.50]。

かつてなく視聴覚作品を作る上でのハードルが下がった状況に対して、初音ミクは非常によく対応していて、Youtubeやニコニコ動画に音楽やPVを投稿する人が増えました。初期はミクという存在に自己言及的に触れていくヒット曲が多く、次第に様々な人が楽器のひとつとしてクリエイティビティを仮託する楽曲へ移行していきました。その多くは既存のスタイルを踏襲した作品でしたが、初音ミクが得意とするタイプの楽曲やPVの傾向が見いだされてきました。今日では「カゲロウプロジェクト」のような、オリジナルの物語世界を初音ミク（ミク以外のソフトも含みます）の楽曲で構築し、ライトノベルやアニメといったメディアミックスを展開させるプロジェクトが生まれています。

柴は初音ミクのボーカルの特徴として、合成音声であるために長い言葉の発音には違和感が大きいことを逆手にとって、むしろ人間なら息継ぎをしないと歌えない早口言葉のようなボーカリング、人間の限界を超える別種のボーカリングを生み出したと述べています。さらに、日本の音楽に限らず世界中のポピュラー音楽について近年の傾向として、情報社会においてEDMなどの曲が広まるにつれて、BPM（ビーツパーミニッツ）が増えていると述べてい

[note.50]：ネットは、個人の作家性よりは、いわゆる集合知のような形で、作家というあり方がより広がったユーザー・ジェネレイティッド・コンテンツをたくさん生み出しました。掲示板（BBS）を原型として、動画サイト以外にも「食べログ」「価格ドットコム」のようなサイトが挙げられます。

ます。柴はそうしたビートが高速化する現象を「手数が増える」と表現しています。つまり1分1秒に詰め込まれる情報量＝手数が多くなっているということです。柴はこの現象を日本文化の工芸的な精密化と結びつけて語っていますが、私はこの「手数」の多さについてもう一点、ゲームとの相互干渉に注目したいと思っています。

ボーカロイドの曲は、J‐POPなどの既存の楽曲から影響を受けた同人音楽が多いのですが、その中にはゲーム音楽、中でも音楽ゲーム（音ゲー）の曲に影響を受けた楽曲が多くみられます。『ビートマニア』シリーズを代表とする音ゲーには、その展開とともに「手数が増える」現象が起きています。初期はクラブミュージックのシミュラークルとして現れましたが、次第にJ‐POPやアニメソングの性質も取り込みながら、音ゲー独特の質を持つようになりました。最も特徴的なのは、難度の高いプレイに対応するための楽曲の「手数の多さ」です。スーパープレイヤーの登場によって、ゲームの難度を高めるために、楽曲自体の高速化と音の高密度化が極められ、元々のコンセプトだったDJプレイやキーボード演奏の比喩からは切り離された独特の楽曲とゲーム体験が生まれました。音ゲーの高難度プレイにおいては、その体験はもはや演奏するというより、画面上部から超高速で降ってくる音符にひたすら反応していくという反射的な状態になっています。ここには情報過多の時代におけるプレイ経験があります。

ここでは、ただ単に高速なだけでなく、高難度曲では曲の速度が可変的である点に着目したいと思っています。ひとつの曲の中で早くなったり、遅くなったりといったBPMの緩急が用いられるのです。人間の処理可能なデータの分量をはるかに超えるスケールの情報についていく行為は一般には加速として捉えられ、そのような瞬発的な応答ばかりが強調されることに対する懸念がよく言われますが、私はむしろこの緩急についていくこと、つまり速度の可変性についても同時に注目したいと思っています。

リズムの尺度を複数化することが重要である

SNSのコミュニケーションの場では瞬間的な反応が強いられ、知的な熟考が欠如するという批判は根強くあります。そしてファストフードに対するスローフードの提唱が典型的なように、減速の美学、「ゆるやかさにとどまること」が対置されます。しかし、私は減速だけが情報過多に対する距離のとり方だとは考えず、むしろ重要なのは、どんな速度であれ、ひとつではなく複数の速度の尺度を持ち込むことだと考えています。

音ゲーの速度変化は、あくまでもプレイヤーとゲームシステムの間でより高い負荷をかけるために速度を可変的にするというものでしかないと思われるかもしれません。しかし私は、このモデルは高負荷化という単なる難易度上昇を超えて、現在、大量の情報を処理する必要性がある時代について、普遍化可能なモデルを与えてくれると思っています。

もちろん、そこには直ちにひとつの警戒が生まれると思われます。例えば「カゲロウプロジェクト」や、Sound Horizonの楽曲に見られるように、近年のオタク文化で受容される楽曲はある種の強力な物語性とメディアミックスによる総合芸術性を持っています。それらは情報のさばき方によって、崇高感をもたらしているように思われます。文化教養の世界においては崇高の文化に没入することには長らく強い疑義が投げかけられてきました。例えばドイツロマン主義に対する批判や、ワーグナーのような「総合芸術作品」における没入が、ナチズムの美学と類縁性を持つのではないかという疑念です。

批評家の村上裕一は『ネトウヨ化する日本』[*note.51]で、ネット右翼という現象について分析しているのですが、ここでも「カゲロウプロジェクト」のような一種のサブライムの要素を含むコンテンツの魅力が解析されています。村上は同書で「フロート」(新中間大衆)という概念を提唱していますが、これは漂う大衆という意味です。フロートは情報の捌き方によって崇高な感動を体験しますが、その感動を利用する形で現代のプロパガンダのテクニックも生み出されているのではないか、という議論があります。例えばネット時代の画期的な広告とされたバイラルマーケティングは、現在では「ステルスマーケティング」とみなされ根強く批判さ

*note.51：村上裕一『ネトウヨ化する日本』KADOKAWA／中経出版、2014年。この本より前に書かれた同『ゴーストの条件』(講談社(講談社BOX)、2011年)も重要です。

れています*note.52。情報の捌き方をめぐっては、生活の加速による疲労の問題、政治的な悪用といった多くの点で懸念が生じていると思います。

ここで一般に言われるのは、「電源を切る」「SNSを退会する（コミュニケーションから離脱する）」といった対策です。しばしばファシズムの特徴は、強力なメインメロディーに対して他の様々な人が同期することとして定義されました。だからこそその強烈な同期から離れることが必要だという処方箋が持ち出されるわけです。

しかし私は大事なのは減速や離脱には限られず、リズムの尺度を複数化させることだと考えます。例えば、ネットの即物的であるようなコミュニケーションにも、単なる批評性の喪失ではなく、私はその即時的な判断においても知性の稼働、批評性はあると考えており、単純にそれを避けることは好ましくないと考えます。加速、減速といった対比されるモデルの多くは、速度変化、知性・感性の混入の様々なモードとして、より一般化されうるという見通しを抱いています。これはユーザーが作る集合的なコンテンツの可能性をより広げていく観点からも重要なことだと考えています。

*note.52：マルコム・グラッドウェル『急に売れ始めるにはワケがある ネットワーク理論が明らかにする口コミの法則』（ソフトバンククリエイティブ、2007年）は、バイラルマーケティングについての代表的解説ですが、今では「ステマ」の教則本にも見えてしまうという皮肉な状況が生じています。

ドメスティックではなくなったファンコミュニティ

ネットカルチャーは例えばＭＡＤ文化のように、法的なグレーゾーンを多々含んでいます。ユーザーの介入が権利侵害に結びつくこともあれば、剽窃（コピペ、トレパク）の告発という営みも行われており、時には権利侵害に対する正当な防壁になる場合もあります。このような動きがどのように収束していくか、現状ではまだはっきりしないというのが正直なところです。

本講義ではその上で現代を考える上で重要な視点をこれまで私なりにまとめてきたつもりですが、特に第4回で扱った、ゲームないし人間の活動における遊戯が持つ意味、とりわけデジタルメディア誕生以降のゲームプレイのあり方が、従来の芸術や文化に対するホビーの位置づけを変容させるものだと考えています。

その意味では映画も同様で、映画が戦争のテクノロジーと並行して発展してきたという研究は、ポール・ヴィリリオ『戦争と映画』（1988）*note.53 などで行われています。その意味ではホビーが辿ってきた歴史は映画において既に起きていたといえるかもしれません。

しかしこれは時代錯誤的な議論ではなく、レフ・マノヴィッチが『ニューメディアの言語』で分析したように、現在私たちがデジタルゲームの豊かな歴史を持つことによって、むしろ映画におけるその種の側面をより分析できるようになったということです。

本講義では最新のコンテンツというよりはむしろ定番の作品を扱ってきました。このため歴史に既に残っている作品が多かったわけですが、そのような過去の作品を見る時にも、そ

*note.53：ポール・ヴィリリオ『戦争と映画――知覚の兵站術』石井直志、千葉文夫訳、平凡社（平凡社ライブラリー）、1999年。また、同著者の『速度と政治――地政学から時政学へ』（平凡社（平凡社ライブラリー）、2001年）は、軍事テクノロジーと速度の関係を広く考察していく上で基本的な論点を出しています。

の行為はあくまでも現在の営みです。この点は、私たちが過去の作品・文化に対してアプローチしていく上で常に考える必要があります。これまで講義で扱ってきたのは、現在の視点から捉えることで過去の作品の興味深い点が明らかになるということでした。ただ、これは他方では「現在の視点から全てを裁いてしまう」という主張として響きかねず、過去を過去として尊重する視点を欠きがちなのではないかという疑念も生まれるかと思います。

私はコンテンツとフォーム、つまり内容と形式という言い方をするなら、あらゆるコンテンツが持つフォームとの相互作用に着目してきました。それはファンコミュニティの再編という問題に関わっていると考えています。そして現在の視点から過去のファンコミュニティが再編されることで、現在の視点で全てを覆うこととは逆に、距離をとって過去を考えていく働きも見られると考えているのです。

おおまかに言えば、ファンコミュニティの問題は芸術論における受容論の問題です。例えば、文学研究者のスタンリー・フィッシュの『このクラスにテクストはありますか』（1980）*note.54では、解釈共同体という概念が提唱されています。あらゆる作品の解釈は集団的な作業であり、それがコミュニティを形成しているという見方で、文学は作品としてのテクストだけではなく、それを読みこなしていく解釈の共同体の歴史を同時に考える必要があるという考えです。

*note.54：スタンリー・フィッシュ『このクラスにテクストはありますか――解釈共同体の権威3』小林昌夫訳、みすず書房、1992年

ここでファンコミュニティを改めて考察したいと思います。ファンコミュニティの典型は「ある雑誌が提唱するライフスタイルを実践する人たち」と考えるとわかりやすいです。ある種のファンコミュニティに所属する人は、身の回りのライフスタイルまで染めていくので、可視化される形で出てくることがあります。例えばハリウッド映画のメインストリームに飽きたらない人たちにとってのアンダーグラウンドカルチャーや、ディスコ文化を媒介としたLGBTによるファンコミュニティ、グラム・ロックのファンコミュニティといったこれまで挙げてきたコミュニティは、全てライフスタイルに直接関わる共同体であり、独特のファッションなどを通して目に見える形で現れるわけです。

ここ50年はポピュラー音楽とファッションの結びつきにおいてそうした傾向が現れやすく、ある種の音楽ファンと別のファンが抗争しあうことがありました。例えば日本では、ハードロックやヘヴィメタルのファンコミュニティは、ヒップホップのファンコミュニティと相反するものとして現れる傾向が現在でも見られますが、実際にはラップロックやラップメタルという2つの音楽の特性を併せ持つ音楽ジャンルも生まれ、既に一巡しています*note.55。ファンの役割については様々なケースが見られますが、ファンコミュニティは作品の受動的な聴衆にはとどまらず、音楽ならミュージシャンの活動を導いたり方向転換を迫ったりといった能動的な解釈共同体という側面を持っています。

*note.55：両ジャンルのコラボレーションは『Walk This Way』（Aerosmith&Run-D.M.C.、1986年）や「Bring the Noise」（Public Enemy&Anthrax、1994年）にはじまり、次第に一般化しました。最もヒットしたラップメタル系のバンドとしてLinkin Parkが挙げられます。

ポピュラー文化のファンはいわゆる批評言語と相性がいいとは思われていません。しかし、批評を拒絶しているファンコミュニティにおいても、実際には、事実上ほとんど教養といってもよいような判断基準の蓄積、解釈の網の目が存在していて、それらが集団的に営まれているが故に共同性を持ちます。その価値観は時に排他的で外から見れば過大な価値を与えているように見えますが、同時に時を経るにつれてその判断が浸透していくことも多々あります。例えば初音ミクに関して言えば、当初はロックやポップスの世界でノベルティグッズのように軽んじられていたわけですが、ファンコミュニティの支持の高まりによって、現在ではそれにとどまらない位置を獲得しています。

ただ、コミュニティ＝共同体という言葉に対する疑問が生まれるかもしれません。コミュニティの持つ方向性のために、作品と一対一で向き合う自由とは相反するという懸念、同調圧力といったイメージや、多数派少数派の対立といった問題が現れてきます。実際にどんなマイナーな趣味においても、ファンコミュニティ内部における多数派少数派の対立が繰り返されているわけです。個の判断とコミュニティの判断は、ずれることの方が多いとすらいえます。そしてファンコミュニティを超えていく動きが生まれるのは、一見相反するかにみえた複数のコミュニティに個人が同時に属し、その流動性を示すことによってではないでしょうか。現代のネットカルチャーでは、いわゆる集合知性というものが機能しています。例えば

Googleの検索においては検索頻度の重み付けによって、よく調べられている単語をサジェストします。これは時に大勢の誤りもトレースしてしまうという点で阻害にもなりうるし、プロパガンダの舞台になりかねないという難点を含みます。これは作品文化を芸術的な教養のラインで考える時に、より先鋭的に現れてくる問いです。第3回で、PVでは俗化したシュルレアリスムが取り入れられたスタイルとみられていたことについて触れましたが、実際にはシュルレアリスムはより広がりを持ったある種の運動体でした*note.56。そのムーブメントはひとつのコミュニティではなく、複数あるわけです。ある作品が生み出すコミュニティ、ムーブメントの意義は、実際につながり合っている人々のコミュニティとはかなり異なっています。

ファンコミュニティとは特定の目利きや批評家たちのサークルではなく、むしろ複数のサークルを超えていることに意義があります。例えば日本のオタク文化のように、一見ドメスティックな狭い趣味だと思われていたものの、世界中に同じ趣味を持つ人間がいたことが可視化され、広がりを持った事例があります。

オタク文化の場合、実際にコンテンツ自体はしばしばドメスティックな傾向を持っていましたが、そのステレオタイプな感受性、センサビリティの一部が世界的にも受容されていることが可視化されたわけです。もちろんそこには受け入れられない感性もありました。『ドラえもん』ののび太や『エヴァ』の碇シンジといった内向的なキャラクターは、アメリカでは非常

*note.56：鈴木雅雄『シュルレアリスム、あるいは痙攣する複数性』（平凡社、2007年）などの現在のシュルレアリスム研究ではそうした「俗化」言説は覆されています。雑誌『思想』2012年10号の特集「シュルレアリスムの思想」も示唆的です。

に嫌われやすいが、一方で、タイなどの東南アジアでは共感を呼んだといった事例があります。作品の存在と受容によってそのような偏差が浮き彫りになり、さらにファンコミュニティの可視化によって作品も新たに可能性を持つことができるのです*note.57。

時代の差異をひとつのディスプレイに見いだす

　ここで、ファンコミュニティの作品への接し方とガジェットへの接し方とを関係づけてみたいと思います。ガジェットがもたらす可変性を作品経験と結びつけて理解するという方向性を私は考えています。例えばノスタルジアについて分析した際、2つの側面を挙げました。夕日を見つめるような、無限大の空間への、対象のない状態のファンタジーの投影というものと、反面、特別な経験が仮託されたガジェットのもたらす飛躍という2つの側面です。ガジェットにおいては、『BTTF』ではデロリアンという車に文脈が付与され、過去・現在・未来を行き来する乗り物となりました。ガジェットに数十年を超えてなお共有される意味作用が生じたわけです。

　これは作品におけるコレクションの問題、過去の作品全てが保存されず大部分は破棄される中で、残されたコレクションが時代を隔てて生み出しうる異なる意味作用の媒体とし

*note.57：日本アニメのファンコミュニティについては、イアン・コンドリー『アニメの魂：協働する創造の現場』（島内哲朗訳、エヌティティ出版、2014年）が重要です。同『日本のヒップホップ――文化グローバリゼーションの〈現場〉』（上野俊哉監修、田中東子、山本敦久訳、エヌティティ出版、2009年）でも、ファンコミュニティに焦点を合わせた分析が行われています。

てのガジェットと、そうしたガジェットの機能がファンコミュニティをどのように組み替えていくかというもうひとつの問いへと導かれると私は思います。ネットカルチャーでは、その都度起点となるガジェットそのものがファンコミュニティの外部にあることが重要と考えています。つまり人々のコミュニケーションを媒介にしつつも、その外にあるからです。私は作品経験を人工物としてのガジェットから検討することが、様々なカルチャーを考える上で重要な示唆をもたらすと思います。

ファンコミュニティは、あらゆる対象、音楽や小説、作品の場面といった経験の良し悪しについて、濃密なパッケージングを施します。しかし、現在の視点から検討すると、「昔の人が悪いと言っていたけれどよかった」といったように、作品解釈が過去の偏見とは別の偏見で再編されるわけです。そこにも新たな偏見が介在しますが、これは不可避と言ってよいでしょう。重要なのはシニカルな懐疑ではなく、偏見をもたらす「関心」をガジェットとの関わりで問い直していくことです。

メロドラマ映画の再評価、ディスコ音楽の再発見のように、リアルタイムでは価値が低かった作品が実は重要であるという発見が起きます。マイケル・ジャクソンが生前ポップスターとして馬鹿にされる風潮があったにもかかわらず、早すぎた死によって現在では殿堂入りの存在となったのと同様の作品受容の変化が至るところで起き続けています。ネットカルチャーの重要性はこうした変容を可視化することにあります。例えば動画サイトなどを3つ4つのブラウザを並行して閲覧する、いわゆる「複窓」の経験は誰にでもあると思います。私はこれを、例えば30年前の作品が30年間かけて獲得してきた解釈共同体による作品解釈の歴史を一挙に現在にもたらす作用として使えると考えます。そうすることで、作品解釈を現在に閉じ込めることとは逆に、未来へと開いていくこともできると思っています。つまり作品という物そのものが存続していることによって、伝承の歴史を切断しうるのです。

現在とはのっぺりと広がった外のない空間ではありません。過去からの歴史を別の流れへとつなげる可能性の場であり、同時にひとつの伝承から切断してしまう可能性でもあります。これは時間の加速・減速を、速度変化という形で一般化して捉えてみたいという私の考えと並行して捉えられる事態だと思うのです。今日では1890年代にエジソンが作った動画も、80年代の『BTTF』も、10年代の今日の動画も、全てを同じ平面で見ることが可能です。まさに『BTTF』が扱ったような複数の時代同士の関係性を、目の前のディスプレイで展開する複数の窓にもう一度見いだす視点を提唱したいということです。もちろん画面上では時代の差異そのものは見えないわけですが、しかし別の仕方でその歴史性が顕になるのではないでしょうか。プラットフォームの持つある種暴力的な現在性は、過去をよりよく見るための出発点になるのではないかという見通しを持っています。

全てのコンテンツに複数の時間性がある

私は、あらゆるコンテンツについて、最低でも3つの時間が見いだせると考えています。例えば『BTTF パート2』では2015年に移動する場面がありました。ですから作品が対象としている時間はそこでは「2015年」です。この作品は1989年公開のハリウッド映画なので、作品自体が埋め込まれた時間は「80年代」です。そして現代の私たちが受容している時間は、この講義のなされた年で言うと「2014年」(そしてそれ以後、本書を読者が読み進める時間)です。つまり、私たちが『BTTF パート2』を受容する時、必然的に3つの時間がつきものになるということです。「2014年」の日本で「2015年」をテーマにした「1989年」のハリウッド映画に触れるという経験。過去の作品に接する場合は、こうした時間的なずれが必ず生じます(もちろん『BTTF』シリーズでは時間旅行というテーマ上、常に作品内にもふたつ以上の時間が関わってくると考えられます)。

ポピュラー文化、エンターテイメント作品は、「これは由緒正しいものである」という態度を基本的にとりません。それは、現在のものとして常にプレゼンテーションにさらされ、常に現代にリブート（再起動）される存在です。

例えばエンターテイメント作品としての『ロミオとジュリエット』では、16世紀末のイギリスの戯曲としての側面は注目されず、あくまで現在演じて面白いか否かが問題となるというわけです。歴史的考証は必ずしも求められません。

常に現代の作品として自らをリブートしていくポピュラー文化の作品については、歴史を一元化して均すものだという批判があるわけですが、先ほど見たように、あらゆる作品に3つ以上の時間が関わっているのですから、そこには歴史性は避けがたく入ってくるのだと考えられないでしょうか。『BTTF』シリーズでは、常に現代の作品として自らを非歴史化していくエンターテイメント作品においても、少し昔のコンテンツを見直すだけで時間の重層性が生まれるということが明らかにされています。それが、本講義で『BTTF』にこだわった理由でもあります。

未来はまだ書かれていない

しかしながら、あらゆる過去が均質的な仕方で「現代のものとして可視化」されるわけではありません。私たちは「少し古いもの」に対して最も抵抗を感じるため、近過去のカルチャーにどう接するかは常に課題となります。例えばファッションや音楽などのスタイルにかんしては、おおむね15年前後を単位にリバイバル現象が生じやすいように思われます。恐らくは世代が一巡するためなのですが、リバイバルする前には必ず、過度に「古臭いもの」として小馬鹿にされたり、評価が下がる時期があります。実際の価値を問わず「過小評価」が生じるわけです。具体的には、そうした感想が避けがたく生じるのは、5〜8年ぐらい前の雑誌や広告を見るときです。

第3回で扱ったような、「まがいもの」の魅力が再発見される過程でも、実際には「時の隔たり」が重要な役割を演じていました。過去の打ち捨てられた実践に対して新たな仕方で批評的に介入することは、「少し古いもの」に対しては困難でしょう。

ネットカルチャーがもたらす「加速」の成果として確実に言えることは、リバイバルのサイクルを早めることで、そこに多様なリズムを生み出したことです。些細な事例になりますが、先に触れた「ミクダヨー」の奇妙な魅力の再発見は、ネット以前の時代なら、十数年を経てようやくピックアップされていてもおかしくなかった現象だと思います。こうしたところがネットカルチャーの面白いところです。

これまでの講義では、私自身の判断基準も含めて、様々なカルチャーを判定する際の「美意識」そのものを提示するというよりは、そうした判断基準が覆されるケースを強調してきました。それは良し悪しの判断からシニカルに距離を取るためではありません。むしろある種の対象を前にしたときの私たちの「不公正さ」が、当人の批評基準に由来する必然性を持つのか、それとも時間差がもたらす副次的効果にすぎないのかどうかを、まず見極めることが重要だと考えているからです。

その上で、周囲に満ちている様々なカルチャーについて、日々何らかの判断を行っている事実に直面する必要があるのはもちろんのことです。第2回で検討したように、距離を隔てた過去の文化的対象が、ノスタルジアを喚起することは珍しくありません。この場合は「過大評価」が生じることになります。けれども「過小評価」であれ「過大評価」であれ、そこで問われているのは「過去」そのものというよりは、過去から「現在」へと投げかけられた影がもたらす効果であり、当のガジェットに視点を置くなら、過去のガジェットが「未来へと戻る（back to the future）」運動が喚起する憧憬なのかもしれません。

『BTTFパート3』のラストシーンには、ドクの有名なセリフが現れます。逐語的に訳すなら「君たちの未来はまだ書かれていないということだ！（It means that your future hasn't been written yet.）」となるでしょう。この講義がたどってきた文化についての小さな歴史もまた、未来が未確定であるという端的な事実によって、さらなる改訂へと開かれています。

／ 特別対談 ／

國分功一郎×石岡良治

新しい時代のための、視覚文化をめぐる哲学

めまぐるしさを増す現代、私たちは「消費」ではない形で、どのように視覚文化と付き合っていけるのでしょうか。そしてポピュラー文化で培われている技術や表現は、私たちにどのような可能性をもたらすのでしょうか。現代に耐用可能な文化の捉え方を、『暇と退屈の倫理学』で消費について批判的にアプローチしている、哲学者・國分功一郎氏との対話から探ります。

眼差しを複数化することから始める

石岡｜今回僕が國分くんと対談したいと思ったのは、この本が扱う視覚文化が、主として消費と密接に関係を持つポピュラー文化であることもあって、『暇と退屈の倫理学』*note.01 の消費と浪費をめぐる議論を参考にしていたからなんだよね。ついでに言うと、國分くんと出会って間もなく、政治思想史研究者の大竹弘二くんなどと一緒に『機動戦士Zガンダム』の話で盛り上がった記憶も印象に残っている。本編でも語っているけど、僕が視覚文化に興味を持った原点は子どもの時に見た『スペースインベーダー』で、長い道のりを経て今なお文化への関心のひとつのモデルになっている実感がある。どんな世代の人も文化的な物事に対する原点が必ずあると思うし、作品自体にも歴史があって、当たり前だけど、作品と個人の両方のサイドが不可欠なんだよね。

　こういう言い方はよくないけれど、僕は『バック・トゥ・ザ・フューチャー（BTTF）』を映画史のベスト10に入る大傑作だと考えているわけではない。でも、広がりという点では非常に重要だと思うんだよね。1955年、1985年、2015年（そして1885年）を行き来しているのは、巧みだと思う。

國分｜『BTTF』は石岡くんの重視する3つの時代をうまく架橋しているよね。『BTTF』的視点で考えると、カルチュラル・スタディーズとは違う形で文化にアプローチできると思う。カルチュラル・スタディーズは新左翼が行き詰まった後で、左翼的な立場を

國分功一郎

1974年生まれ。東京大学大学院総合文化研究科博士課程修了。博士（学術）。著書に『スピノザの方法』（みすず書房、2011年）、『ドゥルーズの哲学原理』（岩波書店、2013年）、『来るべき民主主義』（幻冬舎、2013年）など。

打ち立て直す目論見で出てきた文化論だったと思うけれど、その流れだとどうしても60年代がクローズアップされることになる。でも「あの頃の学生は元気があった」って感じの見方は歴史認識としてどうかなと思っているんだ。よく考えると、「60年代の思想」はやたらと取り上げられるけれど、「50年代の思想」ってほとんど語られないんだよね。

石岡｜サルトルが流行っていたぐらいかな。

國分｜あとはアレント、ハイデガーがまだバリバリ仕事をしていた時代ということかな。石岡くんと同じように俺も50年代が重要だと思っている。最近原子力のことを色々調べているんだけど、原子力の出発点としても50年代が重要だし、石岡くんの述べているアメリカの消費社会が始まるのも50年代。そう考えると、60年代重視の歴史認識をほんの少しだけ広げて、50年代から10年代までを考えてみると全然違ったものが見えてくると思う。この本はそれを実践してみせているわけだよね。

もうひとつこの本の特徴を言うと、カルチュラル・スタディーズは「TVドラマだって結構すごい」といった感じで、カウンター的に大衆文化を持ち上げるところがあったのに対し、石岡くんはマンガやアニメに驚異的に詳しい一方で、ドゥルーズの芸術理論のような理論面を専門としているわけでしょ。石岡くんの中で、ポピュラーカルチャーとハイカルチャー寄りのセオリーが全く等価にある。だからこそこの本で、「カウンター」とは全く違う態度で文化を論じることに成功している。

カルチュラル・スタディーズが持っていた起爆力というのは絶対に侮ってはならないと思うんだけど、その重要性を認めた上で、「カウンター」に留まらない文化論がどのような形でありうるか。この本はそのひとつの回答じゃないかな。「文化の民主化」が徹底されつつある今、まさに必読の書が現れたという感じ。

石岡｜僕はまだまだ「文化の民主化」は進むべきだと思ってい

るけれどね。ただ難しい点として、教養という言葉が最早批判的な意味でしか使われていない。第1回で言ったように、7ヶ国語使えるかとか、中国古典を読破しているかといったレベルで「教養テスト」をしたら、現代の知識人のほとんどは恐らく突破できずに消えてしまう。

國分｜俺だって消えるよ(笑)。

石岡｜それぐらいかつての教養は無効になっていて、でも教養主義の「無意味な障壁」は残っている。その障壁を単に壊すとか再構築するというより、「眼差し」を複数化することでまだまだ見えてくるものがあるという直感があるんだよね。

無意味な障壁とミクロポリティクス

國分｜「無意味な障壁」は本当に重要な問題だね。これはちょっと扱いが難しい問題なんだけど、少し前に話題になった「佐村河内問題」には俺はかなり関心があるんだ。どういうことかというと、聴いたことがなかったから、ゴーストライター問題が発覚した後で『HIROSHIMA』って曲を聴いてみたんだよ。そしたら、これ結構いいなって思ったわけ。

石岡｜僕は『HIROSHIMA』よりもゲームの『鬼武者』のサントラなんだよね。

國分｜結構いいよね(笑)。俺は音楽のことは詳しくないから分からないことも多いんだけど、(佐村河内氏のゴーストライターだった)新垣さんは大変な秀才らしいよね。現代音楽のスキルも完璧に備えていて、そういう能力を総動員して感動的な音楽を作っていた、と。ところが、現代音楽をやっている人には「必ず最先端でなければならない」というプレッシャーがあって、ああいうものを作ると馬鹿にされてしまうらしいんだよね。

石岡｜僕はあの事件に関する新垣さんや現代音楽の人の防衛は要らないと思っているんだよね。「あれはあくまで手慰みで、マーラーの模倣に過ぎない」といった言葉は残念だと思う。ゲームサントラとして作られた曲には固有のおもしろさがあるわけだから。

國分｜「無意味な障壁」がなくて、純粋に人を喜ばせるという目的で音楽を作れば、ああいう曲ができるということだと思うんだよね。でも、それを邪魔する障壁があるわけでしょ。もちろん、音楽史に貢献できるような最先端の音楽でなければ現代音楽である意味がないという主張は分からないわけではないけど、何か不必要な障壁があるんじゃないか。

この障壁に絡んで言うと、石岡くんがこの本でも「ハイカルチャーとポピュラーカルチャー」という区分を疑問視しているけれど、「ハイカルチャー」に分類される人たちを保護している壁が純粋にそのカルチャーの内容かというと、どうもそうじゃない気がするんだよね。作品の外側にある作り手をめぐるコミュニティーの役割が大きいんじゃないか。特にアートで言うと、結局、「アート」に分類される政治的主張というのが何となくあって、それが「ハイカルチャー」をイメージさせているという気がしてならない。その主張というのはマイルドな左翼的主張なんだけど。

石岡｜左翼に限らず、ミクロポリティクスと言われる分派の問題だね。ガタリが「小集団」という形で様々な問題を提起したように、不可避に生まれるミクロな政治性は絶対にある。ドゥルーズは『哲学とは何か』*note.02 で「哲学」「科学」「芸術」という3つの領域を分けたんだけど、「政治」という項目はない。それは言ってしまえば「すべてが政治的たりうる」ということの裏返しでもあると僕は思っているんだよね。國分くんに訊いてみたいんだけど、「政治的だ」という言葉には2つの用法があるよね。単に人間関係の好き嫌いでしかないものを正当性があるかのように述べる場合と、公共的な政治への関心を促すような意味合い。つまり「これは政治的な人事起用だ」と非難する時には、私的な利害に過ぎないものを公共性とすり替えていることを指摘するために用いられ、一方で「消費文化の細かい分析に留まらず、もっと政治的であるべきだ」といった政治参加への誘いに使われることもある。誰でも使い分けているし、どの言語でも起きることだと思うんだよね。

國分｜俺自身も使い分けていると思う。これは臆測でしかないけれど、けなし言葉としての「政治的」という言葉の方が新しいんじゃないかな。例えば、美術批評に政治性を持ち込んだ人としてジョン・ラスキンがいるよね。それまでほとんど形態の話しかしていなかった建築について、その建築を作っていた職人は楽しく労働していたかどうかという驚くべき問いを立てた。彼の『ゴシックの本質』で、「職人が完全に奴隷にされているところではどこでも建物の各部分は当然絶対に画一的なものになるはずである。〈…〉もしゴシックの建築のように意匠と施工の両方に不断の変化がみられるのならば、職人は完全に自由にされていたにちがいない」*note.03って述べられているけれど、これは美術批評あるいは建築批評に政治性を持ち込むことへの誘いだよね。

ラスキンの精神を受け継いだのが、イギリスの初期の社会主義者であるウィリアム・モリスだけど、芸術の観点から政治や労働を考えるタイプのモリス的な社会主義は、その後、ロシア共産主義の影響力が強くなったせいで力を失っていくんだよね。社会主義といってもいろいろな傾向のものがあったんだけど、ロシアが革命という途方もない業績をあげたもんだから、社会主義あるいは共産主義というと、ボリシェヴィキ的共産主義だということになってしまった*note.04。

石岡｜2013年に岩波文庫からモリスの『ユートピアだより』の新版が出ていて、興味深いのは、表紙にモリスのデザインを使っているところ*note.05。

國分｜後に社会主義リアリズムのように、芸術的価値を政治的傾向性で切るといった方向性が現れると、石岡くんの言う「けなし言葉」としての「政治的」という言葉は強い意味を持つことになるね。

ラスキンやモリスに絡んでひとつ問題提起をすると、石岡くんの参照枠には当然ボードリヤールがあるんだけど、俺の『暇と退屈の倫理学』のボードリヤールの読み方はわりと変で、彼を、一部の人からは復古主義者と批判もされるモリスやラスキンとつなげて読んでいるんだよね。ボードリヤールは実はかなり古いタイプの左翼で、消費社会に対して今では紋切り型にすら思える批判を展開している。だから、その思想は実は、職人の作った価値ある工芸品を日常で使うべきだと主張したモリスなんかに非常に近いという立場で読んだわけ。でも、80年代当時は、なぜかボードリヤールは「消費社会を擁護する人」として読まれてしまったよね。

石岡｜それはボードリヤールのシニシズムがかっこいいせいかもしれない。僕の言葉でいうと、ボードリヤールは「古典的教養人の消滅」というノスタルジアを魅力的に語った人なんだよね。その信念のコアには覚めた部分もあって、それが広告の理論としてもてはやされた。ただ、ボードリヤールはガルブレイスの『ゆたかな社会』から出発していて、僕からすると、まさにフィフティーズのアメリカについての議論なんだと思う。

ボードリヤールは、フランス人の立場からアメリカの消費社会の徹底性にたじろいだり、おもしろがったりして議論を編んだわけだよね。80年代にボードリヤールは『アメリカ』*note.06 という本を書いてアメリカを神話的に捉えていた。僕がこの本でアメリカのフィフティーズを特権視するぐらい強調してみたのは、決してアメリカニズムの二元性を確認するためではなく、全く逆なんだよね。そも

石岡良治

そも現在ではモダニズムやモダナイゼーション自体が複数であるという認識が当たり前になってきている。ボードリヤールが考えていたシミュラークルという概念はそもそもウォーホルの版画のようなものを指していたけど、今ではウォーホルの版画は非物質どころか、超物質的なものとして懐かしまれている。個人的には、シミュラークルという概念自体が、非常にノスタルジックで、耐用年数が過ぎたがゆえに懐かしさすら感じるところが興味深い。現在ボードリヤールを読み直す時に重要な点だと思う。

ノスタルジアは人間の本性である

石岡——ノスタルジアという現象については國分くんと話したくて、例えばスタジオジブリはウィリアム・モリス狙いなんじゃないかと思う。組合主義的な労働の喜びを懐古的に称揚しているところがあるし、歯車で動くメカニズムへの男性的なフェティッシュがある一方で、宮﨑駿さんは人がタブレットを手で操作する状況を「自慰行為のようだ」と、性的比喩を使ってまで非難しているんだよね。本編でも言ったけれど、10年代の日本は、2020年東京オリンピックに向けて、1964年の東京オリンピックのイメージを引用して、ナショナルイメージを再現しようとすると思う。第二次大戦後にもかかわらず、日本は高度成長期を総動員体制に近い形で乗り切っていて、円谷幸吉の自殺はその追い込まれた状況の危うさを象徴しているけれど、ノスタルジア現象が文化や歴史、政治と交点を持つ状況は、2020年代まで続くような気がしている。誰も見たことのない美しい夕日をCGで作り上げた『三丁目の夕日』シリーズのように、捏造してでも美しいものを構築するという姿勢は、結果的には興味深いとも言えるんだけど、モリスやジブリが中世の理想像を持ち出して作り上げる像と非常に似ていると僕は思っている。

國分——モリスは生前から復古主義という批判を受けていたか

らそれにもきちんと答えていて、中世の芸術には当然当時の圧政や暴力によって制限が加えられているだろうけれども、芸術はそれを乗り越えてきた。だからこそ、現代の芸術も現代の圧政と暴力を乗り越えないといけないと言っているかな*note.07。ある意味では素朴な進歩主義と言えるんじゃないかな。でも、当時からそういう指摘はあったわけだから、全く当たらない批判とはいえないだろうね。

あと、さっきも言ったけど、モリスの思想を考える上では労働という観点は絶対に外せない。「こんなひどい労働条件で作られたものがいいものであるわけがない」「こんなひどいものを作る労働がよい条件で行われていたはずがない」というのがモリスの一貫した思想。でも、マリネッティとかファシスト系の人がラスキンやモリスを批判するわけだよね*note.08。そういう技術主義的なものに負けていっちゃったのかなというイメージがある。

石岡―僕が個人的に興味を持っている唯美主義運動というものがあって、ラスキンの翻訳者だったプルーストは、僕はある意味では唯美主義者だと思っている。つまり、超ディレッタントで、権威主義の極致っぽいんだけど、僕のイメージではボードレールのダンディ(第1回)とか、アイルランド出身で同性愛者として投獄されてしまったオスカー・ワイルドというのは、厳密には権威主義とは無縁の存在だったと思う。別の形で言うとちょうどドラッグクイーンの異装のように、仮想の世界を巧みに打ち立てることで現実を読み替えていく存在と言えるかもしれない。ラスキンやモリスの思想もそれに通じていると思う。個人的に注目しているイギリスのマイナーな美術批評家にエイドリアン・ストークスという人がいて、ラスキンの『ヴェネツィアの石』に倣って「リミニの石」なんて文章を書いているモダニストなんだけど、美術批評では鋭いことも言っていて、メラニー・クライン派の精神分析にも関与している。この講義ではそれほど扱えなかったけど、僕はそういう、いわゆる20世紀モダニズムに流れ込んでいる色々な底流に関心がある。何故かというと、今の日本の人文主義の状況ではモダニズムという言葉が悪い意味で物象化されているという危機感を抱くんだよね。モダンという言葉が大衆文化に呑み込まれないものとしての人文のフィールドを守る時に持ち出されるんだけど、実際のモダニズムは貴族でもなんでもない人がたくさん関与していた。ベンヤミンの議論にも現れているように、大衆文化的なものにはもっと複雑な応答があって、逆説的にも芸術至上主義の立場に流れこんでいく面があるんだけれど、こういう議論を、モダニズム自体に多様な経路があることと結びつけていくことが重要なのではないか。日本もそのひとつだし、西欧ないし北米ですら、たくさんの線のひとつに過ぎないという相対化の視点は、僕はまだまだ必要だと思う。

國分｜要するに、モダニズムという言葉が権威主義的に使われているということだよね。カルチュラル・スタディーズがそれを一旦崩したわけだけど、やっぱりきちんとした相対化はできていなくて、結局意匠を変えて権威主義が戻ってきている。だから石岡くんのやろうとしているのは、もう一段階高い、あるいはもう一段階低い批評や評価のプラットフォームを作ろうという試みだよね。

この本で大きく取り上げているノスタルジアの問題には、なるほどって思った。普通に考えたら「懐かしい」という感情は、消費の対極にあるように思える。でも、実は懐かしさこそは消費社会が最もよく利用する記号だ、ということだよね。ヴラジミール・ジャンケレヴィッチが『還らぬ時と郷愁』*note.09 という本を書いている。ジャンケレヴィッチはベルクソンに強い影響を受けた人で、この本も基本的にベルクソン的な持続の不可逆性という概念に着想を得て書かれているものなんだけど、そこで言われているノスタルジアの概念を簡単に言うと、「人は何かを懐かしいと思うんじゃなくて、ただ懐かしいと思うんだ」ということ。ノスタルジアには基本的には対象はない、というか、対象はどうでもよくて、ただ単に懐かしがりたい、人間は(笑)。

人間は持続という不可逆性の中を生きているのだとすると、懐かしさから、あるいは懐かしさを感じたいという欲望から逃れるのは難しいということになるのかもしれない。そう考えると、消費社会というのは非常に手強いという感じがする。ノスタルジアのような人間の本性に関わる観念まで巧く利用しているわけだから。

消費社会は消費される商品である

國分　俺自身は消費社会に対して批判的な立場だけれども、消費社会が人間本性に関わる観念まで動員して運動を展開しているのだとすると、いわゆるハイアート、ハイカルチャーの論理でどこまでこれに抵抗できるのかということは考えないといけないし、消費社会のカルチャーが持つある種の複雑さにも目を向けなければならないと思う。例えば我々の共通の友人である宇野常寛さんは、消費社会の中でこそカルチャーはおもしろくなるという立場をとっている。消費社会の中のカルチャーの方が勝ち残っていく工夫をしていて、ハイカルチャーはギルド的な枠組みに守られているに過ぎない、と。宇野さんの主張には間違いなく一理あるよね。

石岡　僕は宇野さんの認識の妙味は、ハイカルチャーの側に属すると自認している人たちが、実際には消費社会のカルチャーを享受しながら批判している事実の指摘にあると思っている。その結果、どこか二枚舌になっている面が絶対にあるという指摘として受け止めているんだよね。

國分　なるほど、ハイカルチャーは実はローカルチャーの核心部分を密輸入している、と。では、そうだとして、この共犯関係を確認して終えていいのか。そのあたりはどうなんだろう。

石岡　シニカルな言い方をしてしまうと、消費社会批判それ自体が売れる商品なんだよね。

國分　それは小林秀雄も言っていたことだね。マルクスの資本主義分析が、商品として資本主義の中でバンバン売れるんだという。

石岡｜例えばスラヴォイ・ジジェクのような左翼的な、シニカルなハリウッド映画の読解は、実は大体の映画人が歓迎していると思う。それがハリウッド映画の強力さだと思うんだよね。つまり、批評は商品価値を下げるものとして嫌ってしまう経営者も多いと思うんだけど、より巧妙な経営者であれば、そうした批判や議論によって、より自分たちの映画の価値が高まるものとして見ている気がするわけ。ディズニーについてもそうで、ウォルト・ディズニーが生きていた頃のディズニー映画は政治的に保守であって「王子様に嫁ぐのがプリンセスの幸せだ」といった伝統的な家父長制を擁護してきたと言われるけど、今のディズニーは、ウォルト時代とは違うことを売りにしている。2013年の『アナと雪の女王』では、女王は「王子なんていりません」というシングルの立場を貫いていて、これまで積み重なってきた批判に対して「プリンセスが自分の意志で行動する」という打ち破り方でカタルシスを見せている。ディズニーには他にも例えば『クマのプーさん』のイギリスの伝統的な児童文学の世界を商業主義に貶めたというような批判があるんだけど、現在のディズニーはそうした批判を織り込み済で、モデルチェンジのロジックを根幹に組み込んでいるように思える。

國分｜ヒロインの人種も白人、黒人、アジア人と、ローテーションで回している感じだよね。今の石岡くんの分析を聞いていると、ディズニーも随分と弁証法的だな（笑）。

石岡｜「古い何かが壊れて新しい価値観が表明された」「古いものをうまく批判しおおせた」というスペクタクルなんだよね。

消費社会批判でよくある例として、映像作品として素晴らしくても、商品の売り込みになっているものは批判されやすい。『プリキュア』や『仮面ライダー』のシリーズは新商品を宣伝するための文化でもあって、でもだからこそ生まれるダイナミズムもある*note.10。そしてそうした中からミリタリー文化をずらしたのがガンプラだったんだよね。あるいはゲームでいえば、2013年に出た格闘ゲーム『ジョジョの奇妙な冒険 オールスターバトル』は、ゲームの一部にソーシャルゲームの課金モデルを導入したことで批判を浴びたけれど、あれは粗暴な資本の論理が見えすぎてしまった例だよね。実際にはむしろ、巧妙に金を使わせる作品の方がグローバル資本主義の負の側面を表わしている可能性もあるけれど。

國分｜ゲームをポピュラー文化の中で歴史的に位置づける作業はこれからもっと進んでいかないといけないね。ゲームについては俺もいますごく思うところがある。実はもう20年ぐらい全然ゲームなんてやってなかったんだけど、どういうわけだか今年の正月に『バットマン：アーカム・ビギンズ』を買って、ずいぶんとやりこんでいたんだよ(笑)。久しぶりにゲームをやって結構衝撃を受けたんだけど、昔やっていたゲームは、「ユーザーが主体的にゲームをする」という感じだったのに対し、この『バットマン』なんかだと、映画のようなシナリオと映像があって、ユーザーはそれをキレイに見せるための手伝いをするという感覚なんだよね。複雑な操作もそんなに覚える必要はなくて、「ここでXボタン」って画面で教えてくれて、それを押すだけで画面が進んでいってストーリーを楽しめるようになっている。

石岡｜シンプルな操作で複雑な技を繰り出すんだよね。

國分｜そう。これはもう完全に映画の代替物だって思ったの。映像も映画並みだし。ゲームをやっているのかやらされているのかよく分からない状況なんだけど、とにかく映画を楽しむような感覚でゲームが楽しめる。実際、フランスの新聞を読んでると、ゲームの紹介の仕方は映画の紹介の仕方と全く同じなんだよね。一度、「おお、バットマンの新作映画か！」と興奮して読み始めたらゲームの紹介記事だったということがあって、『バットマン：アーカム・ビギンズ』を買ったのもその時の勘違いがきっかけなんだ。フランスだとゲームはかなり洗練されたカルチャーの扱いを受けている。日本ではゲームがこれだけ普及しているのにそういう扱いはないね。

もう少しだけゲームの話をひっぱると、さっきは複雑な操作を覚えなくてもよいって言ったけれど、確かに覚えなければならない操作はある。でも、それを覚えるための訓練プログラムみたいなものまでゲームの中に入っている。だから苦労なく覚えられる。いま、ゲーミフィケーションというのが注目されているよね。政治や勉強など、いろいろな分野にゲーム的なメソッドを導入するという試み。これは簡単に言うと、「やっているのかやらされているのか分からないがスキルが上がっていく」というモデルなんだけど、注目すべきものだよね。『バットマン：アーカム・ビギンズ』をやってから、さらにその確信を強めた。

新しい消費をいかに可能にするか

石岡―國分くんが、消費を取り込んでいてえげつないと抵抗感を覚える事例を聞きたい。実際に國分くんは子どもがいるわけだし。

國分―消費社会についての俺の基本的な考えは『暇と退屈の倫理学』で書いたように、消費社会は贅沢をもたらすどころか、我々から楽しみを奪っていて、浪費家になろうとしても消費者にされてしまうということなんだけど、すこし変わった例を出そうか。

小さい頃、『仮面ライダースーパー１』って番組が大好きだったのね。スーパー１は「ファイブハンド」という五種類の腕を交換して戦うライダーで、エレキハンドとか、パワーハンドとか、レーダーハンドだとかを持っている。ところが、ある時、１個ずつそのハンドを奪っていく敵が現れる。次々にハンドを奪われていった後で、最後にレーダーハンドだけが残った。このレーダーハンドというのは、レーダーを空に打ち上げて敵を探すためのものだから武器じゃない。だからスーパー１は戦えなくなってしまった。子どもの俺は、「スーパー1はどうするんだろう?!」と思ってドキドキしながら見ていたわけなんだけど、なんとスーパー1は機転を利かせて、普段は空に飛ばすレーダーを、相手に向けて発射して、それで敵を倒しちゃったんだ。幼い俺はその工夫にものすごく感動したわけ（笑）。

ヒーローにはいくつか能力や武器があったりするわけだけれど、「なるほど!」と思わせる創意工夫で新しい使い方を発見したり、組み合わせて使ったりするのは、とても楽しい。基本的にSFというのは、現実世界のルールを数個変更して、そのわずかな変更がもたらす新しい現象を描いていくわけだから、スーパー1がやった、既存の能力の新たな利用法の発見というのは実にSF的な発想だと言ってもいいと思う。もちろんそれは、キャラが持っているポテンシャルを最大限に引き出す努力とも考えられる。

でも、いまのヒーローやキャラクターって、こういう創意工夫が全然行われない。俺は、平成仮面ライダーはかなり好きなんだけど、見ていてすごくがっかりするのは、1個の能力を使い尽くさないわけ。例えば、平成ライダーでも特に人気が高い『仮面ライダー電王』の中に、ライダーキックを必殺技とする青いフォームの「ウラタロス」が出てくるけど、あのキックも3回ぐらいしかやらなかった。それはなぜかというと、新しいキャラや新しい道具をどんどんだしていかなければならないからなんだよ。どんどん新しいキャラや道具が出てくるから、ひとつの武器や技を使い尽くしたり、創意工夫して新しい使い方を発見する機会がない。

石岡｜それは要するに昔と比べると1年間で展開されるシナリオがかなり複雑になっていることと裏腹だよね。

國分｜これは本当にえげつない話で、端的に毎月いくつもオモチャを売り出すためなんだよね。どんどん新しいフォームが出てくるのも、新しいフィギュアやオモチャを売るため。これって、子どもたちから楽しみを奪っている感じがするわけ。俺がスーパー1で体験した「こんな使い方もあるぜ!」というおもしろさ、あの発見する喜びが奪われているんじゃないか。次から次へとオモチャは供給されるけど、ヒーローやキャラを味わい尽くすストーリーが描かれない。こういう見方が古いと言われるのは分かっているけれど、俺にはあの喜びは何ごとにも代え難い。これはまさしく消費社会によって子どもたちから楽しみが奪われていることの一例じゃないだろうか。

もちろん、これは単純な問題じゃないよ。最初の仮面ライダーが放送された70年代初頭だったら、仮面ライダーの変身ベルトひとつ発売すれば、1年間放送するには十分だったんだろうと思う。今はそれでは番組が制作できない。オモチャ会社にスポンサーになってもらうためには、毎月オモチャを発売できないといけない。そもそも今の『仮面ライダー』ではライダーなんかのデザインは、制作側が決めてオモチャ会社に持ち込むんじゃなくて、最初からオモチャ会社がやるらしい。つまりこれはポストフォーディズム経済の問題なんだ。だから別に制作側を批判したいわけじゃないんだけど、どうにかならないのかなと思う。

石岡｜でもそれはヒーローサイドの話であって、敵怪人サイドでは、毎回違う怪人が出てきて、対決方式をとってたじゃない。ガンダムだと、ファーストガンダムでは、前半は延々とザクしか出てこなかったけど、途中から新しい敵がどんどん出てくる展開になった。その問題に近いかもしれないね。

國分｜それはそうなんだけど、平成ライダーなんかを見ていると、あの落ち着きのなさはちょっと度が過ぎているんじゃないかという気がする。もちろん、繰り返すけど、これは俺の感性が古いだけかもしれない。でも、この問題ははっきり言っておきたいんだよね。俺は『暇と退屈の倫理学』で浪費を消費から区別して、それを「味わうこと」と定義したけれど、まさしく『スーパー1』ではスーパー1というヒーローを味わい、浪費できた。『電王』はすごくおもしろかったけれど、現代のヒーロー特有のこの問題でちょっと引っかかった。

石岡｜そういう側面は確実にあるかもしれないね。でも『アーカム・ビギンズ』のように、ゲームはまさにそれを可能にしている面もあるよね。メディアミックスによって「味わう」回路を豊かにしているともいえる。

國分｜なるほど。TVや映画の映像ソフトが経済的理由から最早浪費の領域にはとどまっていられなくなっている現在、ゲームの方がその可能性を提供しているという解釈は確かに可能だね。バットマンの映画もガジェットを十分に使い尽くしたかというと疑問が残るわけだけれど、ゲームの中で思う存分そうしたガジェットを楽しめる、と。そう考えると、ゲーム

が映画に取って代わりつつあると言ったさっきの仮説は、また別の面からも補強されることになる。

石岡｜ゲームだったら、システム上予期できなかったプレイのマッチングの失敗による「バグ」として、ヘンな技が出ちゃう時もある。『スーパー1』のように、レーダーが武器になってしまう、というバグってあり得ると思うんだよね。

國分｜そう考えると、今まで色々なカルチャーが分担してきたものをゲームが担いつつあると考えられるかもしれない。映画を見ているような気分にさせるとか、キャラを味わい尽くすとか。これは消費社会についての新しい論点をもらえた気がするので、今後考えていこうと思います。

　石岡くんはものすごくゲームにこだわっているよね。以前、今までの人生でもっとも労力を注いだのがゲームだって聞いたけど（笑）。ゲーム研究って随分進んでいるけれど、まだまだ残酷シーンの扱い、つまりレーティングの問題なんかが中心になっているように見える。それはそれで重要なんだ

けど、カルチャー全体の中で歴史的にゲームを位置づける仕事がでてきて欲しいね。ここも石岡くんに期待したい。

石岡｜そうだね。僕はカルチャーの見方は大分ゲームから学んだという感じがある。僕の場合は、ファミコン以前のビデオゲームだとかを目にすることができたギリギリの世代だと思っていて、たぶん僕より若くなっちゃうとファミコンから始まる人のほうが多くなる。

情報量という基準で文化を考える

國分｜最初にいったハイカルチャーとローカルチャーの区別の話なんだけど、俺はハイもローも、つまり高いも低いも関係なく、ひとつの評価の基準として情報量というのが大切だと思っているんだ。ハイかローかって問うよりも、どれだけ情報量があるかって問う方がいいんじゃないか。ポピュラーカルチャーでも、すごい情報量のものもあれば、情報量スカスカなハイカルチャーもある。そう考えるとまた違う見方ができるんじゃないかな。

石岡｜例えばハイモダニズムの極致であるサミュエル・ベケットの作品は情報量がとても少ないんだけど、そのミニマルなものに豊かな解釈的次元が存在する。でも一方で「情報過多な非本質的に膨れ上がったものより、シンプルなベケットの方がよい」という言い回しは、僕は好きじゃない。要するに解釈の多元性が評価の基準だと思うよ。

國分｜それは分かるよ。アンソニー・カロの彫刻がすごく単純に見えるけど、しかしそこに様々な解釈の次元が存在する。その意味での情報量の問題だよね。

石岡｜カルチャーの情報量は、解釈によって増やすことができるものなんだよね。僕なりに考える文化の民主化、カルチャーに対するよりフラットなアプローチとして、情報量を増やしていく役割は、個々のオーディエンス、観客が「どこまで行けるか」に任されているんだよね。大半の解釈は影響力のあるものに引きずられていたり、量的に多くても豊かとは言えない場合があるけれど、それだって情報量を増やしていく作業には不可欠だと思う。

國分｜情報量という言葉の意味を再定義する必要があると思っているんだ。これはまったくSF的な憶測なんだけど、ものすごく技術が進歩すると、アート作品とかの情報量も計量的に扱えるようになるんじゃないか。実は人間の運も量的に考察できるんじゃないかという話がある。運のいい人って明らかにいるわけだけど、そういう人は他の人よりも無意識で多くの計算をしてきていて、それがリソースになって、知らぬ間にベターな選択を積み重ねて生きているんじゃないか、と。

石岡｜情動も情報に入ってくる可能性があるよね。アントニオ・ダマシオの「エモーション論」*note.11が興味深くて、脳の損傷でエモーションが働かなくなった人は、例えば株の取引のようなものにのめり込んで人生を破滅させてしまうことがあると言われている。そうすると『スタートレック』シリーズのスポックのような感情が欠落した合理性を主張するキャラクターは、実はエモーションの計算ができなくなっているんじゃないか。

國分｜ダマシオによれば、アメフラシのような原生生物でも情動を持っていて危険があれば逃げる。しかし人間は感情、言い換えれば意識を持ってしまったがゆえに、情動に逆らって動くことができるようになってしまった。情動はものすごい速度と量でやっている計算過程として考えることができるわけだから、スポックを物語の文脈から外して、感情も情動もないひとつのモデルとして捉えると、生物としての計算量が減っていると考えられるよね。

ここでもう少し一般的な意味での情報について考えてみると、石岡くんが講義（第1回）の中で、持っている本が多すぎて見つけられず図書館に借りに行くという話をしている。溢れる情報とどう付き合うかというのは、今のカルチャーを考える上で大きな問題だよね。石岡くんはそのあたりをどう考えているのかぜひ聞いてみたい。

少し論旨からは外れるけれど、現代の情報についてもう少し話を足すと、情報の量が猛烈に増えていると同時に、情報が猛烈に脆弱になっているとも言える。というのも、現代の情報はほとんどがサーバーに保存されているわけだけれど、あんなに弱いものはないわけだ。「サイバーパンク」ならぬ「サーバーパンク」という言葉があるんだけど、ハードディスクという非常に弱々しいメディアが現代の情報を支えていて、これは簡単に壊れる。

そもそも情報化社会のメディアは耐久性が低い。初期のCDは（プレスの劣化のため）もう聞けなくなっているものが増えているらしいし、アメリカ政府が保存している電子情報の中には既にそれを読み取る機械がなくなっていて情報が引き出せないものがあるらしい。加速度的に増え続けるデータを次々と新しいメディアに保存し続けなくてはいけないのは俺らもそう。それを少しでも怠るとデータはそのうち壊れるし、そのうち引き出せなくなる。フロッピーディスクならまだしも、いまMOに保存したデータを引きだそうとしたら一苦労だよね。

これは今日は十分に展開できないテーマだけれど、情報化社会がもたらした、情報量の飛躍的拡大と情報の物理的脆弱性というのは重要な話だと思うんだ。学生にもよく言うんだけど、例えばロゼッタストーンのような石版と書物とハードディスクを、同じ情報メディアとして同次元で考えないといけない。この3つだと石版の耐久性は圧倒的。火事ぐらいの火ではびくともしない。でも、持ち運びという点で圧倒的に劣る。重すぎる。ハードディスクには石版とは比較にならないぐらいの量の情報を記録できる。しかし、その脆弱さもまた圧倒的。一瞬で壊れる。俺はその意味で書物の相対的優位性というのはまだまだ侮れないと思うね。火には弱いけど軽いし、相当な情報を詰め込めるから。あの形だってすごい。紙を束ねたときに、人はどこを綴じるだろうか。書物は一辺だけを綴じることで検索を驚くほど容易にしている。パラパラパラとやれば簡単に好きなページに行ける。タブレットの画面をはじくより楽だし速い。むしろデジタルなセンスで考えた時に書物は他のメディアに効率性で勝っている。

石岡｜本当に合理的にそういうことを言っている人と、単に復古主義で言っている人がいるのが厄介だね。教養主義者って、自分の育ってきた世代の技術をベースに考えている。だから古典の形成についても、ジェネレーションの問題を見過ごしては定義できないと思っているんだよね。

情報過多の時代にどう生きるか

石岡｜最近千葉雅也さんが『動きすぎてはいけない』*note.12 で「現在は接続過多の時代だから、然るべきところで切断しよう」と提唱したよね。これは情報社会に対する強い倫理的な主張も伴っていて、世の中が接続過多に疲れている時代に、シンプルで有効な処方を提示したと思う。僕自身、生活のある側面では非常に柔軟だけど、別の側面では非常に頑固だという場合がある。人間の柔軟性と頑固さの配分はそれぞれ異なっているよね。

國分｜情報過多、接続過多の時代にどう生きるかという話だよね。ぜひとも石岡くんの提案を聞きたいです。

石岡｜講義では主題的には展開できなかったけど、情報過多の時代を多面的に捉えようとするなら、知覚や情動などの働きについて、あらゆる側面から考察する必要があると思っている。様々なカルチャーの分析は、そうした考察のひとつでもあって、例えばめまぐるしい情報を前にした時の「注意（アテンション）」や「注意散漫（ディストラクション）」といった主題は、もっと展開していく必要があると思っている*note.13。接続や切断の問題系もそこから捉えることができるし、柔軟さと頑固さの配分といった経験的な処方にも関わるからね。一般に、情報社会に対する処方箋は、常に世代によって違う倫理が提唱されると思っている。どうしても若い人間は速さを称揚して、歳をとってついていけなくなると、今度はゆるやかさの称揚に向かうよね。でも僕は「加速をやめて減速する」というのは、アクセルとブレーキしか想定しない不十分な構図だと思う。僕は情報の消費モデルについては、速度を多様化することの方が重要だと思っている。例えば、超加速だって批評的な介入になりうる。僕は日常的にたくさんのアニメや映画を観る必要があるから、時には1・5倍速、2倍速で観た上で、何度もリピートすることがある。味わうという行為は常に減速だと考えられがちなんだけど、それは違う。加速したものを何度も繰り返し検討するような、10本ワンセットといったモデルもあっていい。

その次に来る問題として、文化に関わる人はどうしても現在中心主義に対してブレーキをかける、あるいは過去を持ち込むことで批評性を確保しようとするのがよくある戦略なんだけど、それに対して僕は『BTTF』のモデルを考えているんだよね。『BTTF』のように、過去・現在・未来の総体、つまり批評の契機としての未来を含み込んだタイムスケールにおいて、加速・減速の多数の軸をたくさん生み出す必要がある。

ドゥルーズも『シネマ』で参照しているパースの三元論はおもしろいと思っていて、パースは動詞「give」について、「AがOを置く」「BがOを拾う」といった二項関係の束では表せなくて、「AがBにOを与える」という三項関係を見出さないと記述できないと述べている。一般には「作用―反作用」とか、物体を押したら押し戻されるという二項関係のモデルが浸透していて、消費に対しても「受容か、抵抗か」という考え方が浸透しているけど、こうしたモデルを三項関係で捉え直してみることで色々なイメージが変わると僕は思っている。

國分―やるかやられるかという二分法を疑問視するということ

とだね。

石岡｜なぜ消費の加速と減速のイメージが「アクセルとブレーキ」の幼稚なモデルになってしまうのか。僕はその理念型は「作用―反作用」モデルでしかないと思うんだよね。

國分｜その理念型を変えなくてはいけない。イメージ的に言うと、「アクセルとブレーキ」しかないモデルから、「ギアチェンジ」のモデルにするということになるかな。

ただここでちょっと注意しないといけなくて、「ギアチェンジが必要」というと、いまの新自由主義的な経済が求めるフレキシビリティのことだと誤解されてしまうかもしれない。新しいニーズに柔軟に対応していくという意味でのフレキシビリティですね。でも、石岡くんが言っている速度の多様化というのはそういうことじゃないよね。まず現代社会がひとつの速度を強要してきている前提があるわけだけど、「作用―反作用」のモデルだと、それに対して減速という抵抗しか示せていない。だから、加速か減速かじゃなくて、自分なりの色々な速度が、場面や素材に応じて選べるようになる、それが大切ってことじゃないかな。

石岡｜僕はこの本でも細部に入り込みすぎていると自分でも感じる部分があるんだけど（笑）、それは多くの二項対立を「スペクトラム」のような、ニュアンスを持つスケールに書き替えたいという欲求があるからなんだよね。

國分｜このギアチェンジのメタファーをもう少し推し進めると、「マニュアルとオートマ」って話もできるね。誰もがマニュアル運転で2速、3速とうまくギアチェンジできるわけじゃない。だったら、オートマ車的な補助になるものがあってもいいと思うんだよね。石岡くんのこの本はそういう補助になるものでしょ。こんな風にギアチェンジして、こんな速度でこの素材を読み解いてみるとおもしろいよということを教えてくれる。俺もこれまで随分個人的に教わってきたけど（笑）。

石岡｜物事をスペクトラムとして捉えたり、ギアチェンジの多様なあり方を具体的に提示していく作業は、情報過多の時代である現在における「批評」の重要な役割だと思う。もちろん現在の「情報過多」はデータ量の問題なんだけど、そうした状況を前にして、過去の文化を見る眼差しも遡及的に変えていくことが重要なのではないか。すると今まで「過多」に見えていなかったところにも、情報の過剰を見出すことができると思う。フランスのアナール学派のブローデルに「長期持続」っていう概念があって、例えば数百年かけて動いていく経済変動や、数千年単位で動いていく地層の歴史のように時間が長くなると、なぜか物質的なものとして現れてくる場合がある。僕は情報過多時代っていうのは、そういった複数のタイムスケールが目に見えるようになる時代でもあるように思える。つまり、現在だけが立ち上がっていて、それに対して潜在的な歴史があるというモデルじゃなくて、ちょうど動画サイトに並ぶ玉石混淆の映像群が示すように、今現在フワッと浮かび上がっているものの中に、数時間で消えてしまうものから、「長期持続」的なものに至るまで、いろんな持続があると思うわけ。

國分　そうだね。ただ、やはりサーバーに記録されている情報は途方もなく増えたわけで、それと付き合うための方法は必要になる。ぜひ石岡くんの批評と研究を通じて、読者の皆さんにもギアチェンジの技法を学んでもらいたいですね。

石岡　00年代後半に始まった動画型カルチャーは、文化に目覚ましい変化を起こし、文化批評の新たなモデルを考えさせるきっかけになったけれども、最早日常化して次の段階にきている。政治経済的にも無視できないものになると同時に、インフラとして定着したので「新しさ」という衝撃は薄れている。でもその一方で、例えばスマートフォンやタブレットがこんなに普及してノートパソコンのシェアが下がるということはあまり想像されていなかったわけで、そういう変化は当然今後も起こり続ける。だからこそ「現在を相対化する」という視点で、過去をパッケージ化して見る必要が増すと思う。だから本書で示してきたように、僕自身は、一見「現在への没入一辺倒」にみえる文化にも、現在を「相対化」する力があることを結構信用しているんです。ただ、どうしても現在を相対化するというと、加速に対するブレーキというイメージになりやすい。また、情報に接する際の論理としては、身体の限界をふまえた「減速の論理」だけが一方的に主張されやすいと思うんだけど、そこを超加速から超減速に至るまでの「速度変換の論理」へと置換えてみたい。つまりギアチェンジの技法を追求していきたいと思っています。

（2014年5月7日、フィルムアート社にて収録）

---

notes

01: 國分功一郎『暇と退屈の倫理学』朝日出版社、2011年
02: ジル・ドゥルーズ、フェリックス・ガタリ『哲学とは何か』財津理訳、河出書房新社（河出文庫）、2012年
03: ジョン・ラスキン『ゴシックの本質』川端康雄訳、みすず書房、2011年、54ページ
04: この点については、以下の論文を参照。國分功一郎「ウィリアム・モリスの「社会主義」」、高崎経済大学産業研究所編『デフレーション現象への多角的接近』日本経済評論社、2014年
05: ウィリアム・モリス『ユートピアだより』川端康雄訳、岩波書店、2013年
06: ジャン・ボードリヤール『アメリカ――砂漠よ永遠に』田中正人訳、法政大学出版局、1988年
07: ウィリアム・モリス『民衆の藝術』中橋一夫訳、岩波文庫、2007年、52ページ
08: ジリアン・ネイラー、『アーツ・アンド・クラフツ運動』、川端康雄＋菅靖子訳、みすず書房、2013年、20ページ
09: ヴラジミール・ジャンケレヴィッチ『還らぬ時と郷愁』仲沢紀雄訳、国文社、1994年
10: 石岡良治「『仮面ライダーディケイド』、旅の途中」（『ユリイカ』2012年9月臨時増刊号）、宇野常寛『ゼロ年代の想像力』（早川書房（ハヤカワ文庫）、2011年）、宇野常寛『リトル・ピープルの時代』（幻冬舎、2011年）の仮面ライダー論を参照。
11: アントニオ・ダマシオ『デカルトの誤り 情動、理性、人間の脳』田中三彦訳、筑摩書房（ちくま学芸文庫）、2010年
12: 千葉雅也『動きすぎてはいけない：ジル・ドゥルーズと生成変化の哲学』河出書房新社、2013年
13: ジョナサン・クレーリー『知覚の宙吊り――注意、スペクタクル、近代文化』岡田温司、大木美智子、石谷治寛、橋本梓訳、平凡社、2005年

参考文献リスト

本書では、基本的に邦訳がある文献は邦訳のみ記載しています。

〔はじめに〕

ジョナサン・カラー『文学理論』荒木映子、富山太佳夫訳、岩波書店、2003年
ピーター・バリー『文学理論講義：新しいスタンダード』高橋和久訳、ミネルヴァ書房、2014年
ジョン・バージャー『イメージ：視覚とメディア』伊藤俊治訳、筑摩書房〈ちくま学芸文庫〉、2013年
ハル・フォスター編『視覚論』榑沼範久訳、平凡社〈平凡社ライブラリー〉、2007年
ジョン・A・ウォーカー、サラ・チャップリン『ヴィジュアル・カルチャー入門――美術史を超えるための方法論』岸文和、前川修、佐藤守弘、井面信行、青山勝訳、晃洋書房、2001年
ジャン＝クロード・フォザほか『イメージ・リテラシー工場／フランスの新しい美術鑑賞法』犬伏雅一、前田茂、前川陽郁訳、フィルムアート社、2006年
北野圭介『映像論序説〈デジタル／アナログ〉を越えて』人文書院、2009年
渡邉大輔『イメージの進行形：ソーシャル時代の映画と映像文化』人文書院、2012年
リチャード・グレゴリー『脳と視覚――グレゴリーの視覚心理学』近藤倫明、三浦佳世、中溝幸夫訳、ブレーン出版、2001年
箱田裕司、都築誉史、川畑秀明、萩原滋『認知心理学』有斐閣、2010年
安西祐一郎『心と脳――認知科学入門』岩波書店〈岩波新書〉、2011年
セルジュ・ティスロン『明るい部屋の謎――写真と無意識』青山勝訳、人文書院、2001年
ジェフリー・バッチェン『写真のアルケオロジー』前川修、佐藤守弘、岩城覚久訳、青弓社、2010年
三輪健太朗『マンガと映画――コマと時間の理論』NTT出版、2014年
秋田孝宏『「コマ」から「フィルム」へ――マンガとマンガ映画』NTT出版、2005年

〔第1回〕

マシュー・アーノルド『教養と無秩序』多田英次訳、岩波書店〈岩波文庫〉、1965年
エドワード・タイラー『原始文化』比屋根安定訳、誠信書房、1962年

pha『ニートの歩き方』技術評論社、2012年
竹内洋『教養主義の没落――変わりゆくエリート学生文化』中央公論新社（中公新書）、2003年
高田里惠子『グロテスクな教養』筑摩書房（ちくま新書）、2005年
イヴ・セジウィック『男同士の絆――イギリス文学とホモソーシャルな欲望』名古屋大学出版会、2001年
エルンスト・カントロヴィッチ『祖国のために死ぬこと』甚野尚志訳、みすず書房、2006年
斎藤環『世界が土曜の夜の夢なら ヤンキーと精神分析』角川書店（角川グループパブリッシング）、2012年
丸山真男『日本の思想』岩波書店（岩波新書）、1961年
ディック・ヘブディジ『サブカルチャー――スタイルの意味するもの』山口淑子訳、未来社、1986年
清水知子『文化と暴力――揺曳するユニオンジャック』月曜社、2013年
小田切博「「マンガ」という自明性――ガラパゴス島に棲む日本のマンガ言説」
http://imrc.jp/images/upload/lecture/data/4小田切.pdf（2014年6月1日現在）
ロバート・S・ネルソン、リチャード・シフ編『美術史を語る言葉――22の理論と実践』加藤哲弘、鈴木廣之監訳、秋庭史典、北村清彦、田中正之、
米村典子訳、ブリュッケ、2002年
ロバート・ステッカー『分析美学入門』森功次訳、勁草書房、2013年
ジョン・A・ウォーカー、サラ・チャップリン『ヴィジュアル・カルチャー入門――美術史を超えるための方法論』岸文和、前川修、佐藤守弘、井面信行、
青山勝訳、晃洋書房、2001年
ジャン・フランソワ・リオタール『ポスト・モダンの条件――知・社会・言語ゲーム』小林康夫訳、水声社、1989年
南田勝也『オルタナティブ・ロックの社会学』花伝社、2014年

［**第2回**］
岩本憲児、波多野哲朗編『映画理論集成――古典理論から記号学の成立へ』フィルムアート社、1982年
長谷正人、中村秀之編訳著『アンチ・スペクタクル――沸騰する映像文化の考古学〈アルケオロジー〉』東京大学出版会、2003年
上島春彦『レッドパージ・ハリウッド』作品社、2006年
蓮實重彥『ハリウッド映画史講義――翳りの時代のために』筑摩書房、1993年

ジョン・アーリ『観光のまなざし――現代社会におけるレジャーと旅行』加太宏邦訳、法政大学出版局、1995年
ジョン・アーリ『場所を消費する』吉原直樹、武田篤志、斎藤綾美、高橋雅也、大沢善信、松本行真、末良哲訳、法政大学出版局、2003年
トマス・エルセサー、ウォーレン・バックランド『現代アメリカ映画研究入門』水島和則訳、書肆心水、2014年
太田純貴「タイムマシンとしての衣服」『哲學研究』597号、京都哲学会、2014年
リチャード・E・ニスベット、ドヴ・コーエン『名誉と暴力――アメリカ南部の文化と心理』石井敬子、結城雅樹訳、北大路書房、2009年
ジャン・ボードリヤール『消費社会の神話と構造』今村仁司、塚原史訳、紀伊國屋書店、1995年
國分功一郎『暇と退屈の倫理学』朝日出版社、2011年
J・K・ガルブレイス『ゆたかな社会 決定版』鈴木哲太郎訳、岩波書店（岩波現代文庫）、2006年
エドガール・モラン『スター』渡辺淳、山崎正巳訳、法政大学出版局、1976年
リチャード・ダイアー『映画スターの〝リアリティ〟――拡散する「自己」』浅見克彦訳、青弓社、2006年
今福龍太、沼野充義、四方田犬彦編『世界文学のフロンティア〈4〉ノスタルジア』岩波書店、1996年

［第3回］
ハーバード・A・サイモン『システムの科学』稲葉元吉、吉原英樹訳、パーソナルメディア、第3版、1999年
Yves-Alain Bois, *"Piet Mondrian, New York City", in Painting as Model*, MIT press, 1990
クレメント・グリーンバーグ「アヴァンギャルドとキッチュ」『グリーンバーグ批評選集』藤枝晃雄訳、勁草書房、2005年
スーザン・ソンタグ「キャンプについてのノート」『反解釈』高橋康也、由良君美、河村錠一郎、出淵博、海老根宏、喜志哲雄訳、筑摩書房（ちくま学芸文庫）、1996年
マティ・カリネスク『モダンの五つの顔』富山英俊、栂正行訳、せりか書房、新版、1995年
アントワーヌ・コンパニョン『近代芸術の五つのパラドックス』中地義和訳、水声社、1999年
ジョン・マーサー、マーティン・シングラー『メロドラマ映画を学ぶ ジャンル・スタイル・感性』中村秀之、河野真理江訳、フィルムアート社、2013年
ピーター・ブルックス『メロドラマ的想像力』四方田犬彦、木村慧子訳、産業図書、2002年
ダグラス・サーク著、ジョン・ハリディ編『サーク・オン・サーク』明石政紀訳、INFASパブリケーションズ、2006年
H・D・ソロー『森の生活（上・下）ウォールデン』飯田実訳、岩波書店（岩波文庫）、1985年
ヘンリー・D・ソロー『ウォールデン――森で生きる』酒本雅之訳、筑摩書房（ちくま学芸文庫）、2000年

ライナー・ヴェルナー・ファスビンダー『映画は頭を解放する』明石政紀訳、勁草書房、1999年
湯浅学『ボブ・ディラン――ロックの精霊』岩波書店（岩波新書）、2013年
スティーヴ・エリクソン『Xのアーチ』柴田元幸訳、集英社、1996年
鈴木透『性と暴力のアメリカ』中央公論新社（中公新書）、2006年
荒木飛呂彦『荒木飛呂彦の奇妙なホラー映画論』集英社（集英社新書）、2011年
荒木飛呂彦『荒木飛呂彦の超偏愛！映画の掟』集英社（集英社新書）、2013年
東浩紀『動物化するポストモダン オタクから見た日本社会』講談社（講談社現代新書）、2001年
東浩紀『ゲーム的リアリズムの誕生 動物化するポストモダン2』講談社（講談社現代新書）、2007年
ジャネット・H・マレー『デジタル・ストーリーテリング――電脳空間におけるナラティヴの未来形』有馬哲夫訳、国文社、2000年
フランク・ローズ『のめりこませる技術』島内哲朗訳、フィルムアート社、2012年
下澤和義「ミュージック・ヴィデオ分析試論」『アルス・イノヴァティーヴァ レッシングからミュージック・ヴィデオまで』中央大学人文科学研究所研究叢書42、2008年
西寺郷太『マイケル・ジャクソン』講談社（講談社現代新書）、2010年
ローラ・マルヴィ「視覚的快楽と物語映画」『「新」映画理論集成1 歴史・人種・ジェンダー』岩本憲児、武田潔、斉藤綾子編、フィルムアート社、1998年

［第4回］
大塚英志『「おたく」の精神史 一九八〇年代論』講談社（講談社現代新書）、2004年
岡田斗司夫『オタク学入門』新潮社（新潮OH！文庫）、2000年
東浩紀『動物化するポストモダン オタクから見た日本社会』講談社（講談社現代新書）、2001年
斎藤環『戦闘美少女の精神分析』筑摩書房（ちくま文庫）、2006年
宮台真司監修『オタク的想像力のリミット：〈歴史・空間・交流〉から問う』辻泉、岡部大介、伊藤瑞子編、筑摩書房、2014年
河野至恩『世界の読者に伝えるということ』講談社（講談社現代新書）、2014年
小塩真司『性格を科学する心理学のはなし――血液型性格判断に別れを告げよう』新曜社、2011年
木原善彦『UFOとポストモダン』平凡社（平凡社新書）、2006年
ウィリアム・ジェイムズ『宗教的経験の諸相（上・下）』桝田啓三郎訳、岩波書店（岩波文庫）、1969-70年

ダーニエール・パウル・シュレーバー『シュレーバー回想録――ある神経病者の手記』平凡社（平凡社ライブラリー）、２００２年
熊谷哲哉『言語と狂気――シュレーバーと世紀転換期ドイツ』水声社、２０１４年
北田暁大『嗤う日本の「ナショナリズム」』日本放送出版協会（ＮＨＫブックス）、２００５年
大澤真幸『不可能性の時代』岩波書店（岩波新書）、２００８年
「総特集＝オタクvsサブカル！ １９９１→２００５ポップカルチャー全史」『ユリイカ』２００５年８月増刊号、青土社、２００５年
井上明人「遊びとゲームをめぐる試論――たとえば、にらめっこはコンピュータ・ゲームになるだろうか――」
http://www.critiqueofgames.net/data/vol.13_inoueakito.pdf（２０１４年６月１日現在）
井上明人「Critique of games　ビデオゲームをめぐる問いと思索」
http://www.critiqueofgames.net/data/index.php?%A5%AB%A5%A4%A5%E8%A5%EF（２０１４年６月１日現在）
日本記号学会編『ゲーム化する世界：コンピュータゲームの記号論』新曜社、２０１３年
ヨハン・ホイジンガ『中世の秋〈Ｉ〉〈Ⅱ〉』堀越孝一訳、中央公論新社（中公クラシックス）、２００１年
ヨハン・ホイジンガ『ホモ・ルーデンス』高橋英夫訳、中央公論新社（中公文庫）、１９７３年
ロジェ・カイヨワ『遊びと人間』多田道太郎、塚崎幹夫訳、講談社（講談社学術文庫）、１９９０年
オルダス・ハクスリー『知覚の扉』河村錠一郎訳、平凡社（平凡社ライブラリー）、１９９５年
Ｅ・Ｈ・ゴンブリッチ『棒馬考――イメージの読解』二見史郎、横山勝彦、谷川渥訳、勁草書房、増補完訳版、１９９４年
清塚邦彦『フィクションの哲学』勁草書房、２００９年
オイゲン・フィンク『遊び――世界の象徴として』千田義光訳、せりか書房、１９８５年
ジル・ドゥルーズ『意味の論理学〈上〉〈下〉』小泉義之訳、河出書房新社（河出文庫）、２００７年
ステファヌ・マラルメ、フランソワ・モレーズ『賽の一振りは断じて偶然を廃することはないだろう――フランソワーズ・モレルによる出版と考察』柏倉康夫訳、行路社、２００９年
デジタルゲームの教科書制作委員会『デジタルゲームの教科書　知っておくべきゲーム業界最新トレンド』ソフトバンククリエイティブ、２０１０年
ケイティ・サレン、エリック・ジマーマン『ルールズ・オブ・プレイ　ゲームデザインの基礎（上・下）』山本貴光訳、ソフトバンククリエイティブ、２０１１年

〔**第５回**〕

Rosalind E. Krauss, *A Voyage on the North Sea: Art in the Age of the Post-Medium Condition*, Thames & Hudson, 1999

『表象08 ポストメディウム映像のゆくえ』表象文化論学会、月曜社、2014年
千葉雅也『動きすぎてはいけない』河出書房新社、2013年
マーシャル・マクルーハン『グーテンベルクの銀河系――活字人間の形成』森常治訳、みすず書房、1986年
門林岳史『ホワッチャドゥーイン、マーシャル・マクルーハン?――感性論的メディア論』エヌティティ出版、2009年
ウォルター・J・オング『声の文化と文字の文化』林正寛、糟谷啓介、桜井直文訳、藤原書店、1991年
ミッチェル・スティーヴンス『ドラムから衛星まで ニュースの歴史』笹井常三、引野剛司訳、心交社、1990年
G・スピヴァク『デリダ論』田尻芳樹訳、平凡社(平凡社ライブラリー)、2005年
ジャック・デリダ『声と現象』林好雄訳、筑摩書房(ちくま学芸文庫)、2005年
ベルナール・スティグレール『技術と時間(全3巻)』石田英敬監修、西兼志訳、法政大学出版局、2009-13年
フレドリック・ジェイムソン「ポストモダニティにおけるイメージの変容」『カルチュラル・ターン』合庭惇、秦邦生、河野真太郎訳、作品社、2006年
ジャック・ランシエール『イメージの運命』堀潤之訳、平凡社、2010年
Fredric Jameson, *Postmodernism, or, the Cultural Logic of Late Capitalism*, Verso, 1991
ロザリンド・クラウス「ヴィデオ――ナルシシズムの美学」石岡良治訳、「ヴィデオを待ちながら 映像、60年代から今日へ」展カタログ、東京国立近代美術館、2009年
クリス・メイ=アンドリュース『ヴィデオ・アートの歴史――その形式と機能の変遷』伊奈新祐訳、三元社、2013年
イヴォンヌ・シュピールマン『ヴィデオ――再帰的メディアの美学』海老根剛監訳、柳橋大輔、遠藤浩介訳、三元社、2011年
デヴィッド・ルイス・ウィリアムズ『洞窟のなかの心』港千尋訳、講談社、2012年
アンドレ・ルロワ=グーラン『身ぶりと言葉』荒木亨訳、筑摩書房、2012年
ジャック・デリダ『グラマトロジーについて(上・下)』足立和浩訳、現代思潮新社、1976年
ハンス・ベルティング『イメージ人類学』仲間裕子訳、平凡社、2014年(刊行予定)
Hans Belting, *An Anthropology of Images: Picture, Medium, Body*, Thomas Dunlap, Princeton Univ Pr, 2011
ジェームズ・J・ギブソン『生態学的視覚論――ヒトの知覚世界を探る』古崎敬、古崎愛子、辻敬一郎、村瀬旻訳、サイエンス社、1986年
レフ・マノヴィッチ『ニューメディアの言語――デジタル時代のアート、デザイン、映画』堀潤之訳、みすず書房、2013年
ジル・ドゥルーズ『シネマ 1*運動イメージ』財津理、齋藤範訳、法政大学出版局(叢書・ウニベルシタス)、2008年
ジル・ドゥルーズ『シネマ 2*時間イメージ』宇野邦一、江澤健一郎、岡村民夫、石原陽一郎、大原理志訳、法政大学出版局(叢書・ウニベルシタス)、2006年

水越伸『メディアの生成――アメリカ・ラジオの動態史』同文舘出版、１９９３年
ジル・ドゥルーズ「管理社会について」『記号と事件――1972-1990年の対話』宮林寛訳、河出書房新社（河出文庫）、２００７年
ミシェル・フーコー『監獄の誕生――監視と処罰』田村俶訳、新潮社、１９７７年
平倉圭『ゴダール的方法』インスクリプト、２０１０年
坂元章、坂元桂、森津太子、高比良美詠子編『サブリミナル効果の科学――無意識の世界では何が起こっているか』学文社、１９９９年
トーマス・ラマール『アニメ・マシーン――グローバル・メディアとしての日本アニメーション』藤木秀朗、大晴美訳、名古屋大学出版会、２０１３年
「対談『アニメ・マシーン』から考える」トマス・ラマール＋石岡良治／門林岳史＝司会、『表象07 アニメーションのマルチ・ユニヴァース』、表象文化論学会、月曜社、２０１３年
山村高淑『アニメ・マンガで地域振興』東京法令出版、２０１１年
松井悠『デジタルゲームの技術 開発キーパーソンが語るゲーム産業の未来』ソフトバンククリエイティブ、２０１１年
細馬宏通『ミッキーはなぜ口笛を吹くのか：アニメーションの表現史』新潮社（新潮選書）、２０１３年
松浦寿輝『表象と倒錯――エティエンヌ＝ジュール・マレー』筑摩書房、２００１年
濱野智史『アーキテクチャの生態系――情報環境はいかに設計されてきたか』エヌティティ出版、２００８年
石岡良治「『仮面ライダーディケイド』、旅の途中」『ユリイカ』２０１２年９月臨時増刊号
宇野常寛『ゼロ年代の想像力』早川書房（ハヤカワ文庫）、２０１１年
宇野常寛『リトル・ピープルの時代』幻冬舎、２０１１年
柴那典『初音ミクはなぜ世界を変えたのか？』太田出版、２０１４年
さやわか『一〇年代文化論』講談社（星海社新書）、２０１４年
村上裕一『ネトウヨ化する日本』KADOKAWA／中経出版、２０１４年
村上裕一『ゴーストの条件』講談社（講談社ＢＯＸ）、２０１１年
マルコム・グラッドウェル『急に売れ始めるにはワケがある ネットワーク理論が明らかにする口コミの法則』ソフトバンククリエイティブ（ソフトバンク文庫）、２００７年
ポール・ヴィリリオ『戦争と映画――知覚の兵站術』石井直志、千葉文夫訳、平凡社（平凡社ライブラリー）、１９９９年
ポール・ヴィリリオ『速度と政治――地政学から時政学へ』平凡社（平凡社ライブラリー）、２００１年
スタンリー・フィッシュ『このクラスにテクストはありますか――解釈共同体の権威３』小林昌夫訳、みすず書房、１９９２年
鈴木雅雄『シュルレアリスム、あるいは痙攣する複数性』平凡社、２００７年

「シュルレアリスムの思想」『思想』2012年第10号(No.1062)
イアン・コンドリー『アニメの魂：協働する創造の現場』島内哲朗訳、エヌティティ出版、2014年
イアン・コンドリー『日本のヒップホップ──文化グローバリゼーションの〈現場〉』上野俊哉監修、田中東子、山本敦久訳、エヌティティ出版、2009年

[特別対談]
國分功一郎『暇と退屈の倫理学』朝日出版社、2011年
ジル・ドゥルーズ、フェリックス・ガタリ『哲学とは何か』財津理訳、河出書房新社(河出文庫)、2012年
ジョン・ラスキン『ゴシックの本質』川端康雄訳、みすず書房、2011年
國分功一郎「ウィリアム・モリスの「社会主義」」、高崎経済大学産業研究所編『デフレーション現象への多角的接近』日本経済評論社、2014年
ウィリアム・モリス『ユートピアだより』川端康雄訳、岩波書店、2013年
ジャン・ボードリヤール『アメリカ──砂漠よ永遠に』田中正人訳、法政大学出版局、1988年
ウィリアム・モリス『民衆の藝術』中橋一夫訳、岩波文庫、2007年
ジリアン・ネイラー、『アーツ・アンド・クラフツ運動』、川端康雄+菅靖子訳、みすず書房、2013年
ヴラジミール・ジャンケレヴィッチ『還らぬ時と郷愁』仲沢紀雄訳、国文社、1994年
石岡良治「『仮面ライダーディケイド』、旅の途中」『ユリイカ』2012年9月臨時増刊号
宇野常寛『ゼロ年代の想像力』早川書房(ハヤカワ文庫)、2011年
宇野常寛『リトル・ピープルの時代』幻冬舎、2011年
アントニオ・ダマシオ『デカルトの誤り 情動、理性、人間の脳』田中三彦訳、ちくま学芸文庫、2010年
千葉雅也『動きすぎてはいけない：ジル・ドゥルーズと生成変化の哲学』河出書房新社、2013年
ジョナサン・クレーリー『知覚の宙吊り──注意、スペクタクル、近代文化』岡田温司、大木美智子、石谷治寛、橋本梓訳、平凡社、2005年

[あとがき]
ハインリヒ・フォン・クライスト「話をしながらだんだん考えを仕上げてゆくこと」『チリの地震──クライスト短篇集』種村季弘訳、河出書房新社(河出文庫)、1996年

作品リスト

本書に登場した主要な作品を、タイトルと発表年を中心に挙げました。基本的には最初の発表年、刊行年を記しています。ゲームなど一部作品を除き、出版社・製作会社（現行社名を優先）などの表記は省略しました。

［はじめに］

ロバート・ゼメキス監督『バック・トゥ・ザ・フューチャー』三部作（１９８５、１９８９、１９９０）

［第1回］

アイザック・アシモフ『ファウンデーション』シリーズ（１９５１-９３）
ジョージ・ルーカス監督『スター・ウォーズ』シリーズ（EP.I-VI）（１９７７-２００５）
デヴィッド・フィンチャー監督『ソーシャル・ネットワーク』（２０１０）
久米田康治『さよなら絶望先生』（２００５-２０１２）
森見登美彦『四畳半神話大系』（２００５）
セックス・ピストルズ『アナーキー・イン・ザ・UK』（１９７６）
マルセル・プルースト『失われた時を求めて』（１９１３-２７）
大友克洋『AKIRA』（１９８２-９０）

［第2回］

トビー・フーパー監督『ポルターガイスト』（１９８２）
デイヴィッド・ハンド監督『白雪姫』（１９３７）
ロベルト・ロッセリーニ監督『ドイツ零年』（１９４８）
クロード・ロラン《シバの女王の船出》（１６４８）
ロバート・ゼメキス監督『バック・トゥ・ザ・フューチャー』三部作（１９８５、１９８９、１９９０）
フランシス・フォード・コッポラ監督『ゴッドファーザー』（１９７２）
ジェームズ・キャメロン監督『ターミネーター２』（１９９１）
スティーヴン・スピルバーグ監督『ジュラシック・パーク』（１９９３）
荒木飛呂彦『ジョジョの奇妙な冒険』シリーズ（１９８６-）
セルジオ・レオーネ監督『荒野の用心棒』（１９６４）
ジョージ・オーウェル『一九八四』（１９４９）
ニコラス・レイ監督『理由なき反抗』（１９５５）
ジョー・ダンテ監督『グレムリン』（１９８４）
ロバート・ゼメキス監督『ロジャー・ラビット』（１９８８）
ジョージ・シドニー監督『錨を上げて』（１９４５）
ロバート・スティーヴンソン監督『メリー・ポピンズ』（１９６４）
オーソン・ウェルズ監督『市民ケーン』（１９４１）

マヤ・デレン監督『午後の網目』（1943）
ケネス・アンガー監督『スコピオ・ライジング』（1963）
ソフィア・コッポラ監督『ブリングリング』（2013）
ベセスダ・ソフトワークス『FALLOUT3』（2008）
山崎貴監督『ALWAYS 三丁目の夕日』シリーズ（2005-12）
宮藤官九郎脚本『あまちゃん』（2013）
アイヴァン・ライトマン監督『ゴーストバスターズ』（1984）
スタンリー・キューブリック監督『2001年宇宙の旅』（1968）
ジョージ・ルーカス監督『アメリカン・グラフィティ』（1973）
チャック・ベリー『ジョニー・B・グッド』（1958）
長井龍雪監督『あの日見た花の名前を僕達はまだ知らない。』（2011）
ZONE『secret base ～君がくれたもの～』（2001）
ハロルド・ライミス監督『恋はデジャ・ブ』（1993）
5pb.『Steins;Gate』（2009）
アンドレイ・タルコフスキー監督『ノスタルジア』（1983）
ジョナス・メカス監督『リトアニアへの旅の追憶』（1972）
坂本龍一『enegy flow』（1999）

［第3回］

ピエト・モンドリアン《ニューヨーク・シティI》（1942）
ピエト・モンドリアン《ブロードウェイ・ブギウギ》（1944）
マルセル・デュシャン《泉》（1912）
マルセル・デュシャン《L.H.O.O.Q》（1919）
ジャクソン・ポロック《秋のリズム》（1950）
中島丈博脚本『真珠夫人』（2002）
ジャン=ジャック・ルソー『新エロイーズ』（1761）
ヨハン・ヴォルフガング・フォン・ゲーテ『若きウェルテルの悩み』（1774）
ダグラス・サーク監督『天はすべて許し給う』（1955）
ダグラス・サーク監督『悲しみは空の彼方に』（1959）
ジョン・カサヴェテス監督『アメリカの影』（1959）
トッド・ヘインズ監督『スーパースター：カレン・カーペンター・ストーリー』（1987）
カーペンターズ『We've only just began』（1970）
トッド・ヘインズ監督『ベルベット・ゴールドマイン』（1998）
デヴィッド・ボウイ『ジギー・スターダスト』（1972）
トッド・ヘインズ監督『アイム・ノット・ゼア』（2007）
トッド・ヘインズ監督『エデンより彼方に』（2002）
スティーヴ・エリクソン『Xのアーチ』（1993）
ライナー・ヴェルナー・ファスビンダー監督『不安は魂を食いつくす』（1973）
アルフレート・デーブリーン『ベルリン・アレクサンダー広場』（1929）
ライナー・ヴェルナー・ファスビンダー監督『ベルリン・アレクサンダー広場』（1979-80）
デヴィッド・ワーク・グリフィス『東への道』（1920）
ジョン・マクティアナン監督『ダイ・ハード』（1988）
ジョン・マクティアナン監督『プレデター』（1987）
デヴィッド・ワーク・グリフィス『散り行く花』（1919）

デヴィッド・ワーク・グリフィス『國民の創生』(1915)
デヴィッド・ワーク・グリフィス『イントレランス』(1916)
美内すずえ『ガラスの仮面』(1975-)
âge『君が望む永遠』(2001)
Leaf『WHITE ALBUM』(1998)
西村純二監督『true tears』(2008)
篠原俊哉監督『凪のあすから』(2013-14)
バグルス『ラジオスターの悲劇』(1979)
リチャード・レスター監督『ハード・デイズ・ナイト』(1964)
ドン・アラン・ペネベイカー監督『ドント・ルック・バック』(1967)
ボブ・ディラン『サブタレニアン・ホームシック・ブルース』(1965)
ビートルズ『サージェント・ぺパーズ・ロンリー・ハーツ・クラブ・バンド』(1967)
ヴェルヴェット・アンダーグラウンド・アンド・ニコ『ヴェルヴェット・アンダーグラウンド・アンド・ニコ』(1967)
ローリング・ストーンズ『スティッキー・フィンガーズ』(1971)
リチャード・ハミルトン《一体なにが今日の家庭をこれほどに変え、魅力あるものにしているのか》(1956)
ビートルズ『ザ・ビートルズ(ホワイト・アルバム)』(1968)
カシミール・マレーヴィッチ《ホワイト・オン・ホワイト》(1918)
A-ha『テイク・オン・ミー』(1985)
マイケル・ジャクソン『ロック・ウィズ・ユー』(1979)
マイケル・ジャクソン『オフ・ザ・ウォール』(1979)
マイケル・ジャクソン『ビート・イット』(1983)
ロバート・ワイズ監督『ウエスト・サイド・ストーリー』(1961)
アラン・クロスランド監督『ジャズ・シンガー』(1927)
マイケル・ジャクソン『スリラー』(1982)
ジャック・ヘイリー・ジュニア監督『ザッツ・エンタテインメント!』(1974)
フィリダ・ロイド監督『マンマ・ミーア!』(2008)
マドンナ『マテリアル・ガール』(1984)
PSY『江南スタイル』(2012)
ファットボーイ・スリム(スパイク・ジョーンズ監督)『ウェポン・オブ・チョイス』(2000)
ケミカル・ブラザーズ(ミシェル・ゴンドリー監督)『スター・ギター』(2002)
カイリー・ミノーグ(ミシェル・ゴンドリー監督)『カム・イントゥ・マイ・ワールド』(2002)
ロイド・ベーコン監督(バスビー・バークレー振付)『フットライト・パレード』(1933)
マシュー・バーニー《クレマスター・サイクル》(1994-2002)
マシュー・バーニー《拘束のドローイング9》(2005)
ローリング・ストーンズ『悪魔を憐れむ歌』(1968)
ジャン=リュック・ゴダール監督『ワン・プラス・ワン』(1968)
ジャン=リュック・ゴダール監督『右側に気をつけろ』(1987)
リュミエール兄弟『水を撒かれた水撒き人』(1895)

[第4回]
TAITO『スペースインベーダー』(1978)

フィリップ・キンドレド・ディック『高い城の男』(1962)
トマス・ピンチョン『重力の虹』(1973)
スティーヴン・スピルバーグ監督『未知との遭遇』(1977)
中田秀夫監督『リング』(1998)
鈴木光司『リング』(1991)
バリー・ソネンフェルド監督『メン・イン・ブラック』(1997)
パブロ・ピカソ《雄牛の頭》(1942)
ルイス・キャロル『不思議の国のアリス』(1865)
ルイス・キャロル『鏡の国のアリス』(1871)
ステファヌ・マラルメ『骰子一擲』(1897)
ステファヌ・マラルメ『イジチュール』(1867-70)
07th Expansion『ひぐらしのなく頃に』(2002-06)
『スペースウォー!』(1962)
ジョン・ロナルド・ロウエル・トールキン『指輪物語』シリーズ(1954-55)
Tactical Studies Rules『ダンジョンズ・アンド・ドラゴンズ』(1974)
アーシュラ・ル=グウィン『ゲド戦記』シリーズ(1968-2001)
『24 -TWENTY FOUR-』(2001-2010)
エレクトロニック・アーツ『シムズ』シリーズ(2000-)
任天堂『どうぶつの森』シリーズ(2001-)
アクティビジョン『Call of Duty』シリーズ(2004-)
ユービーアイソフト『アサシンクリード』シリーズ(2008-)
松本零士監督『宇宙戦艦ヤマト』(1974-75)
富野由悠季(喜幸)監督『機動戦士ガンダム』(1979-80)

庵野秀明監督『新世紀エヴァンゲリオン』(1995-96)
谷口悟朗監督『コードギアス 反逆のルルーシュ』(2006-8)
河森正治監督『マクロスF』(2008)
水島努監督『ガールズ&パンツァー』(2012-3)
高村和宏監督『ストライクウィッチーズ』(2008)
カドカワゲームズ『艦隊これくしょん』(2013-)
半村良『戦国自衛隊』(1971)
荒巻義雄『紺碧の艦隊』シリーズ(1990-96)
荒巻義雄『旭日の艦隊』シリーズ(1992-97)
志茂田景樹『戦国の長嶋巨人軍』(1995)
本多猪四郎監督『ゴジラ』(1954)
円谷プロ『ウルトラマン』(1966-67)
山本嘉次郎監督『ハワイ・マレー沖海戦』(1942)
メリアン・C・クーパー、アーネスト・B・シェードザック監督『キング・コング』(1933)
円谷プロ『帰ってきたウルトラマン』(1971-72)
庵野秀明監督『帰ってきたウルトラマン マットアロー1号発進命令』(1983)
富野由悠季(喜幸)監督『海のトリトン』(1972)
長崎健司監督『ガンダムビルドファイターズ』(2013-14)
バンダイナムコゲームス『機動戦士ガンダム ギレンの野望』シリーズ(1998-)
バンダイナムコゲームス『機動戦士ガンダムvs.』シリーズ(2001-)
カプコン『ストリートファイターII』(1991)
バンダイナムコゲームス『スーパーロボット大戦』シリーズ(1991-)

マーク・ミラー『シビル・ウォー』（2006-7）
石黒昇監督『超時空要塞マクロス』（1982-3）
湯山邦彦総監督『魔法のプリンセス ミンキーモモ』（1982-3）
小林治監督『魔法の天使クリィミーマミ』（1983-4）
富野由悠季監督『機動戦士ガンダムZZ』（1986-7）
コナミデジタルエンタテインメント『武装神姫』シリーズ（2006-）

［第5回］

任天堂『スーパーマリオブラザーズ』（1985）
カプコン『ロックマン』（1987）
任天堂『スーパーマリオ64』（1996）
スクウェア・エニックス『ファイナルファンタジーVII』（1997）
Mojang『マインクラフト』（2011）
リッチ・ムーア監督『シュガー・ラッシュ』（2012）
クリス・マルケル『インメモリー』（1997）
マイケル・スノウ『デジタル・スノウ』（2002）
ジャン=リュック・ゴダール監督『映画史』（1988-98）
ジョン・ラセター監督『トイ・ストーリー』（1995）
シンエイ動画『ドラえもん』（1979-）
エイケン『サザエさん』（1969-）
山本寛・武本康弘監督『らき☆すた』（2007）
錦織博監督『とある魔術の禁書目録』（2008）
内海紘子監督『Free!』（2013）
バンダイナムコゲームス『ナルティメットストーム』シリーズ（2009-）
バンダイナムコゲームス『アイドルマスター』シリーズ（2005-）
京極尚彦監督『ラブライブ！』シリーズ（2013-）
木村隆一監督『アイカツ！ -アイドルカツドウ！-』（2012-）
錦織敦史監督『アイドルマスター』（2011）
ピエロ・デラ・フランチェスカ《キリストの鞭打ち》（1453-60）
ジェイムズ・キャメロン監督『アバター』（2009）
ジョン・フォード監督『駅馬車』（1939）
アトラス『ペルソナ4』（2008）
岸誠二監督『ペルソナ4』（2011-12）
津田尚克監督『ジョジョの奇妙な冒険』シリーズ（2012-）
東映アニメーション『プリキュア』シリーズ（2004-）
岸誠二監督『蒼き鋼のアルペジオ -アルス・ノヴァ-』（2013）
セガ『バーチャファイター』シリーズ（1993-）
セガ『バーチャファイターI』（1993）
セガ『バーチャファイターII』（1994）
カプコン『ストリートファイター』シリーズ（1987-）
カプコン『ストリートファイターIII』シリーズ（1997-9）
カプコン『ストリートファイターIV』シリーズ（2008-）
東映『仮面ライダーディケイド』（2009）
じん（自然の敵P）『カゲロウプロジェクト』（2011-）
コナミデジタルエンタテインメント『beatmania』シリーズ（1998-）
エアロスミス&RUN-D.M.C『WALK THIS WAY』（1986）

パブリック・エネミー&アンスラックス『Bring the Noise』(1994)

［特別対談］

クリス・バック&ジェニファー・リー監督『アナと雪の女王』(2013)

A・A・ミルン『クマのプーさん』(1926)

バンダイナムコゲームス『ジョジョの奇妙な冒険 オールスターバトル』(2013)

ワーナー・エンターテインメント・ジャパン『バットマン:アーカム・ビギンズ』(2013)

東映『仮面ライダースーパー1』(1980-81)

東映『仮面ライダー電王』(2006-7)

あとがき

本書『視覚文化「超」講義』の構成については、すでに「はじめに」で述べました。ここでは本書の成り立ちについて述べたいと思います。

コンセプトは、視覚文化をテーマにした全5回の集中講義を紙面で繰り広げるというものです。実際の講義は2014年2〜4月にフィルムアート社にて行われました。A4サイズのハンドアウトに基づき、各回の収録時間の目安はおおむね2時間としました。けれども多々脱線を含みつつ、収録は最大5時間強に及び、脱線部分の入れ替えや削除、そして数度の追加収録を余儀なくされました。起こされた文字数も膨大なものになり、リニアでクリアな議論運びからは程遠い半ば混沌とした状態から、どうにか今のような形に至った次第です。

現代を「情報過多の時代」としましたが、そのことを真に実感させられたのは、まさに講義の収録中です。話せば話すほど「知らない領野」が広大になっていくという、眩暈にも似た感覚を幾度となく味わいました。事前のプランを遂行していたつもりが、結果的には「話をしながらだんだん考えを仕上げてゆくこと」（ハインリヒ・フォン・クライスト『チリの地震』種村季弘訳、河出書房新社（河出文庫）1996年、所収）という性格を帯びることとなったわけです。じじつ、講義を通じて浮かび上がってきたテーマの多くは、今後の探求の課題です。

本書の企画に際しては、多くの人のお世話になりました。筒井宏樹さんには、以前楳図かずおのマンガについての講演を企画していただいたこともあり、そこから発展するかたちで本企画の元となるアイディアの示唆を得ることができました。251ページに掲載した、アニメ『Free!』の聖地巡礼写真も、筒井さんの撮影によるものです。

横山太郎さんには、構成の初期プランに目を通していただき、いくつものアドバイスをいただきました。複数の時代をつないでいく構成は、そこから生まれたものです。

宇野常寛さんには、「動画の時代」の象徴であるニコニコ生放送を通じて、私自身がゲストやメイン出演者として参加する機会をいただきました。本書の講義形式を着想する上では、雑誌『PLANETS』やムック『文化時評アーカイブス』などの作品レビューの場で「現在のコンテンツ」に多数接したことが大きな刺激となっています。

國分功一郎さんには、巻末の特別対談を引き受けていただきました。大学院時代以来の旧友でもあり、『暇と退屈の倫理学』を読んだことが、ガジェットについて考えるきっかけになりました。

ジョン・ハサウェイさんには、本書の表紙にアートワークを使わせていただきました。深淵を感じさせる無限遠点と、数々のガジェットに満ちた画面は、私の解釈では「近未来のノスタルジア」とみることもできるもので、まさに本書のアレゴリーとなっています。

宇平剛史さんには、本書のデザインを行っていただきました。今まさに進行中の度重なる修正作業にお付き合いいただき、感謝の念に堪えません。

そしてフィルムアート社の今野綾花さんには、講義に立ち会っていただき、編集作業で大変お世話になりました。とりわけ、当初は混沌そのものといってよい状態だった前半部分の構成は、私一人ではとうてい不可能でした。

最後に、具体的に挙げることはできませんが、これまで私が接してきたすべてのカルチャー、すべての人たちがいなければ、本書は成立しませんでした。さらにまた、未だ知ることのない、これから生み出されるカルチャーを待ち望みつつ、視覚文化の魅力について考えていきたいと思っています。

2014年6月1日

掲載作品DVD·Blu-ray情報

本書で取り上げた作品に関して、スチル等をご提供いただいたDVD·Blu-rayの情報を付しました。

商品情報については書籍発行当時のものです。

1

2

3

4

5

6

7

1 『バック·トゥ·ザ·フューチャー ベストバリュー DVDセット』
2014年06月25日発売 2,800円(税抜)
発売·販売:NBCユニバーサル·エンターテイメント

2 『あの日見た花の名前を僕達はまだ知らない。』
Blu-ray/DVD 1〜6巻(完全生産限定版/通常版)発売中
発売:アニプレックス 販売:ソニー·ミュージックマーケティング

3 『アメリカの影』
DVD発売中 3,000円+税 発売·販売元:キングレコード
「ジョン·カサヴェテス Blu-ray Box【初回限定生産】」収録(単品なし)

4 『アイム·ノット·ゼア』
4,700円(税抜) 発売·販売:ハピネット

5 『不安は魂を食いつくす』
廃盤

6 『ドント·ルック·バック』
品番:MHBP-97 アーティスト:ボブ·ディラン タイトル:「ドント·ルック·バック」
価格:4,700円 クレジット:ソニー·ミュージックジャパンインターナショナル

7 『蒼き鋼のアルペジオ -アルス·ノヴァ-』
Blu-ray/DVD全6巻 大好評発売中
DVD:各5,500円(税別) Blu-ray:各6,500円(税別)
発売·販売元:フライングドッグ

石岡良治｜いしおか・よしはる

1972年東京生まれ。批評家・表象文化論（芸術理論・視覚文化）・ポピュラー文化研究。東京大学大学院総合文化研究科（表象文化論）博士後期課程単位取得満期退学。跡見学園女子大学、大妻女子大学、神奈川大学、鶴見大学、明治学院大学ほかで非常勤講師。

論考として、「メディウムの肌理に逆らう——ロザリンド・クラウスにおけるポストメディウムの条件」（『述——特集・舞台／芸術』3号、近畿大学国際人文科学研究所編、2009年）、「『仮面ライダーディケイド』、旅の途中」（『ユリイカ』2012年9月臨時増刊号）、「クリスチャン・ラッセン、二つの世界のエッジで」（『ラッセンとは何だったのか？——消費とアートを超えた「先」』原田裕規編、フィルムアート社、2013年）など。また雑誌『PLANETS』やムック『文化時評アーカイブス』にて、マンガやアニメなどのレビュー・座談会に参加。

視覚文化「超」講義

2014年6月24日 初版発行

［著者］
石岡良治

［発行者］
籔内康一

［発行所］
株式会社 フィルムアート社
〒150-0022
東京都渋谷区恵比寿南1-20-6
第21荒井ビル
Tel. 03-5725-2001
Fax. 03-5725-2626
http://www.filmart.co.jp

［印刷・製本］
シナノ印刷株式会社

Printed in Japan
ISBN978-4-8459-1430-2 C0070